D'UN SIÈCLE L'AUTRE

RÉGIS DEBRAY

D'UN SIÈCLE L'AUTRE

nrf

GALLIMARD

À Laurence et Antoine
Et à Jean-Pol Baras

Ce qui nous arrive n'arrive qu'à nous, mais ce que nous pensons, nous sommes rarement seuls à le penser. Au fond des idées qui nous effleurent, ou des croyances qui nous exaltent, retentit une rumeur de marée et moins de quant-à-soi que ne le voudrait notre amour-propre. Singulières, les biographies, collectives, les mentalités. Tout autant que nos ambitions, nos rêveries les plus secrètes ont fenêtres sur rue, et les représentations du monde que se fait un individu au cours de sa vie en disent plus sur le cours du monde que sur lui. Aussi le film d'une pensée, plus qu'un film d'action, peut en recouper bien d'autres. Un franc-tireur qui fait son chemin à travers l'air du temps, ne lui en déplaise, fait un voyage en groupe.

Ma génération a eu le privilège d'avoir vu mourir un monde et en naître un nouveau. Le passage du siècle américain au siècle asiatique aura un jour ses historiens. En France, et plus modestement, nous sommes passés des ultimes soubresauts d'un court siècle rouge aux premiers vagissements du siècle vert (avec un intermède rose pâle entre les deux). N'importe quel Parisien né en 1940 – l'année où Hitler visita la capitale un beau matin, salué par nos agents de police au garde-à-vous, difficile de s'en remettre – peut se flatter d'une singulière expérience : avoir vu en fondu enchaîné la transition d'une religion séculière de l'Histoire à un culte religieux de la nature, d'une société qui se cachait la mort à une autre, la même, qui doit s'en accommoder, mais aussi de la lettre au tweet, du campagnard au périurbain, de l'industrie aux services, du transistor au Smartphone, de l'esprit de conquête au principe de précaution, de la France républicaine à la France américaine, d'un gouvernement du peuple au gouvernement des Experts, du citoyen à l'individu, de l'Histoire pour tous à chacun sa mémoire, de la domination masculine à l'ascension féminine, d'un moment où la politique était presque tout et l'économie peu de choses à un autre où l'économie est tout et la politique presque rien. Cette traversée des âges, chacun l'a faite à sa façon, citadin ou néorural, sous l'influence de tel ou tel milieu de vie. En ce qui me concerne, je dirai d'abord ce que m'ont appris l'École, la prison, le forum, l'État et enfin une prise de congé.

Les philosophes ont la chance d'avoir Minerve pour déesse protectrice. Sa chouette prend son vol au crépuscule. Heureuse coïncidence, c'est là où j'en suis. Ce volatile, juste avant la nuit, nous prête sa vue plongeante sur l'enfilade des hasards qui nous a fait grandir. On peut alors rembobiner le film et discerner comme une courbe reliant nos saisons l'une à l'autre. Pardon pour l'outrecuidance mais il m'a semblé que la parabole d'un « intellectuel » français, ayant connu plus d'un pays et quelques écarts de conduite, pouvait, comme un document parmi d'autres, contribuer à la cartographie d'une époque très bousculée, sous le choc d'un glissement de terrain digne de considération.

Toute randonnée a son terminus. J'en profiterai pour indiquer succinctement les hypothèses auxquelles je fus conduit sur les trois sujets qui m'ont inquiété tout au long de cette traversée. Comment faire du commun avec de la diversité ? Mystère du politique. Comment transmettre l'essentiel de siècle en siècle ? Mystère des civilisations. Pourquoi doit-on croire par-delà tout savoir ? Mystère du religieux. Se rassembler, se prolonger, se dépasser : autant d'énigmes qui n'ont pas d'âge mais sont plus que jamais du nôtre. Rassurons-nous : ce sera ici de la grosse toile brossée à main levée (sans les broderies de quelques dizaines d'ouvrages).

Si ces aperçus à vol d'oiseau pouvaient retenir l'attention de quelques curieux et leur servir de relais pour d'autres périples mieux informés et plus dignes d'intérêt, mon vœu le plus profond aura été exaucé.

I

À L'ÉCOLE

L'abc – Désir de guerre – En vase clos
– L'exception Diderot – Le devoir de faire
– Tendre Althusser

Où se découvre qu'un reste d'humiliation nationale, séquelle des années d'Occupation, peut donner des démangeaisons d'ailleurs à un enfant du siècle, et qu'il est toujours bon d'aller à l'école pour trouver le moyen, et l'envie, de quitter les écoles.

Il ne s'agit plus d'interpréter le monde mais de le transformer.

KARL MARX

L'ABC

1957. « Philosophe », pourquoi donc ? Vu ce que le mot évoque, insurgé des plateaux ou phraseur narcissique, ce choix de carrière ne semble pas des plus recommandables. Dans une société cherchant le rentable et courant au résultat, il suscite des questions légitimes : ça sert à quoi, la philosophie ? Quel besoin en a-t-on ? Quel débouché, à part intimider le pékin dans un studio avec des mots compliqués ? Spécialiste des généralités ? Parler d'un peu tout sans rien savoir de précis ? Je comprends ces nasardes, mais j'ai des circonstances atténuantes côté préhistoire : nos années cinquante (mille neuf cent). Prévalait un système d'enseignement, décrié depuis mais banal à l'époque. En terminale section Lettres (le deuxième bac) figuraient au programme sept heures par semaine de « philo », matière obligatoire. S'adressant à des garçons (pas de mixité à l'époque), entre seize et dix-huit ans, sachant lire et écrire, frottés d'un peu de littérature et d'histoire, avec quelques notions de géométrie et du principe de Carnot – cette anomalie ne peut plus d'évidence se survivre. Il était alors tentant de s'engager sur cette voie, on est trop sérieux quand on a dix-sept ans. Pas mauvais en grec, la langue-mère (que nul n'entre ici s'il n'a lu Platon dans le texte), un prix au Concours général, un prof illuminant, et vous voilà sur le pont. Il faut toujours un maître pour apprendre à se passer de maîtres. Le mien fut un certain Jacques Muglioni, à présent décédé, qui me fit découvrir, sans jamais élever la voix, que tout ce que je prenais pour de l'argent comptant était de la fausse monnaie. Et pourquoi pas « lettres classiques » ? Parce que le thème latin est barbant, « philologie et grammaire » sacrificielle, et la « composition de français » rivée à un déjà dit par d'autres, alors qu'il y a de l'inventif dans la « dissert ». On peut se bricoler un nid sous n'importe quel sujet avec des mégots, des bouts de ficelle et des fétus de paille. On joue à sa guise sur les deux tableaux, le *je* austère du « je pense donc je suis » et celui, capricant, du souvenir de vacances. Pour qui suit la loi du moindre effort, entre folâtre et présomptueux, idéale est une discipline assez peu bégueule pour aller d'Aristote au marquis de Sade en passant par Charlie Chaplin. Parfait pour gambader à travers champs. J'ajoute que mon meilleur ami d'enfance et d'adolescence était Clément Rosset, mon condisciple à Janson-de-Sailly depuis la sixième et déjà fou de musique, sautant d'Hergé à Nietzsche avec une ironie blagueuse. On passait souvent nos vacances d'été ensemble, à Majorque où il avait une maison de famille, non loin de celle de Chopin, où il jouait du piano, ou alors en Grèce et en Turquie. Son mélange de nonchalance et d'acuité m'impressionnait et m'amusait à la fois. Il a inventé sans tarder, quasiment en sortant de Janson, une antiphilosophie qu'il a appelée *La Philosophie tragique,* éditée en 1960 aux Presses universitaires de France. J'étais beaucoup moins précoce, mais à la remise des copies, on alternait les 18 et 20, rivalité peu mimétique, car on ne tarda pas à découvrir que nos vues sur le tragique s'opposaient en tête bêche. Il en tenait pour Wagner, moi plutôt pour Mozart. Nous n'avions en partage qu'un certain sens du dérisoire. Lui, tout est foutu, c'est formidable, et puisqu'il n'y a rien d'autre dans le réel que du réel, rien à lui reprocher, prenons-le tel qu'il est, sans double ni croyance ajoutée, et optons pour une joie résolue. Moi, le réel n'est supportable que doublé d'imaginaire, et donc au boulot, fabriquons un arrière-monde et cela ira mieux. Gaieté tragique d'un côté, affairement inquiet de l'autre, deux façons de s'en sortir. Je ne suis pas sûr d'avoir choisi la bonne.

Muglioni (qui deviendra l'inspecteur général de notre discipline) nous a, je crois, vaccinés l'un et l'autre contre le petit doigt en l'air, le ton grand seigneur, le chichiteux ésotérique des épigones heideggériens, qui donnent un air de profondeur à des propos confus et assez plats. Il enseignait les règles de base de l'hygiène républicaine : élémentarité, probité et clarté. Mettre les tenants avant les aboutissants, procéder pas à pas, chaque savoir s'appuie sur celui qui le précède, la base soutient l'édifice, la grammaire commence par l'orthographe et l'information n'est pas la connaissance. Descartes, « ce cavalier français parti d'un si bon pas... » dans une direction qui n'a guère été suivie. Car il faut bien distinguer les tâches. La religion donne des raisons d'espérer, mais la philosophie se borne, là est son orgueil, à trouver les raisons de ce qui est et s'il y a des choses pour de vrai sous les mots de tous les jours. Vaste programme, en dépit de sa modestie, qui de fil en aiguille oblige à passer de la rive droite à la gauche de la Seine – une aventure à risque quand on vient du seizième arrondissement.

Parce qu'on n'est pas philosophe comme on est prêtre ou prophète, par un divin mandat, on a besoin d'un coup de pouce pour sauter le pas. Ce fut celui que « Mumu » donna en nous convoquant, après le bac, Clément et moi, dans un café du Trocadéro (première et ultime rencontre personnelle) pour nous apprendre l'existence d'une École normale, un débouché honorable et logique, nous dit-il. Normale, instit, blouse grise, c'était, sur le coup, assez blessant. Il a ajouté et souligné « supérieure ». Ouf ! Donc hypokhâgne et khâgne. Le chemin de grue. Sur les pas de milliers d'ingénus forts en thème, depuis l'ère quaternaire. Et pourtant on ne se doute jamais, sur le moment, de là où on va mettre les pieds et encore moins la tête (qui suit toujours les pieds).

En Sorbonne, la « petite thèse » en latin (comme celle de Jaurès sur le socialisme allemand) avait déjà rejoint l'arbalète et le mâchicoulis, mais alentour, restaient les boulettes de charbon en sac chez le bougnat, le bain-douche municipal, les chambres de bonne du sixième sans eau courante, avec chiottes à la turque au bout du couloir, les concierges soupçonneuses et mal lunées, le téléphone en sous-sol du bistro, avec jeton acheté à la caisse, les premiers baby-foot et le triomphal « eau et gaz à tous les étages » en bas de l'escalier. La Mouf' gardait son noir d'époque, et le crasseux cherche le soleil – le bain dans la mer à midi, côté Tropiques.

La canadienne ne se portait plus, le duffle-coat l'avait remplacée, mais il y avait encore « la ceinture rouge » autour de Paris, une permanence du Parti jouxtant le théâtre du Vieux-Colombier et des meetings de soutien aux républicains espagnols. Et nombre de publications savantes pour étancher une foi naissante – dans un imminent renouvellement du monde. Cela s'appelait *Les Cahiers marxistes-léninistes, La Pensée, La Nouvelle Critique*. La question politique obnubilait marxistes, sartriens, aroniens et chrétiens. Le sort des hommes se jouait dans le temps, on ne parlait pas plus de couche d'ozone que de morale car l'émancipation serait collective ou ne serait pas, ce qui laissait le supplément d'âme aux dames d'œuvre. Pas d'éthique ni de philosophie qui ne s'intitulât « de l'histoire ». Aron avait défendu la sienne dès avant guerre, y ajoutant, en postface,

Dimensions de la conscience historique. Maritain lui-même, le thomiste, clamait sa passion pour les affaires temporelles et sa crainte de passer à côté. « Le chrétien est dans l'histoire », lisait-on dans son *Humanisme intégral,* et « se salir les doigts n'est pas se salir les cœurs ». Une abréaction dans la psyché collective, pour se libérer, avec l'esprit d'escalier, d'un souvenir traumatisant : l'Occupation. On ne pouvait passer outre. Qu'ils aient été en captivité comme Althusser ou Braudel, détenus comme Jean Cassou, dans la Résistance active comme Canguilhem ou Jean-Pierre Vernant (le colonel Berthier des maquis toulousains), qu'ils aient dû se planquer comme Jankélévitch et Jean Wahl, qu'ils aient eu des parents déportés ou des fils tués, nos maîtres nous rappelaient, sans jamais en parler, car la rumeur suffisait, qu'il y avait du contentieux en suspens. Du lumineux devant, peut-être, mais des ombres derrière, en tout cas. Notre génération croyante et militante aura sauté, en un demi-siècle, d'un pas-encore à un déjà-plus sans un maintenant, sauf pour les veinards, un moment de grâce en mai 1968. Passer directement de jeune à vieux con, sans escale, ce fut le sort d'une classe d'âge en attente de grands événements qui ne sont jamais venus. Il y avait dans les têtes une bande-annonce. On attend le grand film, comme d'autres Godot, puis on perd de vue ce qu'on attendait au juste et on se prend finalement à douter s'il y avait quelque chose à attendre. « Dans chaque vieux », disait Groucho Marx, le petit frère de l'autre, « il y a un jeune qui se demande ce qui s'est passé. »

Les sorbonnards étaient dispensés de caserne, la préparation militaire supérieure (la PMS à Vincennes) restant facultative. La guerre en Algérie ne disait pas son nom – elle mettra trente ans à le recevoir – et la torture, encore moins. Une sale guerre assez compromettante pour qu'on en demande une autre, juste et présentable, comme une guerre d'Espagne, pour racheter la précédente. Les guerres perdues sont celles qui donnent à la fournée suivante une forte envie d'en découdre en remontant la pente dévalée par les aînés. Pas de romantisme sans Austerlitz, pas de naturalisme sans Sedan, pas d'existentialisme sans Pétain. Quand un petit Français, né vers 1880, grandit à l'ombre de « l'année terrible » (1871, 80 000 morts) dans la haine de l'Allemand, il part en 1914 la fleur au fusil. Quand, né en 1910, il grandit à l'ombre de Verdun, il applaudit Munich et n'a nulle envie de rempiler en 1940. Quand il est *de* 1940, il n'a qu'une envie : laver l'opprobre et donc transporter des valises de billets de Bruxelles à Paris et surveiller de nuit la prison de Fresnes pour préparer l'évasion des cadres du FLN algérien, Fédération de France, au nez et à la barbe des gendarmes, semblables à ceux qui montaient la garde à Drancy, vingt ans plus tôt.

EN VASE CLOS

Vers 1960, l'École normale n'était pas encore un *hub* ouvert aux quatre vents mais un petit pensionnat (trente élèves à peu près par promotion) où chaque reçu, le dortoir une fois supprimé, installait ses pénates, avec un réfectoire, des thurnes à un ou deux lits et un sanctuaire, la « Biblial ». Le cloître était hiérarchisé et phallocrate, en toute innocence ; l'atmosphère, communisante, avec, aux lisières, quelques vaillants « talas » (qui vont à la messe). Un club *boys only* où les filles étaient admises au café et nous causaient beaucoup d'ennuis avec leurs problèmes d'avortement. Les noms de héros morts au champ d'honneur, pour la France ou le prolétariat, ou pour les deux, n'étaient pas seulement sur des plaques au mur mais trottaient dans les têtes ; la Victime commençait à peine son assomption honorifique. Les camps étaient encore de « concentration », non d'extermination, et les déportés, les Résistants, non les Juifs. La lecture du journal (l'ancien *Libération* ou *L'Humanité*) restait la prière du matin (ou du soir avec *Le Monde*), car l'histoire avait un sens comme en a un livre, avec préface et conclusion, et au milieu, une suite de chapitres en bon ordre – nous serions l'avant-dernier. L'imprimé imprimait à lui seul. Aucun auteur sérieux n'aurait songé à mettre sa photo en couverture ou sur la bande, impensable indécence. Il y avait de la lenteur dans la marche et les démarches (pas de jogging) comme dans l'élocution (pas notre débit mitrailleuse au micro, pour loger un maximum de mots dans un minimum de temps). Il y avait un futur et on y allait sans se presser (c'est quand il n'y en a plus qu'on y va à fond de train). Il était normal d'aller mettre ses lettres à la boîte, faire la queue pour acheter des timbres ou un litre de lait, et il y avait des préliminaires obligés avec les dames, le report de satisfaction n'étant pas signe d'échec. On prenait son temps, en haut, comme en bas de l'échelle. Un voyage officiel, ce sont quelques heures dans une capitale étrangère, mais de Gaulle, chef d'État, en Amérique latine, y resta trois semaines d'affilée. Un reportage, c'est une semaine de terrain. Prenant congé de l'École en 1963 pour un bref reportage au Venezuela, j'y suis finalement resté six mois, plus six autres dans les pays voisins. Et retour sur un cargo – Rio-Le Havre, cinq jours de traversée. Je ne dis pas que c'était mieux avant, c'était plus songeur, plus méditatif que notre « tout, tout de suite ». On n'avait pas la planète sous les yeux, mais on pouvait, sur place, fixer son attention. Une thèse pouvait prendre dix ans de travail, une phrase, trois lignes, et une conférence, une heure et demie. Goûter, c'est comparer, et l'arrivée du *zapping*, avec *punchline*, *fast-food* et *flash-mob*, permet seulement de comprendre ce qu'avait de bizarre le petit monde d'autrefois et les bizarreries du nôtre. À chaque époque son merveilleux.

Je dois mentionner un handicap de départ : la matrice khâgneuse (joliment brocardée par Pierre Nora, qui s'en est sorti et bien). Elle apprend à « pécufier » en prenant des entrechats pour des arguments, sur un air de valse à pas glissés, thèse, antithèse et foutaise. On a beau se soigner, il en reste une crampe, le rythme ternaire. Et pourquoi pas les sciences sociales, où la rhétorique prend moins de place ? À l'époque, elles n'avaient pas la superbe d'aujourd'hui où leur empire s'est substitué à celui de la philo, passée sous leur coupe. Les historiens se disputaient déjà sur la Révolution française, communistes contre libéraux, mais dans des revues spécialisées pour *happy few*. Géographes et démographes occupaient un angle mort, leur heure n'avait pas encore sonné. La sociologie, avec en gésine ses revues, ses sociétés, ses archives ? Comment soupçonner qu'elle dominerait la scène vingt ans plus tard (passé les années 1970) ? Elle suscitait près du Panthéon un discret haussement d'épaules. Quand un ulmien allait en baguenaudant passer sa licence en Sorbonne, il trouvait très vaseux le certificat « morale et sociologie », l'un des quatre exigés (en deux ans). « Tiens, celui-là, il pourra toujours faire de la socio », disait-on d'un condisciple moyennement sioux. La magistrature philosophique devait autant à l'actualité qu'à l'Antiquité. Elle retentissait à la Mutualité comme sur la scène du TNP et dans les comités d'entreprise. Elle irriguait la conversation nationale via le journalisme, l'hémicycle, le roman, et les cliquetis d'épées entre preux chevaliers (Sartre, Camus, Maritain, Merleau-Ponty, Aron et d'autres) faisaient jaser. On n'écrit plus de vers et on ne lit plus de philosophie, on peut en causer dans un café-philo autour d'un verre, sous l'angle « développement personnel », mais dans une époque aujourd'hui décriée parce que « idéologique » – comme si l'idéologie n'était pas simplement ce qu'une société s'accorde à tenir pour réel à un moment donné –, il fallait bien se tenir au courant. En plus de son pouvoir de cassation sur les affaires pendantes, la souveraine en fin de règne avait une autre raison de tenir le pupitre : le marxisme est « l'horizon indépassable de notre temps », avait prévenu Sartre en 1957, or le marxisme est une philosophie, donc les philosophes seraient les premiers sur la ligne d'arrivée. Et pour savoir si c'était bien une science comme elle s'en targuait, le mieux était de consulter d'autres philosophes – Bachelard, Koyré ou

Canguilhem –, en sorte qu'on ne sortait pas du bercail en affrontant les courants d'air. Communisme contre capitalisme, ce n'était pas un système économico-politique contre un autre, mais l'affrontement d'une *Weltanschauung*, d'une conception du monde contre une autre, une affaire à traiter entre professionnels. Par ailleurs, notre vanité n'avait pas à souffrir d'une vidéosphère à l'état de chrysalide (le papillon sortira après mai 1968). Il y avait bien les westerns et les films noirs américains dont on faisait ses choux gras en douce, mais ils étaient reclassés en films d'auteur par les *Cahiers du cinéma* et François Truffaut, pour qui Hitchcock était un moraliste, Nicholas Ray, un poète, et Howard Hawks, un penseur. On avait le blanc-seing. À l'ère du ciné-club, le cinéphile était un ami du livre, le critique de cinéma un féru de littérature et le réalisateur un metteur en images, qui transmuait en noir et blanc ou en couleurs Stendhal, Maupassant, Gide, Mirabeau, Barbey d'Aurevilly, Balzac, Bernanos et tant d'autres. Faulkner avait travaillé à Hollywood pour le réalisateur de *Scarface*, Malraux pour l'Espagne en guerre, Giono pour Giono en Provence, Cocteau pour une Belle Bête à Billancourt et Prévert avait enchanté *Les Enfants du Paradis*. La nouvelle vague qui descendait en flammes la « tradition de qualité française » en était elle-même tout imbibée. Bref, John Ford dépaysait, Orson Welles bouleversait, mais c'était encore des miroirs promenés le long de notre route. Le jury du Festival de Cannes était présidé chaque année par un écrivain, et la cinémathèque, alors rue d'Ulm, à deux pas de l'École, parachevait à nos yeux l'exploration des désordres humains.

La chose écrite vivait encore son été indien et on ne pouvait exclure qu'une thèse sur Plotin ou Nicolas de Cues fasse du bruit dans Landerneau. N'avoir rien à raconter d'affriolant sur le petit écran – comme, plus tard, un Alain Decaux ou un Georges Duby – n'était pas rédhibitoire. Le darwinisme télévisuel n'avait pas encore mis au coin avec un bonnet d'âne les opus raisonneurs et compacts, à lire sous la lampe pendant les longues soirées d'hiver. Il y a une lutte pour la vie dans le monde animal. Il y en a une autre pour les spots dans le monde culturel. Le médium le mieux placé procède au tri sélectif des candidats au soleil.

Je parle d'un temps révolu, celui des Humanités, où les chiffres n'avaient pas encore pris le pouvoir. Un temps qui se contentait bêtement de puiser ses infos chez Homère, Pascal ou Tintin, où l'on ne savait pas encore de source sûre et statistique qu'il existe une échelle sociale, des mobiles autres que matériels dans notre conduite, que nous évoluons dans un contexte historique donné et que leur milieu social laisse une empreinte sur les individus; où personne ne se doutait encore qu'on rencontrait peu d'ouvriers et de paysans dans les musées et que les enfants des classes défavorisées ne sont pas vraiment chez eux dans l'enseignement supérieur. Nous ne pouvions envisager que ces vérités premières soient un jour propres à sidérer parce que vêtues de mots obscurs, donc savants (*habitus*, *hexis*, reproduction, champ, violence symbolique, etc.). Nous eussions été bien étonnés d'apprendre, par exemple, que la science dévoile des mécanismes cachés et que les êtres humains agissent par intérêt. Et que voir dans les découvertes inouïes de nos meilleurs sociologues des enfoncements de porte ouverte serait un jour stigmatisé comme une marque d'arriération.

La section « philosophie », le dessus du panier, cultivait à l'écart du Marais un marxisme claustral et platonique. Le directeur de l'École, Jean Hyppolite, se trouvait être le grand maître des études hégéliennes (traducteur de *La Phénoménologie de l'esprit*) et le « caïman » de philo, l'agrégé répétiteur, Althusser, champion du « retour à Marx ». Heureuse coïncidence. Un tandem rare dans un milieu académique où Kant depuis toujours tient le haut du pavé, laissant Hegel et sa descendance sur des lisières un tantinet suspectes. Pas de contacts avec la classe de référence, la base rouge ignore le bleu de travail et les trois-huit (seul Robert Linhart devait aller en usine, comme Simone Weil en son temps, et en ramener un sobre et beau compte rendu, *L'Établi*). L'explication de texte est un bon entraînement à la réflexion, comme la masturbation à l'acte sexuel, mais cela fatigue à la fin. Du premier concept découle un deuxième, d'où se déduit un troisième et ainsi de suite. Point besoin d'enquête empirique ni de vulgaire confrontation aux faits pour faire travailler la vérité. Respectable exercice mais réservé à des ascètes, qui publieront peu après, aux Éditions Maspero, *Lire le Capital* dans la collection « Théorie » (1965). Quand l'hérétique Edgar Morin avait voulu m'associer à sa revue postmarxiste *Arguments*, j'avais décliné son offre, flairant là une odeur de soufre. Le marxisme sans chair de la chaire donnait à l'orthodoxe l'assurance d'un poste dans l'enseignement et celle d'un rôle prééminent dans la société sans État de demain. Pourquoi déchoir en préparant l'ENA, comme un ou deux externes, bourgeoisement pressés de rejoindre les cabinets, ambassades et préfectures où le prolétariat recruterait après-demain ses petites mains ? Nous, laborieux talmudistes, nous donnerons instruction en temps voulu au carrefour Châteaudun, neuvième arrondissement, future place Kossuth et siège central du PCF. On interprète, ils exécutent. Victor Hugo avait pourtant averti : « Ce n'est pas par l'appui d'un texte, en vérité, qu'on gravit les parois de la réalité. » Je force le trait, mais de la glose à la gnose, du culte du savoir au savoir comme salut, il n'y a pas si loin, et l'idée reçue que le marxisme aura été la philosophie de classe des intellos, la future fraction dominante des dominés, n'est pas tout à fait une calomnie, même si finalement une République d'intellectuels entre moines et cuistres n'a pas vu le jour, notre démocratie de managers lui ayant damé le pion. Ce rigorisme platonicien – les Idées en haut, les faits en bas – a reçu le nom de « déviation théoriciste ». Mais pour qui n'avait pas la force de s'élever jusqu'au Ciel intelligible, il y avait un recours : Lénine, le saint Paul de Marx. L'auteur très terre à terre de *Que faire ?* – titre emprunté au roman de Tchernychevski (1863) – mettait du suspense dans l'inéluctable. *Le Capital* ? Rasoir. On décroche vite. *L'État et la Révolution* ? Un raccourci. On guette l'occasion, façon Malaparte, *Technique du coup d'État*, cela peut servir. Si on ajoute à l'expectative *L'Espoir* de Malraux et Ingrid Bergman dans *Pour qui sonne le glas*, on avait de quoi prendre l'épilogue d'une histoire déjà vieille d'un siècle pour un simple prologue. C'est l'habitude, chez les derniers des Mohicans. La séquence « transition du capitalisme au socialisme » allait devoir défiler à l'envers, mais la vie est faite de malentendus, cela donne de l'allant.

L'EXCEPTION DIDEROT

1962. *L'Idée de génie chez Diderot.* Déjà prêt à pondre je ne sais quels *Prolégomènes à l'esquisse des principes d'une théorie possible de la pratique théorique*, j'ai coupé court au brevet de qualification en choisissant ce sujet de mémoire pour mon « diplôme d'études supérieures » (l'ancêtre du master), malheureusement égaré lors d'un déménagement. Ce fut sous la direction prometteuse du professeur Henri Gouhier (1898-1994), fin connaisseur de la scène théâtrale et biographe d'Auguste Comte, lequel deviendra plus tard le point d'ancrage de mes phares et balises. *Le Neveu de Rameau* et *Jacques le fataliste* m'avaient orienté vers le plus fantasque de nos rationalistes grand teint, l'enfant terrible des Lumières. L'auteur de *La Religieuse*, qui n'a plus la vedette, figurait à la meilleure place aux Éditions sociales, dans « Les classiques du Peuple », après Lucrèce et avant Marat (textes choisis).

« Le Philosophe » à l'état sauvage n'avait de son état, note Valéry, « que ce qu'il faut au philosophe de légèreté ». Un transgenre à sa manière gauche-droite, champion du matérialisme le plus austère, dont Karl Marx avait fait son « prosateur préféré », mais aussi cet égotiste espiègle dont Drieu la Rochelle a dit merveille dans le *Tableau de la littérature française* dirigé par Malraux. Pas de cloisonnements, chez lui, entre les choses du corps et de l'esprit, entre le rationnel et le sexuel. Un écumeur des marches, méthodique et kaléidoscopique, un jour en forteresse et l'autre, à la cour de Russie. Un prédicateur athée, romancier à ses heures, métaphysicien à d'autres. Un extravagant à tiroirs : pornographe, libelliste, dramaturge, technologue, musicologue, critique d'art – un millier d'articles pour « l'Encyclopédie des sciences, des arts et des métiers », dont celui sur le génie, en 1757, et qui a inauguré le voyage philosophique, dans une Europe où les « gens de qualité » pouvaient circuler sans passeport d'un pays, d'un art, d'une science à une autre. Diderot est de l'espèce des « hommes mêlés », prêchi-prêcha dans son théâtre, folâtre dans sa correspondance. Le premier qui ait considéré les arts mécaniques, ainsi que l'œuvre peinte – Greuze, c'est entendu, Chardin aussi (qui échappe au médiocre par « le sublime du technique »). Notre flâneur léger-profond est tombé un jour, au Palais-Royal, au café Régence, sur un pilier d'estaminet, un viveur, un joueur, un prestidigitateur, d'où est sortie cette fantaisie posthume intitulée *Le Neveu de Rameau,* traduite en allemand par Goethe et lue de près par Hegel (qui parlait le français). Pour ce dernier, « le vrai, c'est le tout ». Plus modeste, le fils de coutelier, interrogé sur ce qu'il voulait faire plus tard, avait répondu : « Ma foi rien, mais rien de tout. » D'où l'aspect touche-à-tout d'un expert en tout, sauf en poésie, la grande absente des Lumières. « J'enrage d'être empêtré d'un diable de philosophie que mon esprit ne peut s'empêcher d'approuver et mon cœur de démentir. » C'est cette contradiction qui m'intéressait chez ce faux dilettante, comment recadrer un bougre « né plein de chant » dans un mécanisme d'horlogerie. Cette « qualité d'âme particulière » embarrassait Diderot, qui constatait la chose, sans avoir d'explication. Le génie individuel, à la fois évidence et mystère.

Artiste manqué ? Philosophe à moitié ? Diderot appartient à une lignée propre au génie français, à ce genre ambigu qu'est l'essai, que le haché menu très américain des études et le congé donné aux épreuves de culture générale ont mis à mal. On y voyait philosophie et littérature marcher main dans la main. « Essayiste », cela fait danseur mondain aux yeux de la stricte observance, qui veut du sec un peu. Bergson a néanmoins eu le prix Nobel de littérature, Sartre également (la philosophie n'ayant pas, comme les mathématiques, de Nobel attitré). Il est arrivé que ces voltigeurs fassent des percées en profondeur, laissant les cuirassiers lourds au piquet. La lignée, en passant par Pascal et Valéry, va de Montaigne à Camus. « Je ne suis pas un philosophe, disait ce dernier, et n'ai jamais prétendu l'être. » « Je ne sais parler que de ce que j'ai vécu », ajoutait-il pour s'excuser, et c'est justement là ce qui distingue le philosophe *stricto sensu* du coureur de brousse qu'on appelle un *penseur* : un ton plus qu'un système. Pas de résumé ni de corrigé possible. Le professionnel rédige avec ses fiches, l'amateur écrit avec ses fibres. L'un a une terminologie, l'autre une langue. Le régulier sera une référence, l'irrégulier, une présence, car le style a le don de survivre aux idées. « L'absence de pensée, disait Valéry, est la qualité du spécialiste. » Et l'absence de spécialité, la qualité du penseur, incompatible avec une chaire dédiée ou un programme imposé. Quand on ne peut prétendre à ce délié, à ce primesautier, on assure ses arrières comme je l'ai fait, franchissant une à une les haies du *steeple-chase* canonique : licence, agrégation, doctorat, habilitation à diriger des recherches. Notre minimum syndical. La voie moyenne régularise sans mettre à l'abri des gentillesses confraternelles chaque fois qu'on manque à l'esprit de sérieux, à la chasteté exigée du profès.

« Je suis oiseau, voyez mes ailes, je suis souris, voyez mes griffes. » Double jeu n'est pas double profit, comme on l'a dit, mais division par deux du mérite. « Journaliste au Collège de France, professeur au *Figaro* », ironisait de Gaulle à propos de Raymond Aron. C'est chair ou poisson. La manière ou la matière, il faut choisir. On sera donc un lourdaud pour les dandys, condamné au syllogisme à perpétuité, et pour les doctes un elfe éparpillé voué au jeté battu. Chacun, en France, doit avoir sa case, ou sa cage. C'est bon pour le classement en librairie, vu l'encombrement des présentoirs. Sans quoi on aura de mauvaises surprises (la revue *Médium* au rayon « sciences occultes », *Dieu, un itinéraire*, étude matérialiste de l'invention du Dieu unique, au rayon « spiritualité », ou *Critique de la raison politique* au rayon « ouvrages d'actualité »). Edgar Morin a beau prôner la complexité, le laboureur labellisé n'a droit qu'à un sillon. Un pas de côté, et un directeur de théâtre auquel on propose une revue genre cabaret avec *songs* et tango vous répondra qu'un philosophe est interdit de pochade, surtout s'il est de gauche. Et donc, refusé, « pour son bien ». Fromage ou dessert. Le menu à prix fixe a ceci de bon que le client sait à quoi s'attendre, et de mauvais, que le cuistot finit, en ressassant, par s'ennuyer. Je prenais des risques à cet égard en collaborant, dès la khâgne, à l'hebdomadaire droitier *Arts* (1960-1966) où Truffaut fusillait les burgraves et les hussards dézinguaient les ennuyeux. Le funeste « tout est politique » m'a épargné – et j'ai toujours veillé à laisser un coin, à côté des fatalités transcendantales, pour une futilité prophylactique. L'homélie militante me fait bâiller, et ce n'est pas ma faute si on écrit plus âpre, fouetté et charnu à droite qu'à gauche (l'optimisme est volontiers emphatique). C'est ainsi aux Éditions du Seuil, collection « Écrire », à Claude Durand, non aux PUF (Presses universitaires de France), que j'ai envoyé par la poste un recueil de cinq nouvelles. La première relatait mon expérience saumâtre d'un passage mouvementé de frontières aux États-Unis, entre la Caroline du Sud et la Géorgie. Je l'ai intitulée *La Frontière.* C'est sous ce nom que deux d'entre elles furent publiées plus tard. Une façon éprouvante d'aborder *in vivo* l'énigme frontalière. La dernière de ces nouvelles, la meilleure à mes yeux, *L'Anniversaire*, a dû rester au fond d'une cave. C'était, si je me souviens bien, la dernière lettre d'un écrivain raté, la trentaine, seul en vacances dans un mas perdu en Haute-Provence, au pied de la montagne de Lure et qui, admirateur de Giono, constatant à quel point « vivre avilit », décide d'avaler une boîte de Gardénal le jour de son anniversaire. Prestige littéraire du suicide philosophique et philosophique du suicide littéraire – Sénèque et Montherlant, Deleuze et Romain Gary. Très au-dessus de mes moyens, mais quand on se prend pour un autre, on ne recule devant aucun sacrifice. Le bovarysme prédispose à remplir la case irrémédiablement franco-française du « philosophe-écrivain », où chaque terme fait plus de tort que de bien à l'autre.

LE DEVOIR DE FAIRE

Entre Hegel et Lénine, l'amont et l'aval, se dressait le jeune Marx pour faire la jonction. Littérairement alléchant, avec notamment l'inversion machinale et toujours payante du génitif (genre *philosophie de la misère, misère de la philosophie*), dont Guy Debord a tiré le meilleur profit dans *La Société du Spectacle,* un détournement astucieux des « écrits de 1844 », où *aliénation* est tout simplement remplacée par *spectacle*. Le Marx excentrique d'avant *Le Capital* n'était pas très bien vu par les tenants de « la coupure épistémologique », mais on lui doit des percées cinglantes comme *Contribution à la critique de la philosophie du droit de Hegel* et ce qui sera baptisé plus tard, par l'Institut du marxisme-léninisme de Moscou, *L'Idéologie allemande*. Ce sont les fameuses *Thèses sur Feuerbach*, l'auteur de *L'Essence du christianisme* (1841), celui qui fit du bon Dieu une projection des facultés humaines, à récupérer dare-dare. Ces thèses, qui vantent l'effectivité plutôt que la scientificité, tiennent sur deux pages et culminent dans la onzième, qu'il était grand temps de prendre au sérieux : *non plus interpréter mais transformer le monde* !

Mon chemin de Damas. Éblouissement. Retournement. « Engagement ». J'apprendrai plus tard que cette mise en demeure fut gribouillée sur un coin de table dans un café bruxellois et que Marx s'est refusé à la publier de son vivant, mais cela restera ma feuille de route : l'important n'est pas l'idée mais ce qu'on peut faire avec. Un programme pour une vie entière. D'abord, mettre sa pensée en action. Ensuite, penser l'action. Enfin, étudier l'action de la pensée – médiologie. Du pain sur la planche – ou du pensum en perspective.

Que répliquait Marx à Ludwig Feuerbach, qui avait dit : « L'homme est ce qu'il mange » ? Que l'homme est ce qu'il fabrique (on dira plus tard, Freud aidant : ce qu'il cache). Qu'il doit quitter l'éden de la pensée pour le purgatoire des empoignades en bazardant les vieilles lunes – sagesse, bonheur et tolérance. Sortir de son jardin de curé pour monter au feu. Et où se trouvait le brasier du siècle rouge ? Dans la zone des tempêtes qui cernait l'Occident. Débordement par les ailes, les bidonvilles. C'était avant notre village planétaire. Il n'y avait pas encore un seul mais trois mondes, presque étanches : l'Ouest, l'Est et le Sud, baptisé tiers-monde (par un Français, Alfred Sauvy). Bourgeoisie, prolétariat, paysannerie. Celle-ci, en prenant les armes, allait régénérer les deux premiers, dont il n'y avait plus que du médiocre à attendre (le bourgeois, à l'ouest, ayant émasculé le prolétaire, et le bureaucrate, à l'est, l'ayant bâillonné). Cette tripartition géopolitique respectait les convenances. Le chrétien, descendant de Jules César et du *veni vidi vici*, a un penchant pour le chiffre trois : le Père, le Fils, le Saint-Esprit ; paradis, enfer, purgatoire ; noblesse, clergé, tiers état ; les dieux, les héros, les hommes ; bleu, blanc, rouge ; liberté, égalité, fraternité. Au troisième terme de résoudre la contradiction entre les deux premiers. D'où l'espoir qu'on met spontanément en lui. Renvoyant dos à dos les prédécesseurs, il dispensait de prendre parti pour l'un ou l'autre. « La grande lueur à l'Est » s'étant éteinte dans d'innommables crimes qui ne pouvaient plus échapper à personne (après « le rapport attribué à Khrouchtchev » de 1956), l'espérance s'était reportée vers le Sud, et si la Terre restait silencieuse, on entendait le cri de ses Damnés et les appels des porte-voix, Aimé Césaire, Frantz Fanon, Albert Memmi et d'autres. Hugo nous avait bénis par avance : « La destinée des hommes est au Sud », a-t-il écrit, en ajoutant : « Si le nord est inquiétant, le midi est rassurant. » Et on était d'autant plus rassuré que l'anticolonialisme prenait la suite du chapitre précédent, l'antifascisme. Certains des nôtres et des meilleurs, comme Étienne Balibar, se retrouveront en Algérie, sous le nom de pieds-rouges. Quant aux « blanches nations en joie », je devais en voir peu après les avant-gardes multicolores rassemblées à La Havane en 1965, à la conférence Tricontinentale. La Troisième Voie – l'arlésienne du XXe siècle, qu'on n'a pas cessé de guetter, comme le miracle à Lourdes.

Nous voulons tous savoir. Mais pas les mêmes choses, ni dans le même but, car se place, à la sortie de l'enfance, comme au début d'une portée de musique, un signe qui va, tel un présage, donner sa tonalité au restant de nos jours. Il en écrit la partition et nous n'en savons rien. Il existe trois clés en musique, le *fa*, l'*ut* et le *sol*, et trois dans nos songes, l'Avoir, l'Être et le

Faire. Sous l'augure de l'Avoir, direction École de commerce. Sous celui de l'Être, en route vers les psys. Sous le signe du Faire, direction Sciences Po ou Saint-Cyr. Le ton-maître fixe le but de guerre et les ambitions intimes : chacun se voit en haut de l'affiche, qui en Rockefeller, qui en saint et martyr, qui en Grand Chancelier. Économie et finance pour les uns, lettres et psycho pour les autres, droit et politique pour les troisièmes. Ce choix qui n'en est pas un, pareil à un thème astral qui va nous téléguider, nous voue à une ligne de vie. Accumuler des tableaux, des yachts, des titres en Bourse, cela peut fonder une famille, dans un entre-soi d'héritiers ; chercher à être en paix avec soi-même, cela conduit chez le psychanalyste ou dans un ashram en Inde ; vouloir des actes marquants, cela exige d'aller aux gens et de faire équipe. Chaque prédestination nous vaudra l'hypertrophie d'un organe des sens et l'atrophie d'un autre. L'Avoir se moque des âmes : pas d'introspection, l'intime est verrouillé. L'Être ne regarde qu'en dedans : le dehors est indifférent, on nettoie l'intérieur, point final. Le Faire, qui a sa grimace dans le faiseur, accommode sur les urgences sans se soucier des élégances. « Tant de mains aujourd'hui pour bouleverser ce monde et si peu de regards pour le contempler », déplore Julien Gracq. C'est un regret que je partage pour avoir longtemps trop donné à la main et pas assez au regard, mais chaque esprit a son code génétique auquel il n'est pas facile de désobéir. Je garde, et j'en pâtis, de mon signe zodiacal, une méfiance envers le jus de cervelle, une sainte trouille du bla-bla et une certaine allergie au vaporeux.

On aurait tant aimé trahir la cause des livres qui ne sont cause de rien ! Il y a loin de la coupe aux lèvres, mais c'est dans le sanctuaire du livresque que Louis Althusser m'apprit à déglutir sans mâchonner des alignements de raisonnements sans chercher la petite bête, comme le font les lecteurs de profession et les spécialistes de l'interprétation façon Paul Ricœur et ses amis. J'en avais bien besoin, car, désertant assez souvent mon pensionnat pour me rendre en Amérique latine, je devais à chaque retour avaler le plus possible d'idées absconses pour pouvoir les dégurgiter vêtues de beaux habits le jour J du concours. Althusser, sans s'en ouvrir à Derrida, son adjoint diligent mais discret, plus tatillon, m'a montré l'intérêt, pour échapper aux ergotages, de la lecture à tire-d'aile qu'il appelait, si je m'en souviens bien, *symptomale*. Il avait le don de humer les pavés, d'en cueillir le saillant en bon clinicien, pour un diagnostic sans faute. *La Critique de la Raison dialectique* de Sartre venait de paraître. Cinq cents pages en minuscules. Il avait humé. Conclusion : « Sa praxis, c'est encore du cogito sous un autre nom. Le pauvre Sartre ! Il ne s'en sortira pas. » Idéalisme subjectiviste. Ce qui ne l'empêcha pas, peu après, d'inviter Sartre à disserter en salle des Actes, avec sa voix de haut-parleur, sur les « possibles en histoire », et de l'interroger poliment. Il invitait aussi Canguilhem et Michel Serres, pour notre plus grand bien, à faire cours en « épistémologie et histoire des sciences », pendant qu'il nous faisait entrer, lui, d'étincelante façon, dans Rousseau, Machiavel et Montesquieu. « Un philosophe de la Nature. Remarquable mais l'Histoire ne le concerne pas », disait-il de Serres, bien avant qu'il ne soit question d'écologie. Jamais méchant, toujours prémonitoire. Pour ma part, la *praxis* et les possibles, ça m'intéressait, alors que la broderie à petit point me mettait à la peine. Mais sans la carte du Parti, néophyte embarrassé, je ne savais pas trop comment faire rentrer mon envie d'en venir aux choses mêmes dans le cadre des révoltes logiques. Si le triomphe de la Juste Cause est inexorable, à quoi bon s'en mêler ? Pourquoi ne pas suivre mes condisciples, qui prenaient calmement le chemin du Collège de France, sans imprévus ni stridences inutiles ? Pour prendre des assurances, je m'en ouvris un dimanche matin, le jour du Seigneur, à Althusser dans son appartement du rez-de-chaussée. L'homme privé n'avait rien à voir avec l'image publique du théoricien pur et dur. C'était un tendre, désabusé, esthète et assez je-m'en-foutiste, un fragile couvert de femmes passant la moitié de son temps en clinique psychiatrique, qui devait plus tard, mal soigné, étrangler sa compagne dans un demi-sommeil. Il me rassura à sa manière, affectueuse et goguenarde, en me renvoyant à *L'Éthique*. Oui, la nécessité objective incluait comme un cas particulier la volonté subjective de pousser à la roue. Les fourmis dans les jambes, c'était la preuve par neuf. Sans doute voulut-il m'épauler en me donnant campo, mais l'exeat de notre père abbé me parut, sur le moment, assez désobligeant. Je serais donc, à en croire

Spinoza et son arrière-petit-fils Marx, un acteur agi, un rebelle obéissant, entraîné par le courant, dont la lutte de classes pourrait fort bien se passer. Réflexion faite, c'est peut-être un bon côté du matérialisme que de ramener à plus de modestie des blancs-becs qui s'y croient déjà.

J'ai surmonté la vexation car j'avais en poche, avec la onzième thèse sur Feuerbach en viatique, une bonne raison de ne pas vendre *L'Huma-Dimanche* dans les rues du quartier Latin, modeste quoique valeureuse occupation – et de rejoindre une grande île, Cuba, le caïman des Antilles, où des vétérans de la guerre d'Espagne entraînaient au maniement d'explosifs des jeunots venus d'un peu partout. Qui s'engage se dégage du même coup : deux bonheurs pour le prix d'un. Déserter le champ philosophique avec un sauf-conduit philosophique, qu'est-ce qu'un scoliaste qui fuit la scolastique peut rêver de mieux ?

II

EN PRISON

L'étranger – L'ici-contre – Gramsci –
Histoire ou géo ? – Le rouge ou le noir

Où se découvre qu'un long confinement peut rendre sensible à l'étrangeté des êtres et au génie des lieux, autant dire aux réalités géographiques. Quitte à renoncer à certaines idées reçues et trop confortables sur les frontières, la nation, la morale universelle et l'esprit libertaire.

> *Tous les malheurs des hommes viennent de ce qu'ils ne savent pas se tenir en repos dans leur chambre.*
>
> BLAISE PASCAL

L'ÉTRANGER

1967. Une bourgade du sud-est bolivien, Camiri, coffré dans une cellule. L'enfermement ouvre l'esprit. « Car que faire en un gîte à moins que l'on ne songe. » Accusé, avec d'autres, d'avoir participé à la guérilla, j'ai du temps devant moi : une condamnation à trente ans de prison permet de réviser ses leçons, à commencer par celles que j'avais cru pouvoir donner sur la lutte armée dans une brochure intitulée *Révolution dans la Révolution*. Le confinement s'est démocratisé avec la Covid-19, mise à la portée des innocents. Celui des coupables en Bolivie était plus anxiogène, avec, chaque soir, une incertitude sur le lendemain. Mais passons sur les contingences d'ordre psychologique. Restons philosophes. Force était de faire honneur aux bonnes traditions : « La prison est l'université du révolutionnaire. » Moisir pour mûrir, c'est une recette éprouvée. Les heures s'étirent, la cervelle s'éclaircit. L'abstracteur de quintessence peut alors s'adonner à son coupable penchant : extraire d'une expérience personnelle une vérité générale. La première conclusion à tirer de la mienne fut celle-ci : la géographie a bien plus d'importance que la philosophie.

Fatal s'était révélé le choix du théâtre des opérations, sans reconnaissance préalable du terrain, fruit d'un malheureux concours de circonstances. Des confins inextricables et dépeuplés, loin des centres miniers où se trouvait une élite ouvrière sympathisante, entraînée à la lutte, avec une forte conscience de classe. Le Che ne disposait que d'une carte imprécise de la région, la plus écartée qui soit, une *Terra Ignota* où les lieux censés être habités n'existaient pas. J'avais repéré et exploré, seul, au mois de septembre de l'année précédente (1966) deux autres zones d'implantation possible, le Alto Beni, au nord de La Paz, et le Chaparé, au nord de Cochabamba, les deux villes où on aurait pu compter sur un réseau d'appui. Des zones subtropicales, à la fois montagneuses et peuplées sur les versants de vallée, avec des colons venus des mines et récemment installés. J'en avais ramené à La Havane deux descriptifs précis, avec photos et cartes d'état-major. (C'est sans doute ma meilleure contribution à la cause des peuples et j'espère qu'on en retrouvera la trace quelque jour.) Le Che, qui était au courant, était si impatient qu'il n'avait pas eu à La Havane le temps d'en prendre calmement connaissance. « Ce sera pour après », me dit-il à Ñancahuazú, dans le campement central, « pour notre deuxième front », mais il n'y a pas eu d'après. Je suis convaincu et ne suis pas le seul, que la guérilla, mieux implantée, adossée à d'autres contreforts, plus proche des villes (comme la Sierra Maestra cubaine l'était de Santiago), aurait pu se consolider, durer et qui sait, l'emporter.

Le gros des maquisards venait de l'extérieur, de Cuba en l'occurrence, et aucun ne parlait guarani, le dialecte de la région. Il n'y eut pas de recruté local – et plusieurs Boliviens, venus de la ville, qui se sentaient dépaysés et peu motivés, avaient rapidement déserté. Pas de sympathie ni d'affinités dans les environs. Les rares paysans ont perçu les guérilleros comme des errants bizarres et suspects – et se dépêchaient de les signaler aux autorités du bled. Le Che n'avait pas reçu d'invitation et le parti communiste, bien implanté dans le pays, jugeant la carte forcée, a refusé de l'aider. Guevara, en Bolivie : un levier sans point d'appui.

Robespierre avait prévenu : les peuples n'aiment pas les missionnaires armés. Guevara, au Congo, en 1965, avant de gagner la Bolivie, en avait déjà fait l'expérience, quand les Africains des Grands Lacs, qu'il était venu aider avec quelques dizaines de Cubains noirs de l'Armée rebelle, leur ont demandé de repartir. Ces valeureux volontaires n'avaient qu'un défaut : ils n'étaient pas du coin. Bolivie, 1967 : l'exogène fut sans prise sur l'indigène. C'est que le Che voyait plus large – au-delà d'un pays qu'il connaissait assez peu et qui ne l'intéressait pas outre mesure, sinon comme tremplin. Il pensait Argentine, Amérique latine, Vietnam. Sa carte était à grande échelle et sa vision globale, quand Fidel Castro, dont il avait été et restait le second (aucune brouille entre les deux, malgré la légende, mais une camaraderie fidèle et réciproque, j'en suis témoin), s'était ancré dans une histoire et un terroir. On dirait aujourd'hui : Fidel, un *somewhere*, le Che, un *anywhere*, qui, sans amarres, ne peut plus compter que sur un acharnement et une dureté extrêmes, envers lui-même et envers les autres. Échapper à la géographie par l'histoire, c'est sans doute le souhait intime de tous les forçats de la volonté – et celui du siècle rouge. Le voleur de feu passe outre la chambre des cartes, et c'est dommage pour lui, car la géographie, ça ne sert pas seulement aux enfants amoureux de cartes et d'estampes, ça sert d'abord à faire la guerre, comme dit Yves Lacoste (et dans le meilleur des cas, à la gagner). L'*ou*-topie, le non-lieu, c'est pour les moralistes ou les juristes. On peut interpréter le monde entre quatre murs, *de visu*, mais pour le transformer, le *in situ* s'impose. Une *praxis* n'est jamais de n'importe où ni n'importe quand. Qui veut se colleter avec l'injustice ailleurs que dans un in-folio doit s'intéresser au potable, à l'irrigable et au navigable, au régime du vent et aux gués de la rivière, plutôt qu'aux spéculations sur le bonheur des peuples et les promesses de l'aube.

L'apprenti parachuté que j'étais, et qui avait passé des mois dans un camp d'entraînement pour se retrouver peu lui importait où, Guatemala, Venezuela ou Saint-Domingue (le terrain d'atterrissage n'ayant guère d'importance, où que ça se passe, ça passera parce que ça doit se passer), découvrit que chaque motte de terre a sa jalousie et que lui-même ne tombait pas du ciel. L'accès à soi passe toujours par un autre, et se heurter à des gens qui ne nous ressemblent pas est le meilleur moyen de découvrir à quoi nous ressemblons (aussi l'exil a-t-il toujours été la meilleure fabrique de patriotes). Le sentiment de ne pas être à ma place me mettait mal à l'aise. « Qu'est-ce que je fais ici ? » Pour qui croyait fermement aux communions sans territoire, c'était la question à ne pas se poser. Un blondinet inapte à prononcer la jota et systématiquement mis en vitrine, c'était, pour le régime, qui occultait les autres détenus latinos, du pain bénit pour retourner l'opinion. Je pourrais compter plus tard sur la solidarité de la Confédération ouvrière bolivienne, où j'avais des amis, son leader, Juan Lechín, des camarades anarchistes et trotskistes, mais dans l'immédiat, le cri répété que j'entendais à travers les murs d'une caserne dans un bourg perdu, *Muera Debray*, me signalait ma qualité d'intrus. C'est le regard du Blanc qui fait le Noir, et l'antisémite, le Juif ? L'Indien m'a fait Gaulois. Tant mieux ou tant pis, je ne saurais dire.

L'ICI-CONTRE

« Indigène » : un mot jusqu'alors détestable à mes yeux, un mot pour colons, gouverneurs d'outre-mer et forces d'occupation, inconnu au bataillon idéal de la République des « Conseils d'ouvriers, paysans et soldats ». Il n'y a pas d'aborigènes quand on a des principes. Un révolutionnaire remplit sa mission au nom d'une classe sans état civil, le Prolétariat, en vue d'une Internationale unilingue, lisse et sans arêtes. Les *compañeros* avaient fort bien fait de venir se battre *contre* une dictature, l'humiliation et l'exploitation. Ces valeureux n'avaient qu'un défaut : ce n'étaient pas des autochtones. Si je puis décanter aujourd'hui, après fermentation, ces soupçons embrouillés qui germaient sous un toit surchauffé et se mettaient en travers de ma foi, je le dirai ainsi : pour qu'un *contre* prenne le dessus, il doit être d'*ici*. Du Hegel pour les nuls assurément, mais « l'essence de la philosophie, n'est-ce pas l'esprit de simplicité » (souvenir bergsonien) ? L'association par contrariété : le Yin et le Yang, un trait universel. L'*ici* à lui seul, c'est pour les paysagistes. Le *contre* à lui seul, c'est pour les activistes. Avec les deux, une brèche dans le mur devient possible.

Et cela pour une raison triviale : un *nous* suppose un *eux* en face. Un collectif, pour persister dans l'être, doit s'identifier. S'identifier, c'est se démarquer. Se démarquer, c'est se confronter. Le vis-à-vis n'est pas esthétique mais polémique, et la coexistence, rarement un dîner de gala. D'où vient qu'on ne puisse rassembler sans diviser ni intégrer sans exclure, et qui veut éviter le conflit se détruit lui-même. Sans Barbares, point de Grecs. Sans Sarrasins, point d'Europe. Sans Baal, point de Yahvé. Sans judaïsme, pas de christianisme. Sans hindouisme, pas de bouddhisme, et ainsi de suite. Une idée-force tire sa force de s'élever contre une autre. « C'est en séparant les peuples que la langue rassemble », disait l'explorateur et botaniste Humboldt, et on ne connaît pas d'*ici* qui ne se soit fait en *contre* (la France à coups d'épée) ni de *contre* qui n'ait créé un *ici* en partage (le front antifasciste). Les États-Unis sont devenus unis dans et par une guerre d'indépendance d'abord, de Sécession ensuite, et l'armée française a construit la nation algérienne qui a fini par l'expulser. Une contre-société, c'est donc un pléonasme, pas de contre, pas de société. Les « grands » et les « petits bouts », soit les deux façons opposées d'aborder l'œuf à la coque, se font la courte échelle en se tapant dessus. Et quelle pire menace pour une communauté que l'absence de menace ? Privée de son ennemi, il lui faut aussitôt en inventer un autre (l'URSS partie, voici l'Islam). Certes, tout *ici* voudrait bien oublier le *contre* dont il procède, mais la paisible Confédération helvétique elle-même a eu soin de dresser à Genève le Mur de la Réformation, avec les guerriers fondateurs du calvinisme. Et le *contre* voudrait bien escamoter l'*ici* qu'il rêve d'exporter, l'ex-internationalisme prolétarien, son centre moscovite, et l'ex-« Internationale des intellectuels », son centre parisien. De même l'antienne des droits de l'homme oblitère le « et du citoyen » de la formule *princeps*, celle de 1789, comme s'il ne fallait pas, quelque part, une Cité avec des lois pour les rendre effectifs. Une virginité géographique, c'est une stérilité historique. On ne fait des enfants à une fille de l'air qu'en lui faisant toucher terre. Cela déflore mais cela engendre. Le mythe mélanésien le dit en image : il faut une pirogue aux hommes, oui, mais pas de pirogue sans un arbre et pas d'arbre sans des racines. Un esprit fort peut oublier cette vérité et penser non sans raison qu'il y a de plus nobles accomplissements qu'une prise de terre réussie. Ni le *contre* ni l'*ici* ne font la loi en art ni dans la science. En revanche, faire Pérou pour un Péruvien ou France pour un Français, c'est derechef un *challenge and response,* « défi et riposte », dit le grand historien Toynbee. Une adversité et de la pugnacité. Ce *faire front,* ou bien on l'ignore pour effeuiller la marguerite au clair de lune – et pourquoi pas ? – ou bien on l'assume – et on fait, sur cette terre, un *nous*.

Ce n'est pas une martingale, mais je garde cette clé de lecture, jusqu'à aujourd'hui, pour distinguer le viable du non-viable et le juste de l'injuste dans les affaires du jour. Une guerre me semble justifiée quand elle protège un *ici* aimé et connu contre un envahisseur – guerre patriotique ou de défense nationale ; injuste quand elle voudra exporter par la force un *ici* dominant et l'imposer au loin – guerre impériale et non de légitime défense. Je n'ai jamais pu voir un avenir quelconque à l'espéranto – un projet sympathique mais vain car sans base d'appui (au contraire du *globish*, projection d'un *ici* nord-américain doué d'ubiquité). Lesdites « opérations extérieures » auxquelles est livrée, sous le nom d'« Opex », l'armée française, l'exposent à des enlisements coûteux, stériles et sans fin (commencer une guerre est gratifiant, lever le camp, crucifiant). Échec prévisible, comme toute intrusion dans un ailleurs dont on ignore tout – culture, langue, cuisine et religion. États-Unis au Vietnam, URSS en Afghanistan : modèle de guerres idiotes et perdues d'avance, imité par la France au Sahel ou pire encore en Libye. Le plus tragicomique : le *nation building* entrepris en

Afghanistan ou ailleurs par un envahisseur qui se rêve en libérateur et s'ignore comme occupant. L'habillage des « locaux » en méchants génériques (le Viet, le fellouze, le terroriste, etc.), c'est, pour les Martiens qui débarquent en hélicoptère, un bandeau sur les yeux. Le type du coin sait d'instinct que RoboCop est juste de passage et sera parti quand le voisin et le cousin seront toujours là. Il fera risette au visiteur, mais donnera un coup de main la nuit venue au clandestin, même s'il lui est antipathique, par simple précaution. La Terre-patrie ? Un dedans sans dehors, mais qui devra attendre qu'un E.T. nous fasse l'honneur d'un rendez-vous. L'Union européenne ? Pas d'ennemi déclaré, donc mollassonne et aboulique. Qui n'a plus d'adversaire perd son tonus et jusqu'à sa raison d'être – quotidien, hebdo, ou diplomatie. « La diplomatie sans les armes, disait Bismarck, c'est de la musique sans les instruments. »

Pharmakon, genre neutre, c'est remède et poison. Tout état normal a sa pathologie, on ne s'interdit pas l'usage de la morphine parce qu'il y a des morphinomanes. Il existe une posologie à respecter et des effets secondaires à prévenir. Les imbécillités propres à l'*ici* de fermeture (qui nierait par exemple le droit pour les Européens de parler de l'Afrique et d'un Africain de parler de l'Europe) ne disqualifient pas l'*ici* du dialogue de plain-pied, ni l'*ici* méprisant du nationaliste, l'*ici* respectueux du patriote (avec l'égale dignité de tous et les égards dus à chacun). Les maladies du *contre* sont bien connues : racisme, antisémitisme, fascisme. Ce n'est pas une raison pour nier l'universalité de l'angoisse territoriale chez les primates, humains compris, qui ne peuvent, faute d'une denture adaptée et d'un estomac de ruminant, transhumer comme les mangeurs d'herbe. Dans l'ordre des mammifères, à la différence de nos grands-oncles, les dauphins et les bisons, les spécimens à pouce opposable de l'espèce *Homo sapiens* ont leur périmètre et leur parcours. Le dernier venu n'est jamais le bienvenu. Les xénophobes, hélas, n'ont pas de patrie; le racisme non plus. Ils sont au Sud comme au Nord. Il suffit, pour l'apprendre, d'avoir de ses yeux vu le sort réservé aux Zimbabwéens et Mozambicains dans les townships de Johannesburg, dans une Afrique du Sud dite arc-en-ciel, ou même aux Haïtiens en Guadeloupe ou encore aux Coréens au Japon. Une raison de plus pour faire prévaloir l'obligation civilisée sur ce qu'il y a d'animal chez tout être humain (surtout dans les pays comme le nôtre où le préjugé racial et le passé colonial font l'objet d'un déni). Un instinct universel exige une surveillance universelle.

Pandémies, allongement des chaînes de valeur, migrations de masse, biens communs: tous sur le vaisseau spatial Terre, soit, on partage, mais plus notre boule terraquée s'aplatit, plus chacun y cherche son encoignure. « Heureux qui comme Ulysse... » Le dégoût de la taupinière nous entraîne au large vers d'improbables guerres de Troie, mais guerroyer n'efface pas Ithaque ni Pénélope. Le fait nouveau, chez l'Ulysse contemporain, c'est une Ithaque en poupée russe, chaque logis s'encastrant de proche en proche dans un plus grand (petit Liré, Val de Loire, France, Europe, Occident, Terre), mais il y a toujours, chez le migrant comme le missionnaire, un fumet d'enfance qui picote au fond des narines. Pas plus qu'hier la Révolution n'aura été une patrie, la Démocratie n'en est une aujourd'hui. Il faut tenir à bonne distance ces majuscules envoûtantes mais trop inodores pour être fiables. Respect mais prudence. La sirène chante de loin mais étrangle de près.

GRAMSCI

« Un anthropologue, ça fait du terrain. Un anthropologue sans terrain, ça fait un philosophe », dit l'ami Godelier. Et un philosophe internationaliste qui fait un peu de terrain, ça découvre l'eau chaude, ce Phénix national qui meurt un soir et le matin voit sa renaissance. J'en pris toute la mesure, au bout de quelques mois, en voyant la campagne internationale de soutien et les pétitions en ma faveur s'avérer à beaucoup d'égards contre-productives. Les noms illustres qui se manifestaient avec les meilleures intentions et le déplacement de certains archicubes et amis français, comme Alain Badiou qui fit le voyage jusqu'à Camiri, long et compliqué (et finalement pour rien, car sur place il n'obtint pas l'autorisation de visite), n'avaient pas l'effet attendu. Ils braquaient plutôt une opinion très susceptible, jalouse de son indépendance. « Ce n'est pas l'étranger qui commande chez nous. » Et c'est un coup d'État progressiste, à la fin de 1970, mené par des jeunes militaires de gauche, où je comptais des alliés, qui m'aura libéré. La pression décisive vint de l'intérieur. « Les causes externes opèrent par l'intermédiaire des causes internes », affirmait sagement le jeune Mao Tsé-toung, avant de devenir fou à lier. Une remarque que devraient afficher dans leur bureau ceux qui ne cessent d'imputer tel ou tel soulèvement tantôt à la « main de Moscou », tantôt à la « main de Washington » (comme nous, jadis, l'insurrection algérienne à la main de Nasser). La bourde sempiternelle des puissants aveuglés par leur puissance, qui ne sauraient admettre que des moins-que-rien fassent mordre la poussière à des gens de bien qui se croient tout.

Qu'aura été le régime soviétique ou chinois, sinon une technique barbare de modernisation au service d'un nationalisme ? La Grande Guerre patriotique empêche encore les Russes d'effacer Staline du légendaire officiel. Fidel Castro terminait chaque envolée par un *Patria o Muerte, venceremos,* en clausule (tel le *God bless you* nord-américain). Quand Mao prend en main la lutte antijaponaise, ce n'est plus un chef de faction, c'est la Chine ; de même Hô Chi Minh face aux Français. *La Marseillaise* de 1936 et les fusillés de la Résistance ont, en France, donné droit de cité au communisme. Le modèle arrive-t-il dans les fourgons de l'étranger, c'est un château de cartes. Le marxisme n'a pu rentrer dans l'histoire, avant d'en sortir, que par le biais d'un sentiment méprisé par Karl Marx. Dans la Commune de Paris (1871), il n'a vu que le schéma « prolétariat versus bourgeoisie », en oubliant les patriotes pour qui le parti de l'Ordre, à Versailles, était d'abord celui de la trahison (comme en 1940). En voyant dans les guerres nationales des « mystifications de la vieille société bourgeoise », le grand-père rendait illisibles les succès de ses petits-enfants. Les communistes, comme les autres, ont fait de l'histoire mais n'ont pas su laquelle. Et que fut, dans un autre registre, plus réussi, le sionisme des fondateurs sinon un nationalisme profane et vital, celui d'un peuple partout persécuté en quête d'un *Risorgimento* ? Un Allemand, un Français ou un Turc seront toujours plus turc, français ou allemand que musulman, jacobin ou social-démo et qu'ils ne s'en doutent eux-mêmes. Un bolchevik russe peut devenir libéral mais il restera russe avant tout, avec ses icônes, Pouchkine et la vodka. « L'âme slave » comme « l'esprit français » ou « l'humour british » ne relèvent pas de l'Organisation mondiale du commerce. La pâte humaine sortie du four histoire-géo a un indice élevé de viscosité, dira le dégoûté, ou de résilience, dira un indulgent, plus réaliste.

De retour à Paris en 1971, venant du Chili et de La Havane où je m'étais rendu dès ma sortie de prison, avec ces songeries fort inconvenantes en tête, j'eus le bonheur de rencontrer, en marge de la Vieille Maison socialiste, Jean-Pierre Chevènement et son cercle. L'entente allait moins de soi à Londres avec les camarades anglais de la *New Left Review*, la revue trotskiste (dirigée par Perry Anderson dont le frère, Benedict, a excellemment défini la nation comme une « communauté imaginée »). Trotski n'avait-il pas fait la gaffe suicidaire d'abandonner aux staliniens le tigre patriotique dans le moteur prolétarien ? Ils m'ont généreusement donné la parole dans le numéro intitulé *The Nationalist Enigma*, entre Isaac Deutscher et Eric Hobsbawm. J'avais entre-temps, pour nourrir la conversation avec mes amis Henri Weber et Daniel Bensaïd, de la Ligue communiste révolutionnaire, pioché des munitions chez les marxistes austro-hongrois, les meilleurs sur la question, et en particulier Otto Bauer (1881-1938). Définissant les nations, ces individus collectifs, comme des communautés de caractère et de destin, reconnaissant aux exploités une double inscription, sociale et nationale, ils ont pressenti la remontée des tréfonds en refusant la sotte alternative « le hors-sol ou la tribu ». Leur critère : l'*interaction réciproque*. Et non la juxtaposition. Entre un Espagnol et un Danois, entre un Berlinois et un Athénien, quelle complicité ? Ce qui affecte les sudistes d'une euro-zone sans affects n'ébranle guère les nordistes. Un Marché produit des marchandages, non des connivences, dans un périmètre privé d'humus et d'imaginaire, trop déshydraté hélas pour qu'un peuple puisse y pousser.

Gramsci aura sans doute été, pour nous, Européens du Sud, le marxiste de la sortie du marxisme. C'est en le relisant que j'ai compris qu'il n'y avait pas de honte, pour un révolutionnaire, à parler de la nation. Le fondateur du parti communiste italien (1891-1937), Machiavel aidant, jacobin prématuré, ne s'en prive pas. Cet esprit pragmatique a produit dans ses *Cahiers de prison* (qu'Althusser, très italianisant comme on l'était à l'époque, recommandait chaudement) une réflexion d'ordre historique sur l'échec des révolutions ouvrières dans l'Europe d'après 1918. Lui a semblé obligatoire de conquérir la « direction intellectuelle et morale », comme la bourgeoisie française au XVIIIe. Lénine a mené en Russie une guerre de mouvement, avec un dénouement sanglant inéxorable. Gramsci lui oppose une guerre de position, avec un dénouement pacifique possible, pour autant que la classe ouvrière, enracinée dans un tuf culturel ancestral, ait pu devenir *classe nationale*. La religion populaire est catholique ? Eh bien, proposons-en une autre, laïque celle-là, puisqu'on ne détruit que ce qu'on remplace. Le projet a capoté. Les cellules ont fermé et les églises se vident. La relève n'a donc pas eu lieu. Reste, chez lui, en amont de l'« hégémonie » – le gri-gri du frustré –, la pierre angulaire du *national-populaire*. National, pour l'*ici*. Populaire, pour le *contre*. Objectif : réconcilier le régalien avec le plébéien. En France, la gauche n'aime pas le drapeau et la droite n'aime pas la plèbe. Le centre ignore les deux. On peut rêver, à partir de là, d'un « en même temps » qui ne serait pas politicien, mais viserait à marier un principe de communion, l'*ethnos*, avec un principe de rébellion, le *demos*. C'est la ville à la campagne, me dira-t-on, mais puisqu'il faut, dans ces combats douteux, se voir coller un san-benito, « national-populaire », quoique propice à la calomnie, me paraît encore la pire des étiquettes à l'exception de toutes les autres. Elle pose un sérieux problème de géolocalisation. On sera trop à gauche pour la droite, et trop à droite pour la gauche. Le cumul non des mandats mais des péchés : bonjour, les feux croisés. Comme le problème est sans solution, on ne peut que prendre soit son mal en patience soit les jambes à son cou (ce que ne font pas de plus vaillants, comme chez nous un Chevènement, qui aggravent leur cas en réunissant dans leur personne deux défauts qui d'ordinaire s'excluent l'un l'autre : la culture et le caractère).

HISTOIRE OU GÉO ?

Mon vieux compagnon de route, le géographe Jean-Louis Tissier, l'interlocuteur de Julien Gracq (chez lequel les paysages-histoire, comme la Vendée ou les Ardennes, tiennent les deux bouts de la chaîne), me répondra probablement qu'il n'y a pas à choisir entre Jules Michelet et Jules Verne et qu'on peut fort bien les atteler pour décrire au plus juste telle ou telle région de France. D'ailleurs, la géographie humaine est si peu brouillée avec l'histoire qu'il s'est trouvé un géographe, en 1920, pour décrire dans le détail tout ce qui nous est arrivé depuis cent ans : « l'ascension des États-Unis à l'hégémonie universelle », l'apparition de « jeunes et puissantes flottes océaniques », américaine et japonaise, le transfert de la puissance industrielle outre-Atlantique ; l'éveil des peuples indigènes, Égypte, Inde, Algérie, où grandit la conscience nationale, et il a même ajouté : « Nous devons nous résigner à n'être plus partout les plus forts et les plus riches. » Ce futurologue qui a décrit notre présent, il y a un siècle, est Albert Demangeon, et son livre s'appelle, sans façons, *Le Déclin de l'Europe*.

À gauche, d'après ce que je vois, lis ou entends, on met une majuscule à Histoire et une minuscule à géographie. À droite, c'est l'inverse: la terre d'abord, qui ne ment pas, les historiettes ensuite, pour se distraire – rois, reines et collier de la reine. C'est normal et quasiment héréditaire. Les gens de commerce préfèrent la géographie car ils ont besoin de bonnes cartes pour l'import-export et les gens à idées préfèrent les bonnes dates, parce qu'elles donnent plus à réfléchir que des montagnes et des détroits. L'esprit de géométrie cale devant le méandre mais peut s'arranger d'une marche en avant. Il y a comme de la punition dans l'espace et de la promesse dans le temps. Le granit catho ou le calcaire anticlérical, la meilleure dialectique n'y peut rien, et sur les glaces et les déserts, la volonté patine et le système aussi. Il y a de l'astreinte. Une autorité naturelle et non voulue. La géographie est la science-reine du Germain, l'histoire, du Gaulois. Un géographe allemand pouvait enseigner l'histoire en annexe, le prof d'histoire, jadis en France, la géo aux élèves. Ce n'est pas un hasard, bien que les choses aient évolué, si l'agrégation de géographie a été créée par l'« État français », que la notion d'« espace vital » fut la préférée, avec la race (cela va ensemble), du Troisième Reich (*Blut und Boden*), que « géopolitique » a longtemps senti le casque à pointe, ni que Pinochet se disait géographe et fier de l'être. Les coups de massue du géopoliticien, genre « qui règne sur la Terre centrale règne sur l'univers », n'entament pas la conviction du progressiste qu'on peut toujours feinter ses racines; ni les lendemains qui chantent, la confiance du conservateur dans les immortelles vertus de son lieu de naissance, fût-il saccagé (éoliennes, autoroutes et supermarchés).

Que la vérité d'un homme soit tout entière dans ses gènes – l'*ici* comme un boulet au pied –, c'est la pensée de derrière propre à qui chante les sucs, la sève, les odeurs d'encaustique – et le Français dit de souche. Que la victoire d'une classe ou d'un programme puisse accoucher d'un lendemain sans hier, c'est dans l'occiput du progressiste. La gauche avait en soute une philosophie de l'histoire ; la droite garde sous le coude une philosophie de la nature (et le vert n'est pas pour lui faire peur). D'un côté, rien n'est possible, de l'autre, tout est possible. Deux chimères, deux cruautés. Tantôt on se voit rappeler tout ce qui nous attache à la part de nous-mêmes que nous n'avons pas choisie. Tantôt on nous assure qu'on peut tout recommencer de zéro, le monde comme sa propre vie. Au bout du bout, c'est le face-à-face du vandale et du gardien de musée.

Il y a peut-être une explication psychosomatique à la différence des tempéraments. L'émotion en géographie est intimiste. Elle naît d'une solitude ou d'une contemplation. Elle nargue le métro-boulot-troupeau, pour le *trekking* dans l'Himalaya ou la taïga sibérienne. L'émotion historique, elle, est chorale et naît d'une communion. C'est le frisson que nous donne une multitude au coude-à-coude, un cortège à l'unisson, une troupe à l'assaut, *La Marseillaise* ou *L'Internationale* à pleins poumons. Solidaire ou solitaire, militant ou aventurier : les deux pôles d'*Homo viator*. À chaque pérégrin, son tunnel et sa lumière tout au bout. Pour l'un, il est dans le Temps, c'est l'Avenir. Pour l'autre, il est dans l'Espace, c'est l'Inconnu. Le militant, l'espoir au cœur, est le plus malheureux parce que l'Avenir, on n'y arrive jamais, alors que l'aventurier, sac au dos, pourra voir de ses yeux la panthère des neiges.

S'esbigner, puis se rencogner: c'est le séquentiel ordinaire des existences. Banal peut-être mais pas idiot. Si l'amour est bien dans le pré, on n'a pas tort d'étudier la carte de bonne heure, cela fera gagner du temps. Vidal de La Blache, le maître-auteur du *Tableau géographique de la France* (1903), aurait dit un jour : « On ne devient géographe qu'à soixante-dix ans. » Autant dire : quand les carottes sont cuites. Si cette tardive déconvenue peut nous faire comprendre, même à retardement, qu'un homme n'est pas une liberté pure, un centre d'indétermination absolue, pouvant royalement décider de son sort, c'est bon à engranger. On ne connaît pas de géographe sartrien. Avec de l'*in situ* à la clé, le hasard devient nécessité et nous marque au poinçon. Un partisan du libre arbitre qui ne fait pas la part du granit, comme d'autres celle du feu, sera assez vite rayé de la carte.

Puissent les réformateurs de demain prêter un peu plus d'attention aux nappes phréatiques ainsi qu'à la démographie, car on ne fait pas les mêmes rêves avec huit milliards de voisins qu'avec un seul. Une transition réussie (progrès médicaux, éducation, baisse de la mortalité infantile, etc.), une pyramide des âges à l'envers et une carte Vitale en poche, cela n'incline pas à courir la poste mais à refermer la fenêtre. En dessous d'un certain taux de fécondité, notre priorité à tous, ce sont les régimes de retraite et l'été à la plage. Les luttes à mort, c'est là où les jeunes sont en majorité. Le « crépuscule des vieux » entend rester au chaud. Tout concourt aujourd'hui à nous faire chérir notre niche.

La géo a gagné, les écolos aussi, une raison de plus pour rééquilibrer les plateaux de la balance en faisant honneur à la profondeur de temps. Il m'arrive de me peindre en « réactionnaire de progrès » en souvenir des révolutionnaires que j'ai pu croiser ici ou là, tous gens de mémoire, grands liseurs de chroniques et de livres d'histoire. Alain, qui a formé au lycée Henri-IV plusieurs générations de bons esprits, a lâché une funeste ânerie avec son « il y a deux sortes d'hommes, les intelligents et les historiens ». En ce cas, et Alain l'a montré, les intelligents avaient toutes les chances sous l'Occupation de rallier Pétain et de railler de Gaulle, qui, lui, reprenant le fil de l'histoire ancienne, Colbert, Carnot, Clemenceau, avait l'avenir pour lui.

Explorons, aménageons, sauvegardons nos *ici,* mais gardons présent à l'esprit que le Fils de Dieu lui-même n'avait pas peur du *contre* – « qui n'est pas avec moi est contre moi » (Matthieu, XII, 30). Ni que la « der des ders » n'est jamais qu'une avant-dernière. Verdun, la Somme et Dunkerque ont disparu du paysage mais la guerre continue, ailleurs, autrement. De l'eau, des ondes, des anchois, des taux d'intérêt, des brevets, des festivals de cinéma, des langues et du cyber. La paix est une guerre qui s'ignore, et quand *Pólemos*, le père de toutes choses, sort par la porte, c'est pour revenir par la fenêtre. Je confesse qu'il m'arrive quelquefois, dans un raout ou un cénacle, de me demander sur lesquels des présents on pourrait compter en cas de malheur, coup de torchon ou invasion du territoire, tout en me retournant la question, pour mon grand dam, n'étant plus trop sûr d'y répondre comme il faut. Telle est aussi, pour saugrenue qu'elle puisse paraître, la question de confiance que je ne peux m'empêcher de poser en silence à toute doctrine, ou famille de pensée. Pourrait aller au casse-pipe, ou pas ? Mais il y a aussi celle-ci, qui vaut bien celle-là : passé l'épreuve du feu, pourrait ramener la paix ?

LE ROUGE OU LE NOIR

La question pour rêveurs dînant en ville avec un verre dans le nez en suggère une autre, plus colorée : le rouge ou le noir ? Et s'il récuse le rouge, compte tenu des forfaits avérés, « l'homme révolté » doit-il miser sur le noir ? La pierre de touche met à l'épreuve les deux rivales : l'autoritaire et la libertaire. Il manque à la première une culture de paix et à la seconde, une culture de guerre. La paix ne réussit pas aux communistes, la guerre, oui ; ils savent y faire. L'Armée rouge a gagné la Seconde Guerre mondiale, mais a perdu la paix. Un modèle de société où l'opposant est traité en ennemi, ce n'est pas acceptable. Comment bâtir une Maison commune quand la division se fait dogme ? Vendre des oranges, faire pousser des pommes de terre et fabriquer des lave-vaisselle quand il n'y en a que pour la police et les missiles à longue portée ? En revanche, le choc frontal ne réussit pas à la nébuleuse anti-autoritaire. Le fait qu'elle n'ait pas de Katyń ni de Goulag à se reprocher milite en sa faveur. Les « socialistes révolutionnaires » – les *Justes* de Camus, façon Russie 1900 – « ni victimes ni bourreaux » – n'étant plus à l'ordre du jour, l'antitotalitaire est venu combler un creux d'espérance. La caserne ou la chienlit ?

« Subvertir l'État et la religion » : vaste programme, resté sur le papier. C'est qu'il faut de l'organique pour tromper le temps aussi bien que l'ennemi. « Le rêve subjectif d'une foi sans organe » (Auguste Comte) ne résiste pas aux orages. Ce qu'a entrepris de plus ambitieux ce courant de pensée tourne court assez vite. La Banque du Peuple, créée par Proudhon en 1848, capote en quelques semaines ; les phalanstères de Fourier, prônant la libre circulation des affects et l'harmonie universelle, disparaissent sans laisser d'archives ni de traces (celui de Condé-sur-Vesgre n'est plus localisable) ; les communes agricoles créées en 1918 par l'Ukrainien Makhno, « le cosaque de l'anarchie », sont rapidement dispersées ; les communautés soixante-huitardes n'ont pas passé l'année, comme l'Université de Vincennes, ambiance mao-libertaire, s'abîme précocement dans la pagaille. Les « irruptions » et les « brèches » d'inspiration libertaire, Commune de Paris ou Mai 1968, méritent bien leur nom. Ce sont de belles journées sans lendemain. Les poètes qui ont le don de l'instant et l'amour du convulsif rendent grâce à ces éruptions de fraternité. Elles font rêver parce qu'elles n'ont pas le temps de décevoir, comme la « gauche de gouvernement ». Celle-ci préfère en général tenir le manche qu'honorer ses promesses. Avantage du raid éclair, inconvénient du temps long.

Toute entreprise appelée à faire des enfants requiert une institution, et celle-ci a un prix, la hiérarchie, la dure loi d'airain de la durée. Un orchestre a un chef d'orchestre, un ballet a un maître de ballet. Ni maître ni chef ? Alors, adieu les symphonies et les pas de deux. Adieu la chorégraphie et bonjour la cacophonie. Le corps de ballet de l'Opéra tient la rampe parce qu'il a des grades : quadrille, coryphée, sujet, premier danseur, danseur étoile. C'est la verticale des anges et des militaires. L'horizontal, c'est du fugace. Une mosaïque de communes autogérées, un méli-mélo de mini-républiques ne peut qu'éclater en morceaux lors d'une montée aux extrêmes. Quelle cohérence stratégique ? Quelle unité de commandement ? Quelle discipline ? Proudhon le pacifiste voit dans la centralisation étatique une destruction des libertés, ce qui n'est pas faux, amenant inéluctablement à des affrontements armés, ce qui n'est pas vrai, car c'est l'inverse : l'affrontement exige le rassemblement et celui-ci, une concentration résolue des pouvoirs, ce qu'on peut regretter mais dont témoigne toute notre histoire. Une guerre de défense, nationale, économique ou mondiale ne se mène pas département par département. Elle exige un poing sur la table. Quand il y en a deux, il y en a un de trop (de Gaulle ou Giraud à Alger) et quand il y en a vingt-sept, il n'y a plus personne (l'Europe à Bruxelles). « Je n'aime pas donner des ordres ni en recevoir », a dit une militante anarchiste. C'est plus que louable, admirable, mais refuser le lien hiérarchique qui structure une troupe, c'est aller tôt ou tard à la débandade. Élire ses officiers, délibérer avant d'obéir, poser ses conditions avant de monter au front ? Trotski, le chef de l'Armée rouge, fut plus expéditif et il a gagné la guerre civile. La Commune de Paris l'a perdue, et Rossel, l'officier censé diriger les combats, dut renoncer devant la gabegie (ce qui ne l'empêcha pas d'être fusillé par les Versaillais). Les milices d'autodéfense des mineurs de l'étain, en Bolivie, n'ont pas tenu longtemps devant l'armée, malgré leur courage, je l'ai de mes yeux vu, en 1964, sur l'Altiplano. Les anarcho-syndicalistes – tel mon vieux frère argentin, feu Líber Forti – sont d'une qualité humaine hors du commun, comme, je peux l'imaginer, les Espagnols de la FAI (la Fédération anarchiste ibérique) durant la guerre civile. Durruti, l'antimilitariste nommé lieutenant-colonel à titre posthume, a organisé une colonne fameuse, exceptionnellement bien organisée, quatre mille hommes répartis en cinq centuries (chacune regroupant dix groupes et chaque groupe une cellule de dix hommes, avec à sa tête un délégué choisi librement), mais cette formation elle-même n'a pu survivre à la mort de son chef, victime, à Madrid, d'une balle on ne sait d'où venue (1936).

L'anarchiste de haut lignage (les émules de Bakounine, non de Michel Audiard) se place sous le signe de l'*être*, non du *faire*. On ne fait pas marcher au pas les êtres d'exception. La levée en masse n'est pas dans leurs cordes, les arts lyriques et les défilés, non plus. Se mettre en rang et chanter en chœur, très peu pour eux. Imagine-t-on une chorale libertaire? Léo Ferré traitait de putain *La Marseillaise* (que les socialistes chiliens fredonnaient volontiers). Les communistes avaient des hymnes (comme en ont les religions) – *Front rouge, La Jeune Garde, La Varsovienne, El Quinto Regimiento*, et l'Armée rouge, des chœurs –, les anarchistes cultivent le solo, cela ne vaut qu'en temps de paix. « Une guerre sans âme et sans chanson qui en chacun disait secrètement je et jamais on », se souvient Julien Gracq, cela fait date, juin quarante.

En ressort une éthique pour consommation privée; l'histoire de l'anarchisme, ce sont des histoires d'anarchistes. L'aria sans orchestre sied aux fortes personnalités et aux originaux, qui ont du coffre. Se refuser à rejoindre le camp des vainqueurs, comme Simone Weil, âme d'élite, n'est pas loin d'une sainteté laïque. Mais ce qu'il y a de plus noble chez un être humain, le refus de parvenir, ne menace hélas pas les désordres établis. Proudhon se proclamait « homme de l'individualité avant tout », loin de « l'ingrate et vile multitude », et prônait l'abstention aux élections, avec pour idéal « la dissolution du gouvernement par l'organisation économique ». Condamner les grèves ouvrières, bouder la révolution de 1848 et voir en Napoléon III un mandataire de la révolution sociale n'a rien d'illogique avec de tels a priori (la haine des Juifs, des Noirs et la misogynie sont, chez lui, plus étonnants). L'anarchisme n'est pas post-héroïque, car il eut ses héros, mais prépolitique. Poser ses bombes en Suisse n'est pas une solution.

Sagace dans ses rejets, féerique dans ses projets, promise à la défaite et vaincue prédestinée, cette aristocratie plébéienne peut donner le signal d'alarme, avec son avertisseur, « ni Dieu, ni Maître, ni Chef suprême ». Elle sait bien ce qu'il peut y avoir de bête et méchant dans une prise de corps, et d'armes. Le fou qui dit leur fait aux autocrates au nom des marins de Kronstadt et des soviets escamotés est un précieux garde-fou. Comme le critique d'art au dégoût très sûr, il ne prend pas le pinceau mais il voit par où ça pèche. Abel est dans la tombe, regarde Caïn et l'empêche de dormir. Antigone dit non, et c'est elle dont on se souvient car le oui se fane et le non traverse les âges. L'objecteur de conscience (dont le statut fut reconnu par le général de Gaulle) est notre sentinelle, et Albert Camus, l'ami des libertaires espagnols, se dresse toujours telle une vigie à la proue. Mais il ne peut hélas tenir la barre, même s'il montre l'étoile du Sud. On ne fait pas face aux très cruels dilemmes de l'action collective avec un lanceur d'alerte, si respectable soit-il. Et c'est dommage, on aurait bien voulu. Cela coûterait moins cher.

III

AU FORUM

« Intellectuel » – L'écosystème – L'échelle de nos gloires – D'un tropisme tyrannique

Où se découvre que le sobriquet intellectuel, qui n'engage à rien de sérieux, permet d'acquérir aujourd'hui une belle situation matérielle et morale, avec une pente invétérée, difficile à remonter, vers le bon côté du manche.

Voulez-vous ne pas vous tromper ? Tenez pour fausses toutes les idées chères à votre temps.

GUSTAVE FLAUBERT

« INTELLECTUEL »

1973. Pétitions, libelles, pugilats, lettres ouvertes. Quitter (juste à temps) le Santiago des militaires pour le Paris des militants, c'était passer de la guerre à la guéguerre. Après *La Critique des armes* à feu, les armes en bois de la critique. Les batailles d'opinions ne blessent que des amours-propres mais sont encore batailles d'hommes. On interpelle, on rameute, on jette des « pavés dans la mare » – en réalité des boules de neige. C'est en faisant ainsi joujou avec les mots qu'on enfile la casaque de l'*intellectuel,* à prendre ici au sens minimaliste : l'amateur qui dispute de politique sur le ring appelé forum. Et non en casse-cou bravant la foudre, seul, dos au mur et mains nues. Restons sobres, respectons dates et lieu. Notre vocabulaire change de sens et de poids en changeant de siècle, mais si le vocable reste quand la fonction s'en est allée, se produit un quiproquo qui tourne au subterfuge. C'est le cas avec ce néologisme imprimé en caractères italiques dans le journal *L'Aurore*, en 1898. Émile Zola, le premier porte-parole de ce Parti en droit sacrificiel, après sa lettre ouverte *J'accuse* adressée au président de la République, fut déféré devant la cour d'assises, condamné à une peine de prison, dut s'exiler un an en Angleterre pour échapper au lynchage, aux revolvers à bout portant et aux furieux des Ligues patriotiques. « Étripez-le », titrait *La Croix*. « On aura sa peau. » Et s'il est mort dans son lit, c'est bel et bien assassiné à l'oxyde de carbone (par un ramoneur antidreyfusard monté sur le toit) quatre ans après, les haines toujours vives. Ses prédécesseurs du siècle des Lumières, qui n'avaient pas encore reçu leur nom de baptême, ont également réglé comptant. Diderot est enfermé, Voltaire doit s'exiler et Rousseau se cacher: les enfants lui jetaient des pierres dans la rue. Le jeu intellectuel, si on ose ainsi parler s'agissant de ceux qui l'ont cher payé, est un jeu qui se joue à deux: un esseulé, d'un côté, et de l'autre, un pouvoir qui censure, arrête, expulse, torture ou liquide. Comme jadis Cavaillès ou Jean Prévost. Il y eut des intellectuels en Union soviétique, il y en a en Chine et en Islam. Il n'y en a plus en France depuis la guerre d'Algérie, quand on pouvait perdre son poste et son salaire rien qu'en signant une pétition et en Algérie même, département français, se faire égorger en silence par des paras sous ordre. Les fous de Dieu assassinent-ils à Paris, le pays tout entier se dresse. La paix civile rétablie, voilà que l'État oppresseur nous joue un vilain tour : il sourit. On peut alors garder les avantages symboliques de la dissidence sans les inconvénients pratiques, comme jadis les nobles ont gardé l'épée mais pour l'apparat. Les persécutions d'antan nous sont un précieux fonds de commerce et nous jouons tous du Labiche dans le costume du Cid. On a beau mettre flamberge au vent et faire des pieds et des mains pour intéresser la maréchaussée, on reste le boutefeu qui appelle à la guerre sans se rendre à la caserne, l'intraitable qui prône l'insurrection en veillant sur son livret A, ou le mandarin qui, bien calé dans sa chaire, appelle les grévistes à « courir tous les risques ». L'ex-ennemi de l'intérieur devient le chouchou de la République et son président, en cas d'accident, lui fait part aussitôt de son affectueuse sollicitude. Déjà de Gaulle, entre amusé et magnanime, avait coupé l'herbe sous le pied de Jean-Paul Sartre en lui donnant du « Cher maître » en réponse à une sommation de sa part, parce qu'on ne met pas Voltaire en prison. Le succédané peut même s'en sortir avec la Légion d'honneur ou une invitation à faire causette à l'Élysée. Notre bretteur maison doit constater avec consternation qu'il a beau mouliner l'injure et la diatribe, il continue, malgré sa recherche pathétique d'un persécuteur patenté, de jouir d'une non moins pathétique impunité. Moins il a d'égards pour l'officialité, plus il en reçoit. Et le voilà en figurant du folklore national, au même titre que le sac Hermès, le champagne millésimé et le croissant frais, mais le poing sur la hanche. Dure époque. Les parias sont cajolés. Reste à se retrouver un piédestal dans la dissidence à distance, garantie d'un certain retour d'aura. Le geai paré des plumes du paon cumulera alors le frisson de l'événement, tout frais cueilli, et la hauteur du justicier. En toute bonne conscience, et toujours au nom d'une Cause sans objection possible, les Droits de l'Homme. Une affaire qui marche.

« Je trouve tout cela trop avantageux et profitable », disait Gide. Moi itou, mais j'en ai profité et tiré avantage, ni plus ni moins que les collègues. Les dates mises à part, j'ai des réserves plus intimistes à formuler sur l'usage indiscriminé de ce fourre-tout.

La première serait anatomique. C'est la main, notre outil de travail, l'intellect suit, ou pas. Le gratte-papier qui écrit au stylo, non sur ordinateur (qu'il regarde comme une poule un couteau), peut prétendre à la dignité de travailleur manuel. À l'instar non des chirurgiens, ce qui serait prétentieux, mais des dentellières en chambre. Ciseaux, scotch et paperoles. Pas de secrétaire ni d'assistant. Sans ma femme Isabelle, héroïque, qui accepte de saisir les gribouillis d'un demeuré illectronique, ou bien en cas d'amputation, force serait à un manchot de fermer boutique, faute de l'opérateur essentiel.

La deuxième serait proustienne, donc plus sérieuse encore. L'intelligentsia est un demi-monde rempli de filousophes sans titres, et un clerc ès qualités n'aime pas les saltimbanques. Qui a ses papiers en règle ne peut cacher, devant des sans-papiers, un mouvement de recul. Le duc de Guermantes avait le même en arrivant dans un salon très mélangé, face à des inconnus sans particule qui ne lui avaient pas été présentés. Mais, de même que les dames du monde se reconnaissent à ce qu'elles disent détester les mondanités, comme les snobs, le snobisme, les intellectuels cultivent l'anti-intellectualisme, en sorte que dire qu'on n'en est pas serait la preuve du contraire. J'avoue donc m'être inscrit au rôle et avoir ainsi pu rejoindre « tout ce qui grouille, grenouille et scribouille et qui n'a pas de conséquence historique dans les grandes circonstances » (tentative manquée d'un mensuel *Ça ira,* invention de clubs et bandes organisées). Énervements, ruades et algarades. Sobriquet mérité. Bernanos : « L'intellectuel est si souvent un imbécile que nous devrions toujours le tenir pour tel jusqu'à ce qu'il nous ait prouvé le contraire. »

La troisième nuance porterait sur le fond. De quoi l'« intellectuel » est-il le nom ? Du besoin de se prononcer, à chaud, sur le cours des choses, publiciste hier, éditorialiste aujourd'hui. « L'événement sera notre maître intérieur » – se promettait Emmanuel Mounier, le fondateur d'*Esprit*. Autant dire : l'extérieur nous tiendra lieu de nécessité intérieure et l'événement, de gouvernement. Un pari très risqué. L'actu est un maître dévorant. Il nous oblige à renchérir sur ce dont tout le monde parle, au même moment, sans laisser refroidir. Ceux que Proust appelait « les philosophes-journalistes » pimentent nos infos de chaque jour ; ce sont les permanents de notre impermanence. Et comme aucune tour d'ivoire, a fortiori de papier, ne peut totalement s'absenter de ses circonstances, il y aura toujours une part de notre jardin secret qui empiète sur les boulevards extérieurs et nous amène à « prendre publiquement position ». Nous avons tous un Johnny en nous, y compris les chanteurs d'Opéra. Ce n'est pas ce que nous avons de mieux, mais ce qui s'entend le mieux. Pourtant, on l'oublie, Voltaire, ce n'est pas l'affaire Calas, ce sont *Les Lettres philosophiques* et l'*Essai sur les mœurs*. Zola, ce n'est pas *J'accuse*, c'est *Les Rougon-Macquart*. Gide, ce n'est pas *Voyage au Congo* ni *Retour d'URSS*, mais *Corydon* et le *Journal*. Malraux, ce n'est pas l'escadrille *España*, c'est *L'Espoir* et *Psychologie de l'art*. Sartre, ce n'est pas le tonneau à Billancourt, c'est *L'Être et le Néant*. Il y a de l'injustice dans notre mémoire. Elle ne garde que les à-côtés, car c'est ce que nous avons de moins personnel qui laisse le plus d'empreintes. Le vu par tous l'emporte à la longue sur le lu par quelques-uns. Nous ne retenons pas d'un auteur ce par quoi il échappe à son temps, qui le rend singulier, mais ce par quoi il lui appartient. Nous pouvons ainsi faire passer sous une même toise des vocations très disparates. Et mettre par exemple en concurrence un créateur original mais déconnant et un professeur judicieux mais non créateur pour un duel « Aron-Sartre » purement rétrospectif, car s'ils avaient fait ami-ami comme potaches, ils ne couraient pas dans le même couloir et ne relèvent pas aujourd'hui des mêmes juges de touche. La soif de notoriété et la loi du moindre effort accroissent en nous la pulsion interventionniste. Le coureur de fond cède alors le pas au sprinteur du commentaire, mieux achalandé. Julien Gracq notait qu'il y a 1 % de littérature dans un article sur un fait divers et 99 % dans un sonnet de Mallarmé. Un saisonnier peut couper la poire en deux et faire cinquante-cinquante. Poétiser le matin, gesticuler l'après-midi. Péremptoire au forum, perplexe à la maison. Mes besognes matinales, ce fut un travail d'enquête sur l'Antiquité tardive, les fâcheuses retombées du concile de Chalcédoine (451), ainsi que sur l'anthropologie trop pauvre du vieux Marx et l'inconsistance de son idée d'idéologie comme un nuage invertébré. Un laborieux ne peut s'offrir la désinvolture avec laquelle nombre d'élégants littérateurs ont jeté au panier leur credo d'antan, sans rectificatif ni post-scriptum. Le flux n'est guère réflexif. L'examen pointilleux des préjugés qui avaient été les miens m'a personnellement fait revenir sur des stéréotypes d'époque et ruminer – j'ai esprit lent – une dizaine d'années.

On n'en reste pas moins fiché comme « intellectuel engagé », cercle carré et rubrique frelatée. Pour épris qu'on soit des « douces violences » et de « l'obscure clarté qui tombe des étoiles », l'oxymore laisse perplexe ; et le voir brandi dans une corporation pour laquelle il n'est pire injure qu'« embrigadé » et qui se fait gloire de n'obéir qu'à sa conscience et non à la consigne ne laisse pas de surprendre. Quiconque s'engage et pas seulement dans la Légion étrangère (« engagez-vous, rengagez-vous ») accepte d'être aux ordres, comme on l'était dans la France libre. Un engagé, c'est comme un ministre, ça ferme sa gueule ou ça démissionne. Quand le commandant P., dit Barba Roja, mon patron, m'a dit un jour de 1966 : « Dis donc, Danton, tu ne pars pas au Venezuela. Tu vas en Bolivie et ensuite tu files au Brésil, à São Paulo, pour contacter untel et untel », j'étais heureux, tout simplement, j'avais mission. « Tantôt je suis, tantôt je pense », dit Valéry. Tantôt je me jette à l'eau, tantôt je me gratte la tête. Au four et au moulin mais l'un après l'autre. En bonne doctrine nous sommes tous « jetés au monde », embarqués *volens nolens,* engagés *de facto,* mais alors pourquoi porter en sautoir cette condition commune ? Pour faire le beau ? Moins prétentieux est le « spectateur engagé », comme Raymond Aron, mais camper au même moment sur les gradins et sur la pelouse, au balcon et sur les planches, est une prouesse acrobatique qui n'est pas à la portée du premier venu.

Intellectuel donc, suivi de son épithète de nature, « de gauche », façon rillettes du Mans ou jambon de Paris, tel « Achille aux pieds légers » ou « l'aurore aux doigts de rose » chez Homère. Un produit AOC, qui amuse l'Anglo-Saxon et déroute le Chinois (lequel ne connaît que le lettré). Pourquoi, sortant d'un même incubateur scolaire et à origine sociale semblable, l'un sera-t-il « de gauche », l'autre « de droite » (pour reprendre ce duo commode qui aide une nation à respirer mais dont l'avenir, après deux cent cinquante ans de bons et loyaux services, n'a rien d'assuré) ? On dit « choisir son camp », mais c'est le camp qui nous choisit, à l'improviste, tant une conviction dépend du lieu de baptême où le rideau s'est déchiré. Un charter à meilleur prix, un flirt, une amitié, et voilà qu'à vingt ans, le noir envers d'un monde familier vous saute au visage. Camus, jeune Algérois, découvre l'arrière-pays kabyle ; George Orwell, le mépris colonial en Birmanie ;

Malraux, l'injustice en Indochine... La mise à nu du centre par sa périphérie. Toujours traumatisante. C'est la tombola des randonnées. La subite découverte que fut pour moi, en 1961, aux États-Unis où je faisais du stop dans le *deep South*, l'immonde brutalité des Blancs envers les Noirs, d'autres l'ont éprouvée ailleurs, à front renversé, à Varsovie en 1981, à Prague en 1968, ou dans les montagnes d'Afghanistan, sous les bombes soviétiques. Ils ont vu en action les chars et les hélicos de l'Armée rouge et en ce cas, ils garderont toujours le Russe dans le collimateur. Un jeune Européen qui se retrouve au Guatemala en 1954, à Saint-Domingue en 1965 ou à Santiago du Chili en 1973, avec sous les yeux des GI ou des mercenaires équipés par l'ambassade US, aura l'Américain pour *usual suspect*. Ce n'est pas la lecture de Lénine, *L'Impérialisme, stade suprême du capitalisme*, ni de Hannah Arendt, *Les Origines du totalitarisme*, c'est le premier choc de sauvagerie d'où sort l'anticolonialiste ou bien l'antitotalitaire. On ne choisit pas ses certitudes comme un costume trois pièces en vitrine. Elles entrent en nous et y restent, collées à un planisphère sentimental et en relief, avec ses creux pour nous inhabités et ses pleins douloureux.

Il y a plus d'un idéaltype dans l'intelligentsia. J'en ai croisé plusieurs, qui m'ont tous ébloui (malgré la détestation mutuelle propre à notre milieu socioprofessionnel, encore plus qu'à tous les autres). La chance m'a été donnée de voir défiler, rive gauche, sur un demi-siècle, le *prophétique* tous talents – philosophe, romancier, chansonnier, dramaturge, scénariste, critique d'art, vaudevilliste : Jean-Paul Sartre. Ensuite, détrônant le premier, le *spécifique*, menant d'admirables et pointilleuses enquêtes sur l'asile, la clinique, la prison, les tribunaux: Michel Foucault. Et enfin, le *cathodique*, se livrant vaillamment à la promotion tous azimuts du Bien et de sa personne. C'est le mieux doté au plan logistique ; une belle panoplie de conseils d'administration et de comités de surveillance lui assure un indépassable savoir-faire dans le faire-savoir, preuve qu'un intellectuel peut composer avec son temps, bonne nouvelle. À tu et à toi avec les patrons de presse, notre champion n'est pas un éducateur. Il cible les politiques, qui le fêtent, non les étudiants, qui l'ignorent, et laisse aux « pions de collège » les amphis où l'on raisonne sans résonner. L'écho préfère le creux. Les gens de savoir, dans leur ghetto, ont bien tort de dauber les « énormités » et les « hautes platitudes » du m'as-tu-vu car il est passé, l'âge des m'as-tu-lu. Le gong a sonné. Qui ne se fait pas voir, désormais, est socialement mort, seul le visible est crédible. Quand un président souhaite rencontrer « les représentants de la Culture » en visioconférence, il convoque une actrice, une chanteuse, deux cinéastes, un vidéaste et un directeur de théâtre. Au diable écrivains, archéologues, bibliothécaires, professeurs et conservateurs du patrimoine. Sont exclus du champ ceux qui ne sont pas dans le champ. Aussi doit-on rejoindre, quand on veut peser, la filière spectacle, car c'est elle aujourd'hui qui dit le Bien et le Mal. En quoi notre fin de série fut un pionnier, même si on voit déjà se lever sur les réseaux sociaux le *pistolero* du tweet, le chenapan sous pseudonyme, qui frappe et se carapate. Le *numérique* déclasse le cathodique. « Tous prêtres », disait Luther. « Tous juges », pourrait-il dire aujourd'hui, en lointain parrain de notre Réforme-bis, favorable, comme la première, à l'esprit d'entreprise et d'investigation.

À ces prototypes répertoriés, j'aimerais ajouter, à titre personnel, l'intermittent du spectacle (ou l'inconstant, diront ses détracteurs). Appelons-le l'*alternatif*, comme le courant électrique. Le cogito à mi-temps. Un moment fraternité, un moment perplexité, on alterne. « Allons-y, les gars », et : « foutez-moi la paix ». Ce bipolaire, qui a beaucoup du maniaco-dépressif, s'il veut se pousser du col peut toujours se réclamer de Napoléon, « on s'engage et puis on voit », ou encore de Lamartine, « il faut se séparer, pour penser, de la foule, et s'y confondre pour agir ». La caution George Orwell devrait lui suffire. Parti s'engager en Espagne dans les milices du parti ouvrier d'unification marxiste (le POUM), qui aura à pâtir et périr des exactions du Guépéou, il relate dans son *Hommage à la Catalogne* comment il fut, sur place, tellement séduit par l'ambiance qu'il ne fit aucun effort pour analyser la guerre en cours. C'est seulement tombant malade et déclaré « bon à rien » par un médecin, donc libre de revenir en Angleterre, qu'il se mit à flâner dans Barcelone, à découvrir ses rues tortueuses, ses vieux ponts de pierre, ses bodegas, « capable, pour la première fois, de regarder attentivement l'Espagne ». C'est en n'ayant plus rien à faire qu'il apprit le sens de ce qu'il avait fait et c'est en rentrant chez lui que ses yeux s'ouvrirent sur les tenants et aboutissants de la cause qu'il avait embrassée. Le soldat, démobilisé, redevenait l'ancien du collège d'Eton, s'exigeant de lui-même des explications. Il est souvent bon de mettre l'intelligence sous le boisseau, quitte à la retrouver après, si on s'est sorti d'affaire. D'autres, plus malins, inversent l'ordre des facteurs, comme dans le « *scholarship with commitment* » des manitous travaillant avec filet. Décrocher une chaire, dans un premier temps, et dans un deuxième, la mettre dans le sens de l'histoire, permet de se rattraper en mettant les bouchées doubles. Qui a fait le chemin inverse, coups et blessures d'abord, thèse et bouquins ensuite, n'aura jamais autant d'audace dans l'appel au cocktail Molotov.

L'ÉCOSYSTÈME

Rendant public son sentiment privé sur les affaires en cours, le « spectateur engagé » peut devenir un acteur de plein droit sur la scène politique. En démocratie d'opinion, qui fait l'opinion fait l'événement et finit par peser. Ce projet d'*influence* distingue notre héros (bientôt rejoint par nombre de femmes éminentes) du trappiste ou du trapéziste, ses homologues plus réputés. C'est un frère prêcheur, non un ermite. Il doit convaincre et recruter. Y réussit-il ? Et comment ? Pour savoir si A possède de l'influence sur B, il suffit de se demander si B aurait pris telle ou telle décision si A n'avait pas été là. B, c'est le président, le pape, ou le syndic de l'immeuble, mais les B à influencer pour le scribe A seront soit les pékins, soit les huiles. Trublion, ou conseiller spécial. Pour avoir tâté des deux, la « libre opinion » et la « note au président », j'ai mon petit avis sur les résultats comparés du souffleur dans son trou et du percussionniste en scène, *back office* et *front office* (soyons *in*). Que vaut-il mieux, faire monter la température avec des mots exagérés, ou glisser une note pondérée sur le bureau du – roi, président, ministre, secrétaire général, etc. ? Tout mal informé qu'il puisse être, le fabricant d'émois publics a d'évidence le meilleur retour. Le « du haut vers le bas » a une génération de retard, parce que le haut (l'État) est à la remorque du bas (l'opinion) et qu'une idée bête publiée, commentée et débattue, devient un fait social irrécusable. De surcroît, l'équipement numérique permet le tir au pigeon, et n'importe qui peut désormais dégommer d'un clic un pigeonneau au pinacle.

Un cartographe esquisserait de plus rigoureux distinguos entre l'enceinte universitaire, la préférée des intellectuels « critiques » qui n'ont pas à répondre de leurs actes puisqu'ils n'en perpètrent pas, et le champ médiatique, plus ouvert aux « libéraux », les entreprises de presse étant passées sous la coupe du *big money*. Les premiers auront une carrière, les seconds, une situation. Plus de disciples que de lecteurs pour les séminaires à bureau fermé, plus de lecteurs que de disciples pour les déclamations à ciel ouvert. Aussi les uns font-ils école et les autres, le *buzz*. Le professeur peut ricocher après sa mort avec l'aide d'élèves reconnaissants, le chroniqueur peut s'évanouir après sa retraite car les lecteurs de journaux passent leur chemin, sans regarder en arrière : la rançon de l'impact, c'est l'amnésie.

L'influenceur est pour son malheur un homme sous influence, celle du bocal où il lui faut fouetter du cil. Chaque médiasphère nouvelle renouvelle son

« agit-prop » (l'agitation-propagande en bolchevik). La logosphère – l'âge de la parole vive suspendue à un Livre sacré (et non deux ou plusieurs) – a eu ses bardes, ses troubadours et ses prêcheurs. La graphosphère, après la Renaissance – l'âge de l'imprimé et des bibliothèques – a eu ses hommes de lettres, écrivains et philosophes. La vidéosphère qui lui a succédé engendre une autre élite de casseurs d'assiettes – humoristes, animateurs, acteurs, chanteurs, dessinateurs de presse, *performers*, et forts en gueule. Où que ce soit dans le monde, un présentateur-vedette de la télé a dans sa giberne une écharpe de chef d'État, comme le conscrit d'antan, un bâton de maréchal. Dans ce carrousel qui donne le tournis, on peut aussi bien se réjouir du sourire mordant d'un Plantu ou du portrait-charge d'un Wiaz que d'une vidéo vilaine et donc virale. Bref, la conversation nationale change de boute-en-train, d'autant plus que le *young leader* de pointe n'a pas de temps à perdre, *time is money*, et qu'une image sans texte se gobe plus vite qu'un texte sans image. Les chefs d'entreprise ont soif de courbes, d'indices, de graphiques et de taux. Le pédégé de l'entreprise France, également. Avec, en sus, l'éternel « normalien sachant écrire » pour la valeur ajoutée (discours et cérémonies). Les partis aussi ont allégé l'intendance. À droite, où les valises sont légères, comme à gauche, qui a plié bagage. Bref, ringardisé par Internet, comme le Bottin et le par cœur, un rejeton du papier bible ne peut plus aspirer qu'aux hommages dus à l'imparfait du subjonctif et aux pages roses du Petit Larousse. La *Paris school of economics*, où le globish est de rigueur, a mis le gallo-romain en chômage partiel et le gallo-ricain sur la plus haute marche. D'utilisable qu'il était, le premier se retrouve patrimonial. Il peut trouver encore une place là où va l'ancien quand il n'a plus d'avenir, au musée des arts et traditions – impopulaires. Le bonheur, dit-on, appartient à ceux qui en donnent aux autres. Un lettré *old school* ne peut plus en donner beaucoup aux *pure players* qui l'entourent – d'où la tristesse qu'on lui voit parfois dans les yeux.

La grise gouvernance par les nombres serait fort ennuyeuse sans des quadrichromies en Une. L'alliance du chiffre et du cliché, comme hier du trône et de l'autel, a instauré une *iconomie* générale où les figurants d'hier deviennent les rôles-titres (l'alternance a du bon). L'image enregistrée ne peut rendre compte de l'universel comme du négatif, du possible comme de l'idéal. Il n'existe pas une vidéo de la France, de la Justice, de l'Égalité (et encore moins de l'Humanité comme un seul peuple). Il n'y a plus, en plan serré et sans arrière-plan, que des *particuliers*. L'instantané nous rend encore plus présent au présent, beaucoup moins à l'avenir. Tant pis pour le *Faire*, tant mieux pour l'*Avoir* et pour l'*Être*. L'équation « Réel = Visible = Vrai » remplace le Peuple, cette âme en peine sans corps distinct, par le *people*, ces corps distingués qui ont pour âme leur image et que nous essayons tous d'imiter, en catimini. Être, c'est être vu : ma photo. Être soi : mon psy. Être bien : mon *coach*. Être beau : mon coiffeur. Le but de guerre, c'est la *reconnaissance faciale*. Envoyer sa photo au journal pour excuser un entretien trop fastidieux ; à la porte du plateau, sortir son peigne en douce pour se recoiffer ; et préparer les reparties et saillies pour l'émission du samedi soir. C'est un changement de portage pour « l'homme révolté ». Le révolutionnaire de 1920 écrivait des livres et en lisait beaucoup, mais ne devait pas se faire voir. Le contestataire de 2020 n'écrit pas une ligne mais doit à tout prix se montrer. Telles sont les contraintes implacables de la vidéosphère. Qu'est-ce qu'une espèce, végétale, animale ou spirituelle, sinon une réponse adaptative à l'écosystème où il lui faut survivre ? Il y a des frais pour le recyclage du stylo-plume : renoncer, adieu Flaubert, aux « voluptés d'aristocrate » que sont assonances, allitérations, anacoluthes et autres afféteries ; se garder du parodique et du clin d'œil, deuxième degré s'abstenir ; aller au plus sommaire et cultiver le binaire (démocrates/totalitaires, progressistes/souverainistes…), défavorable aux orfèvres de la nuance ; ne pas sortir des rails (quoique Dieu et l'Histoire écrivent droit avec des lignes courbes) ; réagir illico et du tac au tac, fâcheux pour le discernement ; et accepter de bon cœur que la moindre boutade suscite sur les réseaux cent protestations, généralement furibardes et à côté de la plaque. Le bocal oblige au compromis les plus revêches des poissons rouges.

Est-ce nouveau ? Pas vraiment. L'audiovisuel a ressuscité le IVe siècle athénien, quand les sophistes prirent la place des philosophes, avec des *Protagoras* et des *Calliclès* réglant l'offre sur la demande et accumulant (ce sont des itinérants) *followers*, *fans* et *groupies*. Platon croyait fermement, comme Socrate, à la mission sociale du philosophe, à la condition de tenir tête aux brigands de l'Agora. Or, sophistes nous sommes tous devenus, car humanistes, intervenants et *debaters*. L'archétype est apparu à Athènes après la réforme de Périclès quand l'oligarchie s'est démocratisée. Nous guettons à notre tour, comme tout *showman*, le verdict des *clics* et des *like*. Nous devons plaire, étonner, déconcerter. Nous mordre les mollets dans toutes sortes de panels et tables rondes. Chercher la fluorescence, mais sans gilet jaune. Socrate, nez camus, tête de Silène, manteau miteux, était fier d'être laid. Nous autres, pour « bien passer », on doit se faire une gueule, pas trop moche si possible.

L'ÉCHELLE DE NOS GLOIRES

Ne tirant pas sa légitimité du suffrage populaire, l'intellectuel n'est pas tenu aux mêmes simagrées professionnelles qu'un candidat à la présidence : se faire photographier au milieu des blouses blanches, visiter Oradour-sur-Glane pour bien montrer que lui, il n'aime pas Adolf Hitler, se proclamer inflexible sur les paradis fiscaux, avec la finance pour seule ennemie. « La distinction sociale ne peut être fondée que sur l'utilité commune » et son utilité sociale étant loin d'égaler celle du boulanger et du dentiste, il doit, nous devons attester de notre mission de service public en captant l'attention d'un public. On ne manquera pas ce faisant d'attirer des fans et des admirateurs, et tant mieux car on prend des coups dans le métier. Socrate se comparait à un taon qui harcèle et pique ses concitoyens, lesquels, un peu irrités, ont fini par le condamner à mort. L'accusation d'impiété ne contraint plus à boire la ciguë, mais la pertinence d'une idée neuve pouvant se mesurer aux intérêts qu'elle lèse et aux vanités qu'elle froisse, mieux vaut prendre ses précautions. L'idée naît solitaire, aux cabinets, mais doit opérer en réseau ou en meute pour tenter sa chance à ciel ouvert. Le combattant est bien inspiré de fermer son bureau à clé en partant de chez lui mais doit se faire accompagner en plongeant dans l'arène. Les escopettes, dans l'espace public, ont une prédilection pour les esseulés.

Ce qui varie, dans ce champ clos, c'est le fournisseur du label d'excellence dont nous cherchons tous l'aval et l'adresse. Les coordonnées de la consécration changent avec le temps. Un intellectuel peut faire du bruit à Paris, mais depuis à peu près cinquante ans la gloire exige un passage préalable par une université américaine, le seul commutateur ici-bas à même de transformer une notoriété d'intérêt local en célébrité mondiale. Un Sénégalais devait, jusqu'à il y a peu, décrocher ses diplômes en Sorbonne pour être pris au sérieux à Dakar, un Français sera considéré à Paris s'il vient de NYU, Harvard, Chicago, Stanford, Berkeley, comme titulaire ou *visiting professor*. Pas un philosophe de renom chez nous qui n'ait été adoubé dans et par la métropole (Gilles Deleuze fut l'exception qui confirme la règle). Derrida en riait un jour de bon cœur devant moi. En Californie, où il était un demi-dieu vivant (la déconstruction ayant rencontré l'intérêt des minorités à ruiner le prestige des discours dominants), il lui arriva de faire une conférence sur « le spectre de

Marx », quand à Paris ce dernier n'était plus qu'un chien crevé. Il constata à son retour, lisant les gazettes, que parler de Marx était redevenu *fashionable*. Qu'on s'en moque comme nos maîtres d'antan, ou qu'on soit empêché, comme je le suis, par une interdiction de séjour, mieux vaut ne pas enfreindre l'obligation transatlantique.

Si on se refuse à faire la queue devant le consulat des États-Unis, avec tous les embarras afférents (a-t-on été communiste ? A-t-on l'intention de tuer le président, etc.), il est prudent de se ménager une base arrière, dans sa province. Pour quiconque peut se rattacher, par son lieu de naissance, sa famille ou son choix, à un groupe d'influence honorablement connu – ethnique, confessionnel ou sexuel –, ce qui pouvait être fatal dans les années noires présente bien des avantages. Le parti communiste fut naguère pour nombre d'artistes, philosophes, savants, écrivains, connus et moins connus, un tremplin sans pareil. Un service de presse, un tour-opérateur, une caisse de résonance, un site de rencontres, c'est encore et toujours secourable. Rares ont été les rescapés du naufrage communiste (Aragon, peut-être Éluard). Le confessionnel a pris le relais. Il assure rebonds et ricochets (radios, périodiques, télés communautaires) et peut faire même pompes funèbres pour la suite – association en mémoire de, centre d'études, fonds dédié. Après l'adhésion, l'appartenance. Après le droit du sol, le droit du genre. « L'intellectuel organique » du XXe se greffait sur des organisations de classe, patronales ou ouvrières (Fondation Saint-Simon ou Gabriel Péri) ; son successeur au XXIe lui préfère des communautés ethniques, sexuelles et religieuses, et il a raison : là est le développement durable.

La célébrité est une pyramide à degrés avec de quoi faire rêver au sommet. Ordre de la Libération, croix de guerre, médaille de la Résistance, ces gloires sont devenues hors d'atteinte. On doit se contenter, à chacun son mérite, des Palmes académiques. Ce qui lie un homme aux honneurs des temps de paix est aussi énigmatique que ce qui le lie à ses certitudes. Les boutonnières fleuries n'appellent ni félicitations ni persiflages. L'habit vert rend seulement curieux des motivations profondes du candidat à l'épée : blessure d'enfance, complexe d'immigré, insuffisance intime à combler, revanche sociale – on peut comprendre, et même compatir. Chaque mortel pouvant se faire du souci quant à sa vie future, rejoindre le commun des immortels peut apaiser les inquiétudes. Cela donne, en acompte, de la surface, moult présidences d'honneur et garantit une place à la droite de la maîtresse de maison dans les dîners en ville – des plaisirs qui valent la peine, en attendant la plaque d'émail bleu au coin du square. Encore faut-il oser. La timidité empêche. Quand Lévi-Strauss m'a fait venir à son bureau, au Collège de France, pour me sommer, après quelques autres, de rejoindre la « Compagnie », « un monument en péril », me précisa-t-il, j'ai perdu contenance et suis resté penaud. Malgré mon incurable amour des monuments et des rituels ethniques que le grand ethnologue connaissait, je lui demandai lâchement huit jours de réflexion. La seule perspective d'avoir à me regarder un jour dans une glace en costume d'académicien, épée, bicorne et broderies, me faisait d'abord rougir, puis éclater de rire. La peur du ridicule, ce handicap congénital du Français dont sont exemptés l'Anglais comme l'Italien, ne pouvant justifier ma dérobade, force me fut, de retour devant le Maître, de balbutier que je n'avais pas le bon profil. Pas fier pour un sou. Quand un autre cénacle, bon enfant celui-là, sans visites flagorneuses ni lettre de candidature, a bien voulu me recruter, je ne fus pas aussi lâche et acceptai volontiers un « couvert ». Il n'y aurait, autour d'une bonne table, ni sommités, ni éminences, ni anciens présidents, mais un Bernard Pivot incorruptible et juste, un Semprún fraternel et une Edmonde Charles-Roux en grande sœur. Les romanciers ont un débraillé qui met à l'aise. C'est moins intimidant. Et puis, au Goncourt, on peut toujours donner sa démission, une fois explorée cette contrée mystérieuse, le monde littéraire, ses dédales, ses pompes et sa cuisine.

La gloire temporelle, marché oblige, tend désormais à s'indexer sur nos cotes respectives. Quoi de plus normal, pour une démocratie d'argent, que de s'en remettre au commissaire-priseur ? La Bourse des valeurs, comme la terre, cela ne ment pas. Le choc des images est à la hausse, le poids des mots à la baisse. En haut de l'échelle, le cinéaste dont les films peuvent rapporter des milliards, suivi, loin derrière, par le peintre, fût-il français, dont les toiles peuvent atteindre le million. En lisière, le romancier à succès, aux centaines de mille. En fond de cale, le poète, avec ses ventes confidentielles, au coude-à-coude avec le philosophe des sciences, en bas de gondole. Pour les hommages officiels au grand centenaire, mieux vaut manier un pinceau qu'un stylo. Ni fleurs ni couronnes pour les fournisseurs de « gris » (la légende sous la photo). Le cuisinier trois étoiles a les papilles, le parfumeur, le nez, le musicien, l'oreille, le photographe, la rétine, et le cinéaste, les deux. La chose ni audio ni visuelle, écrite tout bêtement, doit faire régime. La liste des « cent personnalités les plus aimées des Français » n'admet plus le maniaque du point-virgule, renvoyé, muni de quelques prix de consolation (il y en a un millier en France) à son douar d'origine, la secte littéraire – en France, sur soixante-dix millions d'habitants, dix mille amateurs (les euphoriques disent onze). Tout ce qui dépasse, comme on sait, relève du malentendu, ou du pamphlet d'actualité habillé en roman, facilement lisible et traduisible.

Le philosophe du cru garde toujours, par un privilège héréditaire, son pré carré : le pensum de trois cents pages, avec notes et bibliographie, tirage entre mille et mille cinq cents. Une position imprenable et peu disputée.

D'UN TROPISME TYRANNIQUE

Notre XXe siècle, cette terre de sang, ayant mis les intellectuels sur un piédestal, il n'est pas étonnant qu'ils se retrouvent dans le box. Julien Benda, avec *La Trahison des clercs*, fut le tout premier, chez nous, à condamner « les valeurs essentiellement troubles de l'amour et de l'action » chères aux « clercs du forum » qui auraient trahi leurs obligations cléricales, Justice, Vérité et

Raison. Après avoir qualifié de Byzantins tous les bons écrivains de son époque et exigé qu'on renonce aux passions politiques pour s'en tenir au *more geometrico*, le puritain termina son existence en « compagnon de route », ne voyant rien de répréhensible aux procès staliniens (boomerang habituel). Puis vinrent, dans l'entre-deux-guerres, *Les Chiens de garde* de Nizan qui a remis à leur place, la niche, les penseurs officiels. Il est vrai que le dossier n'est pas vide. Staline dans le dossier Sartre, Khomeyni dans le dossier Foucault, Mao dans celui des cathodiques, sans parler des extravagances bien portées de l'après-68. Notre « classe délirante » n'a jamais brillé par son discernement, mais par son aptitude à terroriser l'adversaire – soit un minus, soit un chien, le plus souvent les deux. Je ne doute pas qu'on me renverra le compliment, mais je crains de n'avoir pas bien rempli cette double obligation professionnelle. Arrivant en 1971 dans une France démocratique, j'ai aussitôt rallié le parti des réformistes et la voie électorale, moqué les fantasmes gauchistes d'action directe, par un respect inné (et tout léniniste) des conditions réellement existantes *hic et nunc* (le gauchisme, maladie infantile de l'anticonformisme). En relisant mes interventions rougeoyantes et non rosâtres de mes années latinos, je n'y trouve aucun panégyrique d'un quelconque « socialisme à la cubaine », l'île étant toujours restée à mes yeux camp d'entraînement et piste d'envol pour des opérations extérieures parfois imprudentes mais légitimes. Avantage du souci opérationnel sur celui du Vrai et du Bien : impossible d'élever à la gloire des autels des « seigneurs » côtoyés du soir au matin dans de prosaïques équipées.

Reste le persistant reproche fait aux maîtres-penseurs. « Dans ce modeste fonctionnaire de l'intellect, soupçonne Pierre Nora avec quelque raison, il y a un despote. » George Orwell lui-même estime que « les intellectuels sont bien plus que les gens ordinaires portés au totalitarisme ». Jacques Julliard confirme et leur voit « une allergie congénitale à la liberté et un persistant amour de la dictature ». De fait, il y a du génétique dans le toxique. Platon a donné le signal de départ, sinon la marche à suivre. Il a voulu « participer à la direction des affaires publiques » (Lettre VII). Échouant à Athènes, il part en Sicile et devient le conseiller spécial du tyran Denys, espérant de lui qu'il mette sa philosophie en pratique, sans succès, ce qui ne l'empêchera pas d'y retourner. Pour Voltaire et Diderot, il y a prescription. Affaire classée. Le « despote éclairé » du siècle des Lumières a été retiré du dossier et le despotisme technocratique d'aujourd'hui mis au bas de la pile. Mais si devait à nouveau s'engager une procédure de comparution, un « plaider-coupable » ne serait pas impossible (il paraît qu'on peut ainsi obtenir la clémence du tribunal). Tentons dès maintenant une esquisse (pour le cas où).

Commençons par un fait indéniable : le parti de l'intelligence a d'évidence un faible pour les forts, et il est rare que les grands esprits boudent les gros bataillons. La pente est ancestrale, vers les vainqueurs de Stalingrad hier, les dix porte-avions et les sept cents implantations militaires US sur les cinq continents à présent. Le milliard de Chinois et le GI américain (dont notre intelligentsia locale a vivement applaudi les exploits en Irak, Afghanistan et ailleurs) ont bénéficié de ce penchant atavique. Sa persistance oblige à voir là comme un vice de fabrication. Il me semble découler d'une faute indétachable de la fonction, *l'idiotisme de métier*, dirait Diderot : la prédominance de l'idée sur le réel. Si l'intellectuel est l'homme « dont la vie s'ordonne à une idée », la logique veut qu'il attende de ses congénères qu'ils fassent de même puisque son idée est vraie et ce qui est vrai doit l'être pour tout le monde. La vérité est une et l'erreur multiple (« il n'est pas étonnant que la droite professe le pluralisme », ajoutait l'intrépide Simone de Beauvoir). L'Idée pure face à un Monde impur appelle une inlassable purification pour remettre le monde d'équerre (« le parti se renforce en s'épurant »). Et foin des demi-mesures. L'intellectuel exagère en tout et pour un rien passe de l'autre côté de sa monture. Les extrêmes le touchent, d'où vient son rôle prééminent à « l'âge des extrêmes » (Hobsbawm). C'est un ultra-né qui brûle ce qu'il adorait avant d'adorer ce qu'il avait brûlé (gare au stalinien défroqué et à l'ancien mao : le néoconservateur est plus impitoyable que l'ancien). De là une affinité naturelle avec l'idée de Révolution (ou son inverse, de la Contre-Révolution), dans la mesure où ces éruptions volcaniques sont autant et plus des œuvres de l'esprit que des cris de colère. Une Révolution digne de ce nom est une idée qui descend des empyrées dans notre vallée de larmes. Ou bien Dieu en personne – à travers Savonarole ou Khomeyni (ce qui semble plus logique). La thèse se dénie comme hypothèse et entend faire la synthèse, de gré ou de force. Ne peut-on constater un synchronisme, à l'Ouest, entre l'apparition de l'intellectuel comme grand prêtre et de la Révolution comme Rédemption ? La Croix-Rouge a remplacé le drapeau rouge, et l'infirmier le paladin, mais c'était le cas jusqu'à hier matin. Regardons les mots d'ordre du siècle dernier. « *Révolution nationale* », lance Drieu la Rochelle, pour une Europe enfin fédérée. « *Révolution mondiale* », avait dit Trotski, pour en finir avec les chauvinismes. « La Révolution n'est rien d'autre que l'opium des intellectuels », précise Raymond Aron, faisant sienne la pharmacie du docteur Marx, bien à tort, vu la vertu dormitive des opiacés (un opiomane s'allonge, un révolté se redresse). La syncope salvatrice, c'est le tampon faisant foi sur l'enveloppe : *Révolution spirituelle*, dit Maxence, *Révolution nationale*, relance Brasillach. *Révolution personnaliste*, réplique Mounier, pour faire barrage. Le modéré Guéhenno publie *Journal d'une Révolution*, Camus donne pour devise à *Combat* « De la Résistance à la Révolution », Aron enchaîne avec *La Révolution introuvable*. On ne l'a pas trouvée, en effet, le mot a perdu sa magie mais survit à la chose (chichement, pour la *fashion week* ou le livre-programme d'un candidat). Or quiconque brandit une arme dans un coin de rue va en rencontrer d'autres contre lui. On va lui faire la guerre, du dedans ou du dehors, généralement les deux. Civile d'abord, internationale ensuite (pas de guerre civile sans intervention d'une puissance étrangère, appelée par l'un ou l'autre camp). Vient alors le besoin, pour ne pas se faire étrangler, de réprimer, arrêter, fusiller, exclure. La montée aux extrêmes arrive en peu de temps à son point de basculement, dans le totalitaire. À qui la faute ? Au dieu Mars ou au docteur Marx ? Le docteur ès lettres mettra la doctrine en cause, le bagarreur, la force des choses, c'est un pro. Incriminer la conjoncture ou bien l'idéologie ? Dispute entre érudits – où chaque bord a sa part de vérité mais dont l'intérêt est rétrospectif. La société de marché ne prenant plus les idées au sérieux, le défenseur des libertés individuelles devrait pouvoir échapper à l'insomnie. On peut incendier des voitures et enfoncer un portail à Paris mais une colère sans un projet, c'est une jacquerie, laquelle n'a jamais renversé un trône. La révolte est une chose, la révolution en est une autre.

Ayant mis jadis notre totem et tabou en titre d'un petit bréviaire d'insurrection, *Révolution dans la Révolution ?* (1967), j'ai joué, comme tout un chacun, ma partie dans l'orchestre (à présent dissous). Le vade-mecum du *foquisme* (le foyer guérillero en partie d'avant-garde) a coûté bien des vies et pas seulement dans le sous-Continent. Cela ne suffit pas pour être mis au ban de l'humanité, mais je reconnais qu'un esprit en mal d'efficacité a des atomes crochus avec l'homme à cheval pourvu d'un AK-47. Il peut, lui, ajouter l'acte à la parole, ce que ne peut le prophète désarmé, général sans troupes. Sauf que le terrorisme – s'attaquer à des civils de façon indiscriminée – est une vilenie strictement interdite pour tout révolutionnaire digne de ce nom. Cela dit, le goût de l'action sans palabres inutiles peut toujours mettre en compte à demi avec le *caudillo*, le *macho* en chef, l'homme-peuple – la maladie héréditaire de l'Amérique latine. Souvenons-nous cependant (c'est l'inculpé qui parle) d'une vérité tenace mais assez inquiétante car fort peu démocratique : « Délibérer est le fait de plusieurs, agir est le fait d'un seul. »

Si on entre en révolution comme on entre en religion et si on en sort comme on défroque, disons-le tout net : un révolutionnaire, comme un religieux, ne peut être un honnête homme parce qu'il n'y a pas de foi sans mauvaise foi. Quand enrôlé je suis, je mens. Quand j'ai décroché, je dis. Il en sait des choses, le comparse, sur son Église, son Parti, son Réseau ou son Obédience, qu'il garde pour lui – pour ne pas porter tort aux siens. C'est un militant, petit-fils de militaire (*miles, militis,* le soldat), et il ne veut pas tirer dans le dos des camarades parce qu'à ses yeux, la noblesse de la Cause est telle qu'on peut lui sacrifier quelques malheureux effets. Il est dédoublé comme Aragon, qui sait et fait des cabrioles. Comme Malraux retour d'Espagne, qui tait les assassinats des trotskistes et libertaires par le Guépéou (l'URSS fournit des tanks et des avions, ne faisons pas le jeu de Franco). Raymond Aron fera de même, plus tard, avec les crimes commis par son camp, l'Occidental. C'eût été rendre service aux ennemis du « monde libre » que de s'appesantir sur les torturés et les centaines de mille assassinés d'Indonésie, Philippines, Guatemala, Iran, Congo, etc., les lynchages en Alabama et le napalm en Indochine. Il eût sans doute répondu, à qui l'eût interrogé sur cette discrétion de bon aloi, que « l'histoire est tragique », un truisme qui passe pour une forte pensée. La blanche espèce ne va pas au charbon. Sans doute pourrait-on attendre d'un spectateur engagé aux côtés des maîtres du jeu plus de franc-parler que d'un bouseux dans la mouise. Les mal en point, les gueux, les gilets jaunes, les vagabonds et les pétroleuses ont plus de droit aux contrevérités car ils doivent, pour compenser leur infériorité en armement et service de presse, se cuirasser de foi et donc de mauvaise foi pour ne pas rendre la place sans avoir combattu. Ils n'obtiennent de nous leur absolution et quelques chrysanthèmes – pensons aux communards – qu'une fois enfouis dans leur fosse commune.

IV

DANS L'ÉTAT

La main à la pâte – Un funeste évangile –
Puissant ou misérable ? – Les France –
Les bêtises du philosophe –
Revoir pour prévoir –
Un penseur nommé de Gaulle

Où se découvre que le service de l'État donne à un philosophe une salutaire leçon de modestie, étant donné que, prise en étau entre le Chiffre et l'Image, l'inspecteur des finances et la bête de scène, la puissance publique n'a plus aujourd'hui d'espace ni de temps pour l'ombre d'une pensée.

Si les actions de nos princes, tant au-dedans qu'au-dehors d'une Italie sans énergie et sans grandeur, ne nous inspirent pas cette admiration qu'excitent en nous celles des anciens, elles ne peuvent manquer cependant d'avoir un grand intérêt.

MACHIAVEL,
Histoire de Florence

LA MAIN À LA PÂTE

1981. Élysée. « Un philosophe de Cour, comme il y avait des Juifs de Cour ? Je n'attendais pas cela de toi », m'a lancé un camarade archicube et vachard, croisé sur le boulevard Saint-Michel, quelques jours après « l'arrivée de la gauche au pouvoir », lors d'un joli mai. Se glissait, sous la rosserie, une question urticante.

Dévergondage ? Laisser-aller ? Palinodie ? Éléments de réponse.

D'abord, un réflexe patriotique. Mon pays va retrouver

son rang, reprenons la route, 1789, 1848, 1944 et la mission première du Royaume, marcher sur les pieds des Empires, en martyr du droit des peuples à disposer d'eux-mêmes. Un revenez-y en perspective, on va rallumer les lampions de Valmy.

Ensuite, une curiosité maligne. Venant d'achever un copieux ouvrage sur le politique comme lieu naturel de l'échec et la vocation immémoriale du collectif au malheur, je suis curieux et désireux de voir sur le mode « je sais bien mais quand même » si l'exercice peut démentir ces conceptions assez rebutantes.

Enfin, une illusion optique. La magie des lointains. Ce qu'on a vu de loin, on le magnifie, sans voir ce qu'il a de petit ; de près, on le rabaisse, sans voir ce qu'il a de grand. Et comment, du pied des Andes, ne pas surdimensionner son pays de naissance ? Chateaubriand distinguait entre « erreurs de distance » et « erreurs de proximité ». Vingt ans après la chute de Napoléon, « le train du monde est de magnifier les victoires de Bonaparte en oubliant les immenses malheurs causés par ses conquêtes », alors que, sur le moment, le duc d'Enghien fusillé dans un fossé de Vincennes rendait Bonaparte odieux. *La Joconde* n'est que grisaille quand on a le nez dessus ; elle réserve son sourire à qui garde la distance de sécurité. Vus de près, les Sancho Pança pansus – le promoteur immobilier flanqué d'une écœurante guerre coloniale – cachaient un Don Quichotte à képi, insoumis méconnu. « Il n'y a pas de grand homme pour son valet de chambre » – ni pour un lecteur du *Canard enchaîné*. « Une patrie sans héros est comme une maison sans porte », me dit un jour García

Márquez à La Havane, et c'est tout de même malheureux, lui ai-je répondu, qu'il faille quitter sa maison pour trouver la porte. De même voyais-je dans notre gauche bicentenaire la fille de Lazare Carnot, Michelet et Jean Moulin, la dépositaire de l'increvable appel à la Justice, sans prendre garde qu'on ressemble toujours plus, individu ou parti, à son époque qu'à son père. Peut-être sommes-nous condamnés notre vie durant à sauter d'une bévue à l'autre, d'un anoblissement indu des personnes et des choses à un dénigrement non moins injuste, l'une parce qu'on ne les connaît pas bien, l'autre parce qu'on les connaît trop bien.

« Le pouvoir » ou « le système », comme disent ceux qui en ignorent le bricolé et l'impotence, ont mauvaise réputation chez les travailleurs du savoir, à peu près comme les maisons closes chez les curés. L'employé de ces mauvais lieux y perdrait son âme. La main à la pâte a pour rançon moqueries, calomnies et racontars. Forcément. Sur la haine que suscite la moindre plongée dans la mêlée, j'avais une certaine expérience. Mais enfin, d'où peut-on mieux rêver de recommencer l'histoire que dans la salle des machines, aux côtés d'un capitaine amical et présidentiel, qui n'a pas froid aux yeux et dont le programme parlait de « changer la vie » ? Manquer l'occasion eût été forfaiture, même si passer du treillis au costume-cravate, comme me le fit remarquer un publicitaire avisé, représente « une perte d'avantage acquis ». « Jeune révolutionnaire, vieux conseiller de la cour », ricanait-on déjà dans la Vienne des Habsbourg.

Au bord vertigineux d'un organigramme officiel,

on sent beaucoup de regards par-dessus l'épaule qui retiennent de tomber dans le stupre. Péguy : la confusion des ordres temporel et spirituel, c'est un péché contre l'esprit. Onfray (avant la lettre) : rallier les châteaux, c'est trahir les chaumières. Bourdieu : « échanger des services idéologiques contre des positions de pouvoir », c'est abdiquer toute autonomie. Les intellectuels aiment dire aux gens ce qu'il faut faire dans l'espoir qu'ils n'aient pas à le faire eux-mêmes. On déroge plus facilement à cette bonne habitude si la *summa divisio* qui nous habite n'oppose pas la Chair à l'Esprit, ceux d'en haut à ceux d'en bas, mais ceux qui se mouillent et ceux qui restent au sec. Auquel cas on reprend le collier. Il sera toujours temps de quitter sa niche. « Essayer. Rater. Essayer encore. Rater encore. Rater mieux. » Beckett a fixé le cap.

Conseiller culturel évoquant, sans doute à tort, les friselis du bassin parisien, je choisis d'instinct les relations internationales et me suis retrouvé dans un bureau jouxtant celui d'Hubert Védrine, qui, de collègue, deviendra un véritable ami. Nous avions en commun une certaine expérience du monde extérieur et de ne pas trop nous payer de mots (lui, avec plus de mérites car venant du sérail énarchique). Conseiller à la Cour, c'est fâcheux, soit, mais un passeport diplomatique, c'est précieux. J'ai dû ce beau cadeau à un prince anticonformiste, François Mitterrand, envers lequel je me sens comme un débiteur insolvable pour avoir accepté dans son équipe un « terroriste » (selon le *Fig Mag* de l'époque). En charge du « tiers-monde », j'avais de quoi assouvir ma curiosité ethnologique et géographique et me *déconfiner* de l'enclos occidental, toujours aussi ridiculement sûr de lui. Explorer les recoins du Proche-Orient, de l'Asie et du Pacifique. Découvrir, engranger. Je me croyais employable, avec une présomption de savoir-faire. Un long séjour dans des contrées où la seule question sérieuse est de savoir qui peut mettre un pistolet sur la tempe de qui n'est pas une mauvaise mise en jambes pour arpenter un Jurassic Park où les enfants de chœur font plus de mal que de bien. Ce déniaisement valait bien un stage en préfecture dans les Deux-Sèvres.

Les affaires mondiales ont ceci d'intéressant qu'elles n'intéressent pas grand monde. C'est le dernier souci des électeurs, qui regardent d'abord les étoiles du showbiz entourant le candidat. Ce sera ensuite le « domaine réservé » du chef d'État, en général monolingue et casanier, peu instruit des complexités de la planète, qui se repose pour s'en débrouiller sur une « cellule diplomatique » professionnellement compétente. Dans la campagne électorale – où le sujet n'est pratiquement pas abordé – le futur élu s'est déclaré fervent partisan de la paix, de la Justice et du bonheur de l'Humanité. L'électeur se contente de peu. Pas de « cartes sur table », de petites phrases et de duel palpitant à la télé. Le thème n'est pas racoleur et d'ailleurs, en la matière, les étiquettes partisanes, droite ou gauche, se déposent au vestiaire. Le préjugé existe bien mais il doit moins à l'esprit de parti qu'à celui du temps (ce qui est bien plus embêtant). On est dispensé du tractage sur le marché et du vin d'honneur à la mairie. Pour qui ne vise pas un siège de sénateur, le point de chute idéal.

Ma déconvenue fut de trouver en ce domaine ingrat, chez « les forces de progrès », des patenôtres bucoliques. On y faisait de la philosophie comme Monsieur Jourdain de la prose, mais pas de la meilleure. L'ENA, sur ce chapitre, s'en tient comme à l'accoutumée au *mainstream* du moment. Pour ma part, je tenais, par acquit de conscience, à réviser mes classiques. Et à remplir, en collégien impénitent, mes carnets de voyage, page de gauche, choses vues, page de droite, choses lues. L'esprit a besoin de combustible pour philosopher, comme le corps de charbon pour se chauffer, et un matériau documentaire évite le plan sur la comète. Même si les traités, c'est toujours moins nourrissant que les témoignages, *Les Sept Piliers de la sagesse* de T. E. Lawrence, les *Mémoires* du cardinal de Retz ou de Churchill, les *Souvenirs* de Tocqueville, ou les reportages de Kapuściński en Éthiopie ou en Angola, tout *matter of fact* qu'on soit, on aime avoir de plus nobles cautions. Pascal, bien sûr, va à l'os, sans coup férir : « Ne pouvant fortifier la justice, on a justifié la force, afin que la justice et la force fussent ensemble et que la paix fût, qui est le souverain bien. » Mon vieux Hegel, quoique eurocentré, germanophile et raciste comme son époque, dit la même chose autrement : « Comme le rapport des États entre eux a pour principe leur souveraineté respective, ils se trouvent les uns par rapport aux autres dans *l'état de nature* et leurs droits n'ont pas leur réalité effective dans une volonté générale constituant une puissance au-dessus d'eux, mais dans *la volonté particulière de chacun d'eux* » (*Principes de la philosophie du droit*, paragraphe 333). Hobbes, comme on peut s'y attendre :

« Aucune notion de justice ne peut exister dans l'état de nature » (*Léviathan,* chapitre X). La surprise, ce fut Jean-Jacques Rousseau. Ses *Écrits sur l'abbé de Saint-Pierre* et *Considérations sur le gouvernement de Pologne* jurent, par leur crudité, avec les pastorales attendues. L'ancien secrétaire de l'ambassade de France à Venise n'a pas pris ses désirs pour la réalité. L'état de nature des origines est certes pacifique, dit-il à peu près, mais dès qu'une société civile devient un corps politique, elle entre en guerre avec les autres dans « un rapport général qui tend à leur destruction ». La règle du jeu, c'est la loi du plus fort. Il ne s'agit pas, précise-t-il, d'approuver mais de reconnaître. Les puissances n'ont d'autre lien qu'un calcul d'intérêt, sur un fond d'égoïsme regrettable mais naturel et inévitable. Le point crucial, décelé par ce génie bien moins âme sensible qu'on ne croit, c'est la radicale solution de continuité entre l'intérieur et l'extérieur, qui ne se déduisent pas l'un de l'autre. La suite des choses a confirmé. Au-dedans, « un homme, une voix » est plausible. Au-dehors, « un État, une voix » est risible. D'où vient qu'un État de droit (où un président peut être *impeached* et un ministre envoyé en prison par un juge) peut se conduire au-dehors en parfait État voyou, foulant aux pieds, tranquille comme Baptiste, paroles données, traités, convenances et Conventions. Que tel grand ou petit pays soit une démocratie ne préjuge en rien de son comportement *extra-muros* – voir la République française et l'Angleterre de l'*habeas corpus* aux colonies, les États-Unis un peu partout et l'État hébreu dans « les territoires ». Encore plus étonnante, chez l'auteur de *La Nouvelle Héloïse,* est l'affirmation fort peu libérale que le doux commerce supposé pacificateur amènera plus de discorde et d'embûches que d'apaisement. On peut récuser ces sombres vues comme périmées par notre nouvelle « communauté de destin », économique, financier et sanitaire. Pour l'insociable société des nations, elles gardent une validité irrécusable, que chaque jour confirme. Si Pascal, empêché par son cilice, n'est pas disponible, Jean-Jacques Rousseau est un éditorialiste à recruter d'urgence par les chaînes d'information continue.

UN FUNESTE ÉVANGILE

Il n'est pas facile de regarder en face un Far West où chacun est en droit de se faire justice lui-même, où le hors-la-loi fait shérif. Le coupe-gorge incite à rêver de bergerie et de formules magiques garantissant pour demain harmonie, paix et bonheur. Un individu peut vivre avec de la mauvaise littérature faite de bons sentiments. Un pays peut mourir quand les bons sentiments lui semblent de bonne politique. C'est ce qui est arrivé à la France quand elle s'est suicidée, sur le champ de bataille, en 1940.

La paix par le droit est l'idéal du chrétien, de l'humaniste, du progressiste. Cette vue hautement morale s'est imposée à tous avec le « plus jamais ça » bien compréhensible qui a suivi en France la monstrueuse saignée de 14-18, faisant du pacifisme une évidence à la fois éthique et vitale. Avec de bons arrangements juridiques, « la guerre de Troie n'aura pas lieu ». On sait ce qu'il en est advenu, mais cette générosité amnésique a légué aux héritiers un bagage qu'ils ont du mal à laisser à la consigne. C'est une *illusion logique* qui peut prendre, le violoncelle aidant, des airs d'*illusion lyrique*. Elle est à peu près à la nature des choses ce que le roman rose est à l'album porno. Dans cet « aimez-vous les uns les autres » qui oublie le fouet chassant les marchands du temple, l'Évangile sert de boussole et les pétitions de principe, de « principe de plaisir ». L'exorcisme, c'est le trinôme « arbitrage, désarmement et sécurité collective ». Son résultat le plus caricatural fut le pacte Briand-Kellogg mettant la guerre hors la loi (1928) ; le plus honteux, le pacte de non-intervention lors de la guerre civile espagnole (1936-1939) ; et les accords de Munich (1938) ne s'expliquent pas sans cette tournure d'esprit. « Plus de guerre ! Nous n'acceptons pas que dans aucun cas pour aucune cause et dans aucune circonstance, la guerre que nous avons clouée au pilori comme un crime, puisse se réveiller » (Briand, Société des Nations, 1931). Une diplomatie déclamatoire fait confiance à la Raison selon Emmanuel Kant comme faculté d'unification du divers (l'unité européenne n'étant qu'un premier marchepied vers le gouvernement mondial). Elle a survécu bon an mal an à la prolifération des souverainetés nationales – quarante-cinq États à l'ONU en sa première session, près de deux cents aujourd'hui. L'inclination réconfortante et sédative est l'amie des beaux discours, d'où le ministère des ténors du barreau, applaudissements sur tous les bancs. Qui ne désire la paix dans le respect des règles ? Fédéralisme, juridisme, pacifisme. Ce qui s'appelle *War*

Studies, en Grande-Bretagne, prend le nom, en France, d'*Études pour la paix*. Le « système de la raison socialiste » a perdu ses étais philosophiques mais garde un charme très Art déco, comme la diplomatie des lacs de l'entre-deux-guerres (Locarno, Stresa, Genève). Son évangéliste attitré, Aristide Briand, avocat, brillant orateur et « pèlerin de la paix », a toujours sa plaque et son totem sur les murs du Quai d'Orsay, et la berceuse m'a donné l'envie d'aller y voir de près, dans *La Puissance et les rêves* (1985), en m'inspirant par moments de *L'Eau et les rêves* de Bachelard pour une « psychanalyse matérielle » de la rêverie fatale: « De même que la diplomatie des empires commerciaux est une diplomatie de l'Océan – la Charte atlantique fut signée en 1941 par Churchill et Roosevelt en haute mer au milieu de l'Atlantique – et que la diplomatie impériale russe a partie liée avec la terre (avec ses rêves de volonté, de patience et de forces lentes), la diplomatie du droit international est une diplomatie d'eau douce. L'eau est portée au bien et le lac à la conciliation. Sa vue inspire sans transporter, filtre les impuretés du siècle, berce sans secouer. C'est un lieu de bonheur physique et d'élévation morale, prédisposé à l'imperceptible glissement du fluide au fade. » Le « arrière les fusils, les mitrailleuses et les canons! Place à la conciliation, à l'arbitrage et à la paix » fut l'incantation idoine pour faire passer de l'envolée au déshonneur. Le joueur de flûte, qui mène les enfants au déshonneur avec de belles promesses, est un tueur à retardement déguisé en sauveur.

Rousseau, bon cœur mais tête froide, aurait sans doute vu dans l'unilatéralisme et le « chacun pour soi » du jour un simple retour à la normale. Gageons que le pacte de la Société des Nations, la charte des Nations unies, les traités européens lui auraient inspiré des formules bien frappées sur l'art de se mentir, avec l'idée d'un monde d'où seraient bannis le recours à la force et la menace d'emploi de la force. Il aurait souri devant la « juridicisation » des relations internationales, sachant d'avance que les grandes puissances – États-Unis, Chine, Inde et Russie – s'en exempteraient d'emblée et qu'elle se coulerait dans le moule des rapports de force, comme l'atteste la liste des inculpés de la Cour pénale internationale (CPI) et des Tribunaux pénaux temporaires (TPI) : ici, Congo, Mali, Ouganda, Burundi, Soudan, et là, Yougoslavie et Rwanda. Aucun grand ou moyen pays, bien sûr, parmi les condamnés. Au-dessus d'un certain PNB et d'un budget de défense respectable, il est entendu qu'un État ne saurait commettre ni crimes de guerre, ni génocides, ni assassinats. Les décisions obligatoires du Conseil de sécurité n'obligent que ceux qui y trouvent leur intérêt, et les recommandations de l'Assemblée générale ne commandent rien à personne. SDN, ONU : chaque après-guerre se fait fort d'inaugurer un système supranational sans précédent (« cette fois sera la bonne »). Et le bateau fantôme sombrera doucement, dans l'indifférence générale.

Rousseau relègue le droit des gens dans un rôle

décoratif, et c'est ici qu'on peut l'abandonner, en reconnaissant aux Tables de la Loi – charte des Nations unies, Programme pour l'environnement, Pacte mondial pour le climat, etc. – la fonction du *surmoi*, l'étage des censures et des autoreproches dans le système freudien, placé au-dessus du *ça*, nos sombres dessous, pulsionnels et sauvages. « Un homme, ça s'empêche », disait Camus. Un pays aussi. Ça résiste à la loi du *ça*, ça se contrôle. Le mot doux et le baisemain n'abolissent pas la libido ni la civilité, notre muflerie congénitale, mais ces faux-semblants rendent l'odieux vivable. Civilisation et répression ne font qu'un, bienvenus les jamborees qui nous rappellent à nos devoirs. Un « forum de rencontres » n'est jamais de trop pour policer la barbarie. Le Haut Commissariat aux réfugiés (HCR), comme la Croix-Rouge et les conventions de Genève, a un rôle bénéfique, et le Conseil des droits de l'homme lui-même (3,7 % du budget de l'institution) n'est pas toujours cosmétique. Il n'en reste pas moins que notre droit international est passé maître dans l'art pascalien de justifier la force ou de détourner le regard. Il est vrai que nous faisons pareil dès que cela nous arrange. Un exemple parmi d'autres : on ne s'étonne pas de voir la Justice logée au cœur même de la Force et l'instrument de défense des plus démunis, l'ONU, à New York, la métropole d'un Empire qui n'hésite jamais à violer la Charte en tant que de besoin, parce qu'il en a les moyens, comme on en a à Moscou. Plus étonnant encore est le fait que l'incongru n'étonne plus personne. Tout en sachant qu'il faudrait, pour un changement d'adresse, en plus d'un vote aux deux tiers de l'Assemblée générale, une absence de veto, plus qu'improbable, au Conseil de sécurité, je me suis permis un jour de suggérer le transfert du siège non à Pékin bien sûr – un empire contre un autre – mais dans un pays neutre, ou mieux encore, pour sa charge symbolique, à Jérusalem. Les délégués n'auraient plus le *New York Times* pour prière matinale, ni de chantage aux contraventions pour stationnement interdit ni de mise sur écoute de tous leurs propos. Inutile de dire qu'il n'y a pas eu de suite, même si l'idée a pu sembler pertinente à quelques diplomates ayant à la fois le sens de l'honneur et des réalités, comme Alain Dejammet, notre ancien représentant au Conseil de sécurité.

Ne croire qu'en la force, c'est la faiblesse des forts. Se refuser d'y croire, c'est la force des faibles. Aux premiers, le droit de mentir, punir, sanctionner, envahir, annexer. Aux seconds, le droit de semonce et d'admonestation. C'est l'intérêt national des petits pays que de condamner les égoïsmes nationaux au nom des grands principes car ils maximisent ainsi leur présence sur la scène mondiale. En accueillant conférences, cours de justice et hauts conseils, Genève, Luxembourg, La Haye, Oslo ou Bruxelles mettent Hobbes sur la sellette et Kant en procureur : le *surmoi* morigène le *ça*. Se déclarer ostensiblement audessus des « logiques de puissance » fait partie des prérogatives du belvédère. L'Union européenne a fait de ce renoncement ce qu'elle nomme sans rire son « action extérieure ». Laquelle consiste parfois en une sanction économique mais le plus souvent en déclarations fulminantes. On « exhorte les belligérants à la plus grande retenue », et on n'hésite pas, prenant son courage à deux mains, à « manifester sa réprobation » face à tel ou tel carnage ou exaction. En organisant sur ce modèle un *Forum pour la paix* afin de « flétrir la montée des égoïsmes » et rappeler à un « esprit de responsabilité et de concertation » des pratiques scandaleusement unilatérales, la diplomatie française va bientôt permettre à la Fédération des villes d'eau d'ajouter Paris à son dépliant.

LES FRANCE

Admis que l'intérêt national est aussi incorrigible que la loi de la gravité, reste le plus ardu : en donner une définition. Sujet litigieux, en clair-obscur bien qu'en amont des autres et rarement mis au net. De l'idée ou du sentiment (si l'on peut séparer) qu'on a de sa nation découlera l'intérêt qu'on choisit de défendre et la façon de le faire. Ce n'est jamais la même France qu'on aime en France, à chacun son roman intime. Il m'est arrivé d'y voir, à travers sa littérature, un trèfle à quatre feuilles. Une France élégance (d'Ormesson), une France romance (Romain Gary), une France souffrance (Bernanos) et une France enfance (Alain-Fournier). Pour l'intervention à l'extérieur, il y en a deux aux prises, me semble-t-il : France de terre et France de mer. Mitterrand, comme son nom l'indique, venait du milieu des terres. Il connaissait le terroir comme personne. Socialiste à moitié, ou par la bande, mais français jusqu'au bout des ongles et connaissant notre passé et notre Hexagone à la commune près. Il vivait de cœur et d'âme nos monts, vallées et bourgades, mais n'avait pas le pied marin. Sa France, c'était le mont Beuvray – non Brest, Marseille ou Saint-Nazaire. Son pré carré personnel pouvait déborder sur l'Afrique francophone, mais guère au-delà. On a les vues de son vécu. Quand un officier a fait ses premières armes en Pologne et au Levant, emporté sa patrie à la semelle de ses souliers, à Londres puis à Alger, compté sur l'Empire pour la victoire finale, il se fait tout naturellement une vision mondiale de la France. Le « d'où parles-tu ? » n'est pas le même, et les deux réponses, la Corrèze ou le Zambèze, sont également respectables. Pour qui a longtemps vu son pays de loin, ce dernier restera à ses yeux un balcon sur l'Océan. L'*ici* français peut être antillais, polynésien, indien, québécois, haïtien. Aux Kerguelen comme à Belle-Île, à Kourou comme à La Réunion – peu importe si le tricolore a disparu. Quand on a un nombril centrifuge, on s'étonne du peu de cas que nous faisons du domaine maritime : onze millions de kilomètres carrés, la plus grande zone économique exclusive du monde (ou la seconde, juste après l'américaine), mais déclassée en « confettis de l'Empire ». La France, c'est dix-sept fois plus de mer que de terre. Aussi, après maintes missions sur les trois continents, Afrique, Asie et Amérique, et plus d'un tour du monde, me suis-je senti à l'aise avec les marins et notamment dans *Le Redoutable*, le sous-marin nucléaire lanceur d'engin, en confiance avec la Royale, et à Mururoa, notre site d'expérimentation nucléaire, président d'un comité du Pacifique sud qui n'intéressait guère (jusqu'à la malheureuse affaire Greenpeace en Nouvelle-Zélande, en 1985). Je me sentais concerné par des choses, des gens et des lieux presque étrangers à des Affaires déjà étrangères par elles-mêmes. Mitterrand ne m'en a tenu nullement rigueur et poussa même la bienveillance jusqu'à me demander un projet de réforme de la DGSE. Il ne connut qu'un vague début d'application (le retour aux civils) – mais un directeur de cette auguste institution m'a dit, plus tard, ne pas l'avoir trouvé idiot.

C'est l'hinterland qui l'a emporté. En épousant l'Europe, Massif central grand modèle, le pays a tourné le dos au Sud et fixé tous ses regards à l'Est vers le Rhin, Strasbourg, Francfort et Berlin. L'enfermement continental – sous le couvert d'un « couple franco-allemand » quelque peu rhétorique – nous a *démondialisés*, et la personne France s'est insensiblement, au fil du temps, *dépersonnalisée*. Tous les pays n'ont pas la chance d'être une île, comme l'Angleterre, l'amie du grand large, avec son quant-à-soi extraverti, son goût de l'excentrique et des extravagances. Londres est la capitale la plus cosmopolite d'Europe. Sur un pont de bateau, le compas est à 360°, la place du patelin n'a pas cette ouverture. Napoléon était corse, et de son île de Guernesey – un carrefour de circulation – Victor Hugo avait des nouvelles du monde entier. Il faut être à l'étroit pour voir grand. En quittant l'Europe continentale, la Grande-Bretagne n'a fait que retrouver sa nature et sa respiration, impériale et globale. « Messieurs, l'Angleterre est une île et maintenant vous en savez autant que moi. »

On sait bien ce qui fait obstacle à la grande querelle à

soutenir, qui exige à chaque fois de faire coïncider son intérêt propre avec celui des autres (le grand secret des Empires) : la prolifération d'intervenants non étatiques (ONG, mafias, régions, juridictions, etc.) ; le raccourcissement des mandats électifs ; l'oubli que les relations diplomatiques sont entre États, non entre régimes, car si ces derniers dégoûtent, les premiers demeurent ; l'empreinte western, *good guys* contre *bad guys* ; l'alignement du temps politique sur le médiatique, d'où un va-et-vient d'emballements et de désistements, avec l'importance accordée à des Sommets pour rien (sinon pour les télévisions et la rituelle photo de classe de zigomars au sourire zygomatique) ; l'absence de vue d'ensemble (favorisant l'approche « avocat », dossier par dossier, ou l'approche « médecin », une crise humanitaire après l'autre). Le plus décisif, c'est encore l'implacable remarque de Tocqueville dans ses *Souvenirs* d'ancien ministre des Affaires étrangères : « Jamais on ne vit mieux le naturel des démocraties, lesquelles n'ont, le plus souvent, que des idées très confuses ou très erronées sur leurs affaires extérieures et ne résolvant guère les questions du dehors que par des raisons du dedans. » D'où vient qu'un régime de liberté se lie les mains au-dehors et qu'un régime de parti unique peut à son aise changer de cap ou d'alliances. Pour lancer la première guerre du Golfe, la Maison-Blanche a dû dépenser des millions de dollars pour monter le colossal mensonge (accepté et entretenu par le *New York Times* ainsi que par Amnesty International) des nouveau-nés prématurés arrachés à leur incubateur par les soldats irakiens dans les hôpitaux du Koweït et ainsi convaincre la population, les sénateurs et à la fin le Conseil de sécurité, après trois mois de labeur. Un effort dispendieux de communication dont peut se passer un État autoritaire. Continuité d'un dessein et persistance d'un vouloir : un luxe inaccessible aux démocraties d'opinion. François Ier ne pourrait plus aujourd'hui s'allier aux Ottomans ni Richelieu aux protestants. De nos jours, les directeurs de l'esprit public rendraient vite anathème un chef d'État jugeant souhaitable, devant un retournement de situation, de réorienter ses batteries.

N'oublions pas dans le lot des embêtements le marquis de Norpois, ambassadeur de France et membre de l'Académie des sciences morales. Si le blason du Quai d'Orsay campé par Marcel Proust avait une descendance (simple supposition), on verrait que la queue-de-pie est partie, la particule aussi, non les allures distantes, le silence lourd de sous-entendus, le balancé prudent. C'est lui, l'État profond, et il occupe les hauteurs du « Département », qui avait, par bonheur, d'excellentes roues de secours. Des anciens administrateurs de la France d'outre-mer, par exemple, personnages originaux et caractères bien campés. Des diplômés du Concours d'Orient, compétents, futés et indépendants d'esprit, moqués par leur hiérarchie sous le sobriquet « la rue arabe ». Norpois et fils, car c'est une dynastie, n'est, ne serait plus marquis mais énarque ; ne s'honorerait plus de l'amitié du roi Théodose de Bulgarie ou de la cour de Vienne, mais d'une sommité de la *Heritage Foundation.* Dès la sortie de Sciences Po, il aurait été repéré par la *French-American Foundation*, promu

Young Leader. Il aurait vu le bureau Ovale pour de vrai, serré la main de quelques gouverneurs d'État, visité *Hudson Institute, Brookings Institution* et autres *think tanks* aux budgets mirobolants. Il en est revenu avec un abonnement à la revue *Foreign Affairs*, une ligne directe avec le *State Department* et un label de garantie le destinant à la section *affaires stratégiques* des *Affaires politiques* du Quai, au-dessus des Directions géographiques, moins fiables. Il vit, pense et réagit à l'ombre effrayante d'un « système communiste international en expansion », ne cherchant qu'à « découpler » les systèmes de défense du monde libre et couper le nôtre de sa « garantie de sécurité ». Il appelle à serrer les rangs derrière le Protecteur car il sait que l'Europe de l'Ouest est déjà « finlandisée », que la « statocratie » soviétique est immuable, que les démocraties, à l'agonie, vont demain matin passer sous la botte rouge, et qu'un certain Gorbatchev, parvenu aux affaires à Moscou, n'est qu'un stratagème de plus du KGB. Il se trompe d'avenir, mais cela n'a pas d'importance. C'est un expert (celui qui se trompe dans les formes, selon Valéry), et les pronostics circulent en boucle – entre « milieux autorisés » et presse autorisante (ou l'inverse). Il fait partie de ces gens du monde qui « ne prennent pas la peine de s'excuser de leurs fausses nouvelles, ils les ont oubliées et sont prêts à en propager d'autres qu'ils oublieront aussi vite » (Proust). Norpois regarde la planète du haut d'une terrasse. Les petits pays qui s'agitent en contrebas sont des pions que se disputent les deux seuls joueurs d'échecs qui comptent, *the West and the Rest*. Ceux-là, s'ils se tiennent mal, il faudra les bombarder pour leur apprendre la démocratie, avec ou sans l'aval de l'ONU, au nom de la « responsabilité de protéger les populations » (l'ex-droit d'arrogance baptisé d'ingérence). « L'Occident », pense-t-il, peut compter, à cette fin, sur de courageux Afghans et en particulier un certain Ben Laden, pour mettre le Mal en pièces. L'islamisme, dans cette croisade pour la liberté, est un allié. De même en va-t-il pour les Khmers rouges repoussés en Thaïlande par l'armée vietnamienne, et pris en charge par les États-Unis, leur nouveau défenseur, afin d'isoler le Vietnam avec lequel, en 1981, il était interdit de prendre langue (témoignage personnel).

Telles sont (ou étaient, je parle de mon époque) les forces de frottement qui découlent de l'« esprit négatif, routinier, conservateur, dit de gouvernement et qui est en effet celui de tous les gouvernements », à quoi s'ajoute, toujours selon Marcel Proust, l'éminent politologue, « l'aversion traditionnelle des Chancelleries pour les procédés plus ou moins révolutionnaires qui sont ceux des oppositions ». Une opposition parvenue aux affaires doit prendre celle-là en compte. L'ancienne gauche devenue gouvernement a su s'en accommoder, en surfant sur les bonnes habitudes pour rassurer l'État profond et les Alliés, avec, de loin en loin, des gestes humanitaires pour apaiser le militant. Washington donnait le ton et tenait la dragée haute à ses alliés et féaux. Environnement ultralibéral, il faut faire avec, me disait-on. (La gauche de gouvernement poussera le bouchon un peu loin, comme le secrétaire national du parti socialiste chargé des relations internationales qui s'en alla présenter ses excuses à l'ambassadeur américain auprès de l'OTAN, après le discours prémonitoire de Dominique de Villepin au Conseil de sécurité sur la guerre d'Irak et promit qu'une effronterie pareille ne se répéterait pas à l'avenir. Le panache n'est pas un attribut social-démocrate.)

LES BÊTISES DU PHILOSOPHE

Le cabotage à la godille d'un gouvernement aux abois (lequel ne l'est pas ?) n'a rien d'exaltant, mais réveille, au-delà des « éléments de conjoncture », une question de fond : quelle place pour le long terme dans le slalom des urgences, des brèches à colmater, des mauvais sondages ? Comment faufiler une dynamique d'idées dans la logique des forces qui est celle de tout gouvernant ? Un problème qu'une classe politique rabotée par « la crétinisation des médias et de l'économie politique » (Gracq) n'est pas près de résoudre. Des élus qui ne reculent pas devant une proposition subordonnée ou relative appartiennent à une génération en partance, et c'est à Londres qu'un Boris Johnson peut réciter, Premier ministre, à la télévision, un long morceau de l'*Iliade* en grec ancien – pour s'amuser. Cela n'arrivera plus chez nous, après la mise au placard des Humanités et l'éviction des personnages avec quelque relief. Les idées générales s'en vont, comme les revues généralistes, les informés arrivent. Pas de chance. C'est au moment où affleure partout la tectonique culturelle des nations qu'elle s'évanouit chez nos frais émoulus des meilleures *business schools*. Chaque siècle a son fort. Il peut se faire que l'excellence du précédent devienne un ridicule dans le suivant.

Avant de condamner, pensons à ce qui fait le cœur de métier des uns et des autres. Donner de bonnes nouvelles, ne pas perdre de temps et remplir les salles, c'est le boulot du politique. Semer le trouble, prendre son temps et fuir les salles pleines, c'est celui du philosophe. L'un, pour passer entre les gouttes, doit se faire aimer, l'autre, pour remplir son rôle, se faire détester. Seul un quiproquo peut les réunir. La tragédie, c'est quand les deux ennemis ont raison ensemble. La comédie, c'est quand deux associés se donnent tort alors qu'ils sont chacun dans le vrai, mais pas avec le même référentiel. Pour l'otage des cotes de popularité, avoir raison seul, c'est avoir tort. Pour l'adversaire des apparences, s'il y a majorité, c'est qu'il y a une erreur quelque part. Un chef d'État tirant des bords ne peut voir d'un bon œil un prétentieux – conseilleur, pas payeur – qui veut qu'on file droit devant mais n'a à répondre de rien et s'estime perdu dans un monde de fous dont il ignore en fait la sagesse matoise. D'autant que le redresseur de torts, se croyant intelligent, fait bêtise sur bêtise. Je parle d'expérience.

La première : vouloir savoir de quoi au juste il est question. Dissiper les *sfumatos* à l'origine des plus heureux malentendus dont on ne sort qu'à son détriment. Quel vocable fut plus déterminant dans l'histoire des hommes que Dieu (Yahvé, Allah, Notre Père, etc.) et de plus indéterminé ? Les bénédictins sont sages, qui s'interdisent dans leur couvent de parler entre eux de

Dieu, sans quoi, me disait l'un d'eux, ils ne pourraient plus l'adorer cinq fois par jour. De qui s'agirait-il ? Le Dieu de la Loi ? Celui de l'Amour ? Celui des Armées ? Celui qui se cache ? Ou qui s'incarne ? Socrate demande qu'après sa mort ses disciples aillent sacrifier un coq à Esculape, mais se garde bien de demander d'où vient ce dieu improbable, fils d'Apollon, censé ressusciter les morts. Est-ce qu'un révolutionnaire en activité doit réfléchir à *Révolution*, terme d'astronomie désignant le retour au point de départ (renforcement répressif, durcissement du pouvoir central, remplacement d'une nomenklatura par une autre, etc.) ? Heureusement que le mot commence par *rêve*, cela évite d'en voir la fin. La magie sonore peut donner à une bureaucratie l'aura d'une *dissidence*, à un parti fossilisé, les prestiges d'un *mouvement*, et transformer un indéboulonnable en *rebelle à vie*. En glorifiant l'*avant*, la lutte pour le pouvoir, il peut escamoter l'*après*, sa confiscation. Les démocraties libérales ont d'autres brumes dorées, d'autres mots qui chantent plus qu'ils ne parlent, tel l'*Occident*, un flou avantageux et suggestif, mais de quoi au juste ? Quel périmètre géographique ? Quelle date de naissance ? Quelle langue ? Qui peut le représenter ? Quelle chaîne de commandement ? *L'Europe ?* Laquelle – puisqu'on en a connu quatre depuis cent ans ? L'Europe chrétienne des cathédrales (1900), l'Europe de l'entente humaniste (1920), l'Europe de la force pure (1940), l'Europe du marché libre (1980). Quel numéro de téléphone ? Les adversaires sont-ils bien les mêmes pour les uns et les autres ? Une « Fédération d'États-nations » ? À la bonne heure, mais sous l'égide de qui, car on n'a jamais vu dans l'histoire une fédération sans fédérateur ? *Le rapport de force ?* Certes, mais qu'entendre par force ? « Le pape, combien de divisions ? », d'un cynique ingénu, Staline, est une naïveté dont son régime ne devait pas sortir vivant. Un orchestre rock est une force vive quand un char T-34 bloqué sous un hangar est une force morte. Les Beatles et Marilyn ont eu raison de l'Armée rouge. Quand le préposé officiel aux choses vagues se mêle ainsi d'inquiéter les certitudes, il met du mou dans le genou des décideurs. Sur un théâtre d'opérations où l'on gagne à ne pas savoir quels sont au juste les buts de guerre et à ne pas savoir qu'on ne le sait pas, on ne doit pas porter atteinte à la fonctionnelle ignorance que nous avons de nous-mêmes. En tout début d'année, le prof explique à ses gamins (prenez note s'il vous plaît) que le propre d'un philosophe est de s'étonner de tout. Or l'étonnement est antipolitique. La paix d'une Cité comme celle des ménages reposent sur des questions que chacun s'accorde à ne pas poser. On se fait crédit mutuellement ou on prend la porte.

Autre bourde, en corollaire : croire qu'une vérité (*adaequatio rei et intellectus*) peut dissiper une erreur, parce que dans les sciences l'erreur est première et la vérité, son rectificatif. En politique, une erreur ne se chasse que par une autre parce que l'erreur n'en est pas une mais une *illusion* au sens freudien, « une croyance dans la motivation de laquelle la *réalisation d'un désir* est prévalente et qui ne tient pas compte des rapports de cette croyance à la réalité ». C'est pourquoi une « grosse blague » (Flaubert) en exige une deuxième pour faire oublier la première et remettre du jus dans la machine (ainsi de « l'horizon Europe 92 » après « le tournant de la rigueur » de 1983). Althusser résumait ainsi l'esprit du matérialisme : « Il ne faut pas se raconter d'histoires. » La meilleure façon de trouver du goût à sa camomille. Une *Realpolitik* sans légendes serait un moteur à essence sans essence : une *Irrealpolitik*.

Je reviendrai sur la question religieuse, qui est au cœur et en amont du politique, mais tiens à signaler ici qu'il y a tant d'actualité dans l'Ancien Testament qu'on peut toujours y remettre sa montre à l'heure. *Pentateuque*, *Genèse*. Élohim a planté dans le jardin d'Éden non pas un mais deux arbres, l'un de vie et l'autre « de la science du bien et du mal » ; autant dire que la vie est une chose et la science une autre. Ève a confondu les deux et cela ne nous a pas porté bonheur. « En 1940, ceux qui réfléchissaient ne ralliaient pas la dissidence », se souvient un compagnon de la Libération qui partit d'instinct pour Londres en laissant derrière lui ses camarades peser le pour et le contre. En clair, on ne fait pas pousser du blé avec un manuel d'agriculture. Quel sociologue a jamais lancé un mouvement social ? Quel procès-verbal a commencé un peuple ? On a vu, en revanche, Homère aidant, Achille et la guerre de Troie fonder l'hellénisme ; Virgile aidant, Énée avec Anchise sur le dos, la romanité ; un Fils de Dieu sorti du ventre d'une Vierge, la chrétienté. *Désintox* est prié de passer son chemin. La brigade de vérification des faits serait capable de mettre en doute l'information selon laquelle l'ange Gabriel, par une nuit étoilée dite du Destin, est descendu donner un livre où tout est dit, rien à rajouter, à un vieil illettré dans sa caverne, ou cette autre info selon laquelle Çakyamouni, dit Bouddha, a franchi le Gange par les airs, et une mélodie divine est descendue du ciel quand le Parfait, couché sous un figuier, est passé de l'extase à la Délivrance. Ces *fake news* cimentent ce qu'il y a de plus consistant et résistant dans l'agglomération humaine. L'Union européenne a fait preuve d'un consternant irréalisme en se privant d'un faux testament de Charlemagne et de la descente de l'ange Gabriel, la nuit venue, au siège de la démocratie chrétienne. Avec une encaisse-or de ce genre, Aix-la-Chapelle aurait pu nous galvaniser. Nous pouvons remercier quant à nous le général de Gaulle de nous avoir informés, dès l'été 1944, que Paris s'était « libéré par lui-même », que seule une petite poignée de misérables avait collaboré, mais que la France, dans ses profondeurs, avait communié avec Jean Moulin, Honoré d'Estienne d'Orves, Gabriel Péri et Pierre Brossolette. Sachons-lui gré de ces mensonges qui nous ont fait tant de bien. Le conte d'une France tout entière résistante nous a permis de redresser la tête, un autre organe aussi, d'où le baby-boom et les Trente Glorieuses. « Les fausses nouvelles ont rempli l'histoire de l'humanité », comme l'a noté Marc Bloch, médiéviste, ancien combattant et futur fusillé. La guérison des écrouelles par les rois thaumaturges et la Grande Guerre de 14-18 lui ont révélé la fécondité des boniments, communiqués officiels et rumeurs officieuses. Il a en tiré une étude intitulée *Réflexions d'un historien sur les fausses nouvelles de la guerre* (1921). Puis-je ajouter que l'ère de la post-vérité débute avec la préhistoire et que les embaumements égyptiens témoignent d'un bobard non vérifié sur l'existence d'un au-delà ? Dans la lutte permanente entre *Éros* et *Thanatos*, le faux et usage de faux se tient du côté d'Éros, et tant que nous saurons nous dorer la pilule, Thanatos n'aura pas le dernier mot. « Si l'on me prouvait mathématiquement que la vérité est en dehors du Christ, je préférerais rester avec le Christ plutôt qu'avec la Vérité », disait Dostoïevski, à bon escient. Il est bien des façons de préférer la vie à la mort, mais, sur ce point essentiel, libre à chacun de faire feu de tout bois.

Deux banales mésaventures auraient pu m'avertir plus tôt de ce détail gênant. En 1978, en bon apôtre du « Programme commun », portail d'une *vita nova* à venir, je jugeai bêtement utile d'appeler au réalisme des alliés récalcitrants, les communistes français, en leur expliquant dans une *Lettre ouverte*, raisonnements et exemples à l'appui, qu'en prenant leur parti, un moyen, pour une fin en soi, ils iraient dans le mur. À cette lecture, pensais-je alors, le Comité central ne pourrait que « rectifier la ligne » ou « modifier la position ». J'avais négligé, avec une suffisance irresponsable et désinvolte (il suffit de bien penser pour bien faire), que nous avons tous, matérialistes inclus, droit à notre bulle autoprotectrice et au filtrage des mauvaises nouvelles, obligation *homéostatique*. Il faut savoir fermer le vasistas quand vient l'hiver. On ne dit pas à un cancéreux qu'il a le cancer, si on veut l'aider à vivre ses derniers jours en paix.

Ainsi ai-je manqué Malraux, en lui manquant. Déjeunant, à mon retour en France, avec l'ancien ministre – déjà en soi un motif de suspicion –, je lui ai battu froid en marquant les distances qui s'imposent entre un conteur des mille et une nuits – « brume avec éclaircies », disait je ne sais plus qui – et un esprit rigoureux hostile aux fariboles. J'étais prévenu d'avance contre le bluff et la buée. Son ex-femme, Clara, qui me tenait en amitié, m'avait relaté par le détail la *réalité* des équipées cambodgiennes, chinoises et autres d'un imaginatif qui savait retrouver en plein désert la reine de Saba, mais non conduire une voiture ni remettre une chaîne de vélo. Je ne me pardonne pas ma sottise. C'est précisément son goût pour les structures gonflables qui en a fait un homme d'action et de décision, courageux et conséquent. Qu'importe que Chateaubriand n'ait pas été reçu par Washington et que Malraux n'ait échangé avec Mao Tsé-toung que des banalités. Napoléon disait faire ses plans de bataille avec les rêves de ses soldats endormis. Nous avons fait les nôtres avec les rêves de Chateaubriand et de Malraux, non avec le *Journal* des Goncourt ou les verbatim du Quai d'Orsay. L'auteur du *Musée imaginaire* (dont il est à craindre qu'il ne soit plus pour nous un contemporain capital) professe que « les personnages capitaux de notre histoire sont dans tous les esprits parce qu'ils ont été au service d'autre chose que la réalité ». De Gaulle en a douté pour Napoléon, le jugeant trop au service immédiat de sa petite famille. Sauf que l'Ogre a paré d'avance à l'objection en répondant à Las Cases qui lui demandait à Sainte-Hélène son avis sur Robespierre : « La vérité de l'histoire, sur ce point comme sur tant d'autres, ne sera pas ce qui a eu lieu mais ce qui sera raconté. » Sa propre transfiguration par le *Mémorial* a engendré maints Julien Sorel, comme celle de Madrid assiégé dans *L'Espoir*, des vocations par centaines. C'est le récit qui donne vie, non le fait. Sur foi de quoi, mon cher Althusser, je maintiens qu'il faut, pour quitter mitaines et charentaises, se raconter des histoires. Nation, c'est narration. À défaut d'une série Netflix en dix saisons, souhaitons qu'un grand drame lyrique dont Michel Legrand, de là où il est, composerait la musique, vienne nous rendre des muscles et du nerf. Quand la lyre et le luth sont au placard, c'est nombril partout. Poète de l'histoire et chef d'armée, cela va ensemble. C'est avec en tête des personnages de lanterne magique, une « princesse des contes » et la « dame aux fresques des murs » que le fondateur de la France libre a battu le rappel. Depuis qu'on ne récite plus sur l'estrade, à l'école, « Waterloo ! Waterloo ! morne plaine », il faut attendre une pandémie pour qu'on parle de resserrer les rangs, à un mètre du voisin.

REVOIR POUR PRÉVOIR

Qu'un usage public de la raison soit fortement déconseillé dès qu'on est « en responsabilité » a de quoi assombrir quand on a toujours cru qu'il faut rendre la raison populaire. Mes maîtres d'école ne m'avaient pas prévenu qu'en haut lieu la vérité se met aux voix et qu'un bon placement dans un sondage de popularité ouvre *ipso facto* la porte d'un ministère. Cela rend neurasthénique l'ami des jugements synthétiques a priori, en particulier quand il découvre l'abîme entre le temps passé, les insomnies et le piteux retour de ses fébrilités, neuf fois sur dix. Aucune dépense d'énergie n'a un rendement aussi faible. La politique est un domaine où quasiment personne ne peut aller au bout de sa petite idée (cela vaut mieux, dit-on parfois), et si cela arrive, par miracle, on verra l'intention renversée en son contraire. Faire comme si de rien n'était en mettant le calcul des profits et pertes de côté exige une certaine abnégation. Un militant, dans le monde d'hier, eut cette générosité : Victor Serge (1890-1947). Il a tout compris de son époque, et l'époque ne le lui a pas pardonné. S'il existait un Ordre « du tout ça pour ça », il serait le commandeur. « Les militaires, disait de Gaulle, s'exagérant l'impuissance relative de l'intelligence, négligent de s'en servir. » Le subversif Franco-Russe n'a pas lésiné sur la dépense et arrivant en 1941 au Mexique (venant de Marseille, où il s'était embarqué sur le *Capitaine-Paul-Lemerle*, le même rafiot qu'André Breton, Claude Lévi-Strauss et Anna Seghers), il consigne dans ses *Carnets* « la permanente inutilité de l'intelligence à certaines époques ». Il eût pu ajouter ses périls. L'ancien compagnon de Lénine qui dénonça les bagnes soviétiques dont personne, chez ses camarades français, ne voulait entendre parler, est allé d'une prison à l'autre et d'exil en exil. *Vox clamantis in deserto*, il a décelé et décrit, en temps réel, les impasses de l'anarchisme (il fut arrêté à Paris, accusé faussement de complicité avec la bande à Bonnot), les impostures du bolchevisme (qu'il avait rejoint après la révolution d'Octobre), les lâchetés de la France d'avant-guerre (qu'il avait rejointe après sa libération, grâce à l'insistance de Romain Rolland auprès de Staline), la stérilité de « l'opposition de gauche » (malgré sa sympathie pour Trotski). Il a soulevé le couvercle des boîtes à chagrin du siècle rouge, que sa queue de comète a transposées dans le rose électoral (le « on a gagné ! » des militants, suivi deux ans après du « c'était donc pour ça ? »). Ses chroniques littéraires des années 1920, dans les gazettes de Moscou, sur Morand, Montherlant, Breton, Malraux et d'autres, auraient leur place dans un manuel de littérature contemporain, tant elles mettaient à chaque fois dans le mille. Je garde sur ma table de travail, bien encadrée, la feuille de papier qu'on a trouvée dans sa poche, quand il est mort soudainement dans une rue de Mexico, en 1947, avec ces mots griffonnés au crayon d'une écriture tremblante : « La folie de Van Gogh et la folie de Nietzsche, ces astres éclatés dans la tête des hommes. » C'est son fils, Vlady, le dernier muraliste mexicain, qui me l'a confiée, et ce testament olographe d'un intestat, j'ose parfois y voir comme un clin d'œil : « Tu vois bien que c'est possible, pas besoin de se ronger les sangs. » Soit, mais seuls les athlètes de la foi ont la vocation du sacerdoce. Les intérimaires n'ont pas la même force d'âme. L'auteur de *S'il est minuit dans le siècle* (1939) a confié peu après son chagrin dans des carnets intimes, tout en réaffirmant, en bon franciscain du Progrès, « ne jamais désespérer de l'homme et de la vérité ». C'est une note bleue du même style qu'on retrouve en coda dans les Mémoires des plus illustres, les Churchill ou de Gaulle renvoyés dans leur foyer. Dans ce monde où rien n'aboutit qui ne soit plus tard remis en cause, où même le succès a quelque chose d'inaccompli – ce qui permet aux suivants, il est vrai, de remettre sur le métier –, perce une lancinante, une incoercible mélancolie. C'est du côté gauche, où l'espérance est la plus forte, que l'écart entre l'attendu et l'advenu fait le plus mal. L'espérance a son malus quand elle s'investit dans le siècle : la déprime. Jules Vallès, notre communard exilé à Londres, y a coupé court d'un seul mot, exemplaire : « Mes rancunes sont mortes, j'ai eu mon jour. » On devrait tous le reprendre à notre compte, même quand on n'a pas eu le sien, ni mis le feu à l'Hôtel de Ville.

Pire est la soumission au dieu Chronos, ce grand cannibale. Les affaires publiques sont deux fois chronophages : elles dévorent notre temps mais c'est le temps avec elles qui nous dévore, et les os disparaissent après consommation. Qui embrasse trop étroitement son temps n'en sortira pas vivant. L'écrit de circonstance se destine soit au pilon, soit aux Archives. Poussière il est, et poussière il redeviendra. Il partage avec les papillons et les yoghourts l'amer destin des vies trop vite interrompues, les *Choses vues* chez Hugo et le *Bloc-notes* de Mauriac font exception, mais ce n'est pas tous les matins. Ainsi des acteurs de théâtre, otages, eux aussi, d'un temps suspendu entre deux temps et qui ne reviendra pas. Sauf que l'éphémère d'un spectacle a une flamboyance que n'a pas la brochure explicative ou la note au ministre. Sans prétendre à la vie éternelle du 2 + 2 = 4, on espère toujours gagner son procès en appel et qu'un égaré puisse dénicher notre *opus magnum* écorné dans une boîte de bouquiniste par une belle journée de printemps de 2120. Nul ne sait ce que des greniers à l'abandon garderont de nos grimoires inutiles – rien du tout, évidemment – et quand postérité il y a, c'est toujours un pied de nez ou une pochette-surprise. Le certain, c'est qu'un énoncé hypothético-déductif a bien moins de chances d'échapper à son millésime qu'une larme d'Apollinaire ou un solo de Miles Davis. Les pavés asphyxiants de Sartre ont sombré, *Huis clos* et *Les Mots* surnageront. Seul l'artiste échappe à sa date de naissance (et Sartre en est un dès qu'il se plaint ou fait semblant de ne l'être pas). C'est parce qu'il est intransitif que l'art peut s'évader du transitoire et durer sans vieillir, comme le visage de Greta Garbo ou le *Que serais-je sans toi* d'Aragon chanté par Ferrat. *Le Dernier Métro* et *Le Guépard* toucheront les cœurs demain comme ils l'ont fait hier, contrairement à ces imprimés qui n'ont d'autre mérite que leur date de parution et peuvent d'avance être sûrs de ne pas faire date. Il nous faudrait acquérir la suprême sagesse, l'élégance du coup d'aile en passant, à la Pessoa, le poète portugais. « Plutôt le vol de l'oiseau qui passe et ne laisse point de trace / Que le passage de l'animal dont le sourire demeure imprimé sur le sol / Passe, oiseau et enseigne-moi à passer… »

Gouverner, c'est prévoir, ce pourquoi il importe de revoir. N'en déplaise au poncif, l'histoire repasse les plats, surtout en période de *revivals* religieux et des grands retours d'âme. Le rétroviseur donne souvent au passager de la banquette arrière, plus sensible aux processus qu'aux urgences, assez de recul pour *voir venir*. « L'homme pratique », disait Socrate, est au philosophe ce que l'esclave est à l'homme libre, parce que l'un est toujours pressé et que l'autre s'adonne à la *scholé*, le loisir studieux. Cela ne s'est guère arrangé avec les bandes passantes et le *speed watching* (le visionnage ultrarapide d'une série). Ce qui rend notre maître des horloges encore plus esclave de sa pendulette que ses prédécesseurs de leur cadran solaire. Un homme a des vues sur le futur dans la mesure où il en a sur le passé et on ne saurait assez recommander à nos urgentistes aux manettes des allers-retours entre Thucydide et BFM TV.

César au bord du Rubicon – *alea jacta est* – avait dans son staff des réducteurs d'incertitude appelés haruspices, rompus à l'examen des foies de poulet et des vols d'hirondelle. Le principe de précaution s'est affiné depuis, et le Quai d'Orsay dispose d'un « Centre d'analyse, de prévision et de stratégie ». La prospective n'en reste pas moins un métier à risque. « Je prévois, donc je me trompe », ironisait Valéry, lui, qui ne s'est jamais trompé : son *Regards sur le monde actuel* (1930) nous dit l'essentiel sur l'année 2020. Climatologues, économistes et démographes peuvent faire des projections dignes de foi. Les sociologues qui traitent du présent et les historiens, du passé, n'émettent pas, eux, de bulletin météo. Prudence. Ni le probable ni l'idéal ne sont de leur compétence. Christophe Colomb, familier des palimpsestes médiévaux, s'est heureusement trompé dans ses conjectures. Appareillant pour les Indes, il s'est retrouvé en Amérique. Bonne surprise. Les ratés sont rarement d'aussi bon augure. Avoir manqué d'anticiper, en 1919, les conséquences du traité de Versailles et celles, en 1934, de l'occupation de la Rhénanie par les nazis, ce fut une lourde note à payer. Il est infiniment plus facile d'y voir clair aujourd'hui, par temps calme, quand les passions et les peurs ne sont plus là pour nous brouiller la vue.

Ma totale absence de culture et de formation économiques m'a sans aucun doute rendu aveugle à quatre-vingt-dix pour cent des grandes affaires en cours, mais sur les dix pour cent restants, ayant trait à l'avenir de notre culture et aux basculements de force alentour, je n'ai pas trop à rougir quand je feuillette mes paperasses. « L'unification technique et économique de la planète Terre ira de pair avec l'accentuation de ses particularités nationales, et ne pas saisir cette étonnante dialectique, qui fait le tissu de notre présent, devrait passer pour un imbécile » (1969, lettre à Philippe de Saint Robert) ; 1971, Chili, Cher Salvador, méfiez-vous des Forces armées (*Conversation avec Salvador Allende*) ; 1978, Paris, le mai 1968 libertaire couvait une contre-révolution libérale, ouvrant la porte au règne du fric et de la com' (*Contribution aux discours et cérémonies du 10e anniversaire*) ; 1981, voici l'heure des résurrections et insurrections archaïsantes (*Critique de la raison politique*) ; 1984, le système de la raison socialiste se heurtera aux affirmations identitaires, et le discours des droits de l'homme ne peut faire une politique, encore moins étrangère (*La Puissance et les rêves*) ; 1985, l'Union soviétique est un empire en fer-blanc et « le lent réveil de la mémoire en Europe va voir remonter les crispations nationalistes » (*Les Empires contre l'Europe*) ; 1989 (entretien avec Franck Lepage) l'Europe de demain restera une enceinte néolibérale condamnée à l'impuissance politique ; 1990, les garanties de sécurité ont diminué au fur et à mesure que se sont renforcés les liens de dépendance, en sorte que l'OTAN, le pacte de Varsovie étant dissous, n'a plus de raison d'être (*À demain de Gaulle*) ; 2000, défendre les chrétiens d'Orient est un impératif (*Un Candide en terre sainte*). 2009, l'économie seule ne fera jamais une société, et l'heure est venue de retrouver le lien profond (*Le Moment fraternité*). 2010, la question de la frontière n'est pas derrière, comme on le croit, mais devant nous (*Éloge de la frontière*) ; et l'intellectuel français est mort (*I. F. suite et fin*) ; 2011, une catastrophe, Fukushima au Japon, ne légitime ni le catastrophisme ni les collapsologues (*Du bon usage des catastrophes*, 2011). Quelques-uns de ces lieux communs ont retenu l'attention, mais la plupart, comme nous disent gentiment nos éditeurs, « n'ont pas trouvé leur public ».

Le problème est qu'on ne part jamais des réalités. On peut parfois y arriver, mais ce n'est pas facile, sauf pour les masochistes. Il y a un temps d'incubation à respecter. Le Cercle de la Raison exige un délai de décence avant d'admettre que la pluie mouille et le soleil brûle, que la guerre d'Algérie fut bien une guerre (trente ans) et l'Union européenne une foire d'empoigne. Dire en l'an 2000, parce qu'on s'est rendu sur place une carte des lieux en main, que l'État palestinien est un leurre, la Cisjordanie promise à l'annexion, et l'idée des deux États une utopie commode mais obsolète, c'est on ne peut plus déplacé (« ne le répétez pas, on a une Conférence sur la paix dans huit jours »). En 2020, cela ne vaut même plus la peine. Plaider en France pour l'État-stratège et protecteur en 1990, c'est ringard. Trente ans plus tard, c'est lèche-cul. « Le temps ne fait rien à l'affaire » ? Faux. C'est la date qui tranche. Humiliant.

UN PENSEUR NOMMÉ DE GAULLE

La jugeote d'abord. Les théories littéraires, disait Proust, sont vaines et même nuisibles car « l'art véritable n'a que faire des proclamations et s'accomplit dans le silence ». C'est la qualité d'une langue, non le sujet traité, qui fait la valeur d'une œuvre littéraire. C'est sa capacité à saisir le futur dans le présent qui fait celle d'un homme d'action, sa double vue, non sa conformité à un *isme*. « Peu importe la couleur pourvu que la souris attrape le chat », professait Deng Xiaoping. Si par science on entend « l'ensemble des recettes et des procédés qui réussissent toujours », Sciences Po doit être poursuivi au pénal pour usurpation de titre. C'est une École d'arts appliqués. D'abord, il n'y a de science que du général, non des cas particuliers. Ensuite, le caractère ne se forme pas dans les salles de classe mais sous la mitraille ou à flanc de montagne. Enfin, l'avenir ne se met pas en fiches. Trois bonnes raisons pour refermer les moules à gaufres de la rue des Saints-Pères et de Strasbourg.

Un philosophe a su tout cela, mais il n'avait pas le

bon diplôme : c'était un saint-cyrien. *Circonstances, caractère, doctrine* : les trois chapitres, par ordre d'apparition, du *Fil de l'épée*. L'exergue est emprunté au *Faust* de Goethe : « Au commencement était le Verbe ? Non ! Au commencement était l'Action. » 18 juin. Un discours à la radio est une action quand il vaut au speaker une condamnation à mort. Charles de Gaulle n'a pas son nom dans le Dictionnaire des intellectuels, mais on ne voit pas quel intellectuel a eu, en temps réel, la même intelligence de l'histoire.

Aucun membre de l'establishment, académique, industriel, militaire, financier, médiatique ou politique, ne l'a rejoint en 1940, mais en 2020 le même establishment joue des coudes pour enguirlander la statue. Et notre cache-misère attrape-tout escamote l'insolite d'une pensée. Faisant suite à *Philosophie du recrutement* (1929), *Le Fil de l'épée* (1932) est expressément, en dépit de sa clarté d'expression, un ouvrage de philosophie : « Pour rendre le fil à l'épée, il est temps qu'elle restaure la philosophie propre à son état. » Chateaubriand et un certain drapé romain impressionnent et « La Pléiade » a justement accueilli *Les Mémoires de guerre*, un moment au programme de l'agrég de lettres. Bergson en filigrane fait moins impression, aussi de Gaulle n'est-il pas au programme de l'agrég de philo. Tant pis pour elle. Constitutive de « la philosophie supérieure de la guerre », l'absence de système n'est pas chez lui une absence de pensée mais bel et bien sa preuve même. Notre érudit a lu Alfred Fouillée et Émile Boutroux, cite Héraclite et Tolstoï. « Derrière un Alexandre, disait-il, il y a toujours un Aristote. » Il a fait sienne, avant l'heure et en tricolore, la *philosophie de la praxis* du Rouge Gramsci, en s'inspirant de la même devise empruntée à Romain Rolland – « Pessimisme de l'intelligence, optimisme de la volonté ». Ce talisman est devenu un cliché. C'est dommage. Raccorder les antipodes est un exploit car chaque pôle magnétique tire en sens contraire et bien peu savent mélanger le chaud et le froid sans faire du tiède. Le pessimisme de l'intelligence, s'il a le prurit de l'action, peut mener au fascisme, ou bien, s'il se regarde le nombril, au je-m'en-foutisme. Difficile de former un Front populaire en chantonnant : « Ah, ça n'ira pas, ça n'ira pas ! », mais l'optimisme de la volonté peut nous faire courir sus au mirage. Puisque « toute histoire d'oiseau, disait Hugo, s'achève par un chat », Cassandre ne prend pas trop de risque en pariant sur le gros matou. L'optimiste, lui, peut laisser courir parce que « tout finira bien par s'arranger ». On ne peut nier que nos meilleurs haruspices, comme Valéry, étaient sans illusion sur la nature humaine. De Gaulle également, mais jamais las « de guetter dans l'ombre la lueur de l'espérance », il n'a pas cédé au vertige de l'à-quoi-bon. Sa dernière dédicace : « Rien ne vaut rien. Il ne se passe rien et cependant tout arrive. Mais cela est indifférent » (Nietzsche).

Revenons au *Fil de l'épée.* Axiome et point de départ : « L'action de guerre revêt essentiellement le caractère de la contingence. » Pour apprécier l'inopiné, « le rôle essentiel d'un chef », il faut du caractère. Et enfin, si on y tient, une doctrine en appoint (« À la guerre, il y a des principes, mais il y en a peu »), laquelle devra se contenter de « régir l'emploi des moyens en s'adaptant aux circonstances », observation, précise-t-il, qui « domine tout ordre d'action guerrière, politique ou industrielle ». L'ouvrage prépare la prochaine guerre avec l'Allemagne, à un moment où « une sorte de mystique s'est partout répandue qui, non seulement tend à maudire la guerre, mais incline à la croire périmée, tant on voudrait qu'elle le fût » – allusion à la théologie pacifiste de ses contemporains et à « l'art de faire durer indéfiniment les carreaux cassés » qu'est à ses yeux la diplomatie. S'il juge indispensable une vaste gamme de connaissances – historiques, géographiques, morales, littéraires et philosophiques – c'est pour « reconnaître à l'action de guerre le caractère essentiellement empirique qu'elle doit revêtir » et ne pas construire une doctrine qui puisse l'enfermer dans un *a priori* car le pire serait de « procurer à l'esprit le repos auquel il tend sans cesse, l'illusion de pouvoir négliger le mystère de l'inconnu ». On ne peut l'affronter qu'avec une culture, car « l'école du commandement, c'est la culture générale » (corollaire : l'inculture, c'est l'école du conformisme). Avoir de fortes lectures est chose rare chez un écrivain (on gagne toujours à ne pas trop lire les autres). « Le plus beau métier du monde, c'est d'être bibliothécaire », comme il dira une fois devenu président, lequel n'aura pas de « plume » dans son cabinet, hormis la sienne. « Un livre, c'est un homme et un homme, c'est un livre » – paradoxe chez un homme d'action ? Non. « Tous les grands hommes, précise-t-il, furent des méditatifs », et il médite sur la force à peu près dans les mêmes termes que Karl Marx : « Recours de la pensée, instrument de l'action, condition du mouvement, il faut cette *accoucheuse* pour tirer au jour le progrès. » Tout en admettant que « les armes ont torturé mais aussi façonné le monde », il se garde bien d'exalter « la détestable visite de la guerre », « une calamité » jamais fraîche et joyeuse. « L'épée est l'axe du monde », mais nullement son but, un moyen, non une fin. Curieux chef de guerre qui n'en a commencé aucune, en a terminé deux, avec l'Allemagne et l'Algérie, et empêché deux guerres civiles dans son pays (1945 et 1962). Curieux conservateur, qui assume le Comité de salut public de 1793, justifie Robespierre parce que « le désordre était tel qu'on n'y pouvait remédier que par la dictature », admire Carnot « l'organisateur de la victoire », approuve le choix de Rossel, le seul officier supérieur qui a rejoint les insurgés de la Commune. Curieux dictateur, qui rentre à la maison quand le bon bourgeois (le grand aussi) lui donne congé. Non moins singulier est l'alliage, chez « le colonel Motor », d'un visionnaire et d'un tacticien ; d'un fond de mysticisme et d'une passion pour la technique ; du goût des continuités et de l'horreur du routinier (« être inerte, c'est être battu ») ; d'un réalisme (« les choses étant ce qu'elles sont ») et d'un volontarisme (« les grands hommes le sont pour l'avoir voulu »). Sous chaque angle, la poétique des contraires.

« À l'origine de nos défaites, a-t-il noté, il y a toujours une erreur de prévision. » En ce qui le concerne, Madame Soleil aurait pu se plaindre de la concurrence. 1917, jeune capitaine en captivité : « Cette guerre n'est pas la dernière. Elle n'a pas changé les hommes… Les haines séculières se ranimeront et, un jour, les peuples se précipiteront à nouveau les uns contre les autres. » 1936, *Le Problème belge*. Attention ! Du sort de la Belgique, neutre, dépendra le nôtre. Janvier 1940 (*Mémorandum sur l'avènement de la force mécanique*), « la position Maginot est susceptible d'être franchie ». Mai 1940, interrogé sur l'avenir par l'aumônier de sa division : « Monsieur l'aumônier, cette guerre n'est qu'un épisode d'un affrontement de peuples et de civilisations. Ce sera long. Et quand surgira l'affrontement avec la Chine, ce très grand peuple, [...] que serons-nous et que ferons-nous ? Mais j'ai confiance. Le dernier mot sera à la civilisation la plus élevée et la plus désintéressée, la nôtre, la civilisation chrétienne. [...] Mais le danger le plus grand et le plus immédiat peut venir de la transversale musulmane, qui va de Tanger aux Indes. Si elle passait sous obédience communiste russe, ou ce qui serait pire, chinoise, nous sommes foutus... Croyez-moi, Monsieur l'Aumônier, il n'y aura plus de bataille de Poitiers possible. » Et en juin de la même année, après avoir discerné dans la Manche un infranchissable fossé antichar, il annonce que des forces mécaniques supérieures déferont la mécanique allemande. La paix revenue, il murmure, en petit comité, que l'Algérie ne sera pas toujours la France ; que la Russie, le vrai nom de l'URSS, absorbera le communisme comme le buvard absorbe l'encre et que la RDA, c'est la Prusse, rien de plus ; que la Grande-Bretagne n'a pas sa place en Europe ; qu'on ne peut pas ne pas reconnaître la Chine (le premier Occidental à avoir eu cette idée simple) ; que les Américains vont perdre la guerre du Vietnam et devront en partir ; que la victoire militaire d'Israël dans la guerre des Six-Jours, avec l'occupation de la Palestine qui s'ensuivra, suscitera du terrorisme, avec, en réponse, du contre-terrorisme. Seuls l'uniforme et un certain pedigree ont pu excuser ces graves incorrections qui lui ont, au fur et à mesure, valu un joli chapelet d'épithètes – ambitieux dépité, bradeur d'empire, passéiste, jobard, totalitaire, illusionniste, idiot utile et antisémite. Pas de présomption chez ce lyrique sobre : « J'ai voulu ressusciter la civilisation européenne. J'ai tenté. J'ai échoué. » Il avait ainsi commenté les *Mémoires d'outre-tombe* : « C'est désespéré, on le comprend, il avait prévu l'avenir. »

Imperatoria brevitas. Un adieu sans pose ni flonflons. Deux courtes phrases. « Je cesse d'exercer mes fonctions de président de la République. Cette décision prend effet demain à midi. » Pas de graisse. *Le Fil de l'épée* avait prévenu : « La sobriété du discours accentue le relief de l'attitude. » Rome n'est plus dans Rome et va se promener canne et manteau noir dans la lande irlandaise. Et maintenant, les enfants, démerdez-vous. Je n'y suis pour personne. Le médiocre est grandiloquent. La grandeur est laconique.

V

EN CONGÉ

Des mots et des choses – États-Unis d'Occident – Paraître et disparaître – Les joies de la retraite

Où se découvre qu'il y a nombre de trompe-l'œil en République, parfois décourageants, mais qu'il est permis à un paresseux, prenant du recul et ses aises, de se désintéresser des gaietés de l'escadron, pourvu qu'il puisse se tourner vers le grand large.

Toute politique historique est sans doute liée au sentiment d'une mission. Il faudrait tirer ça au clair.

ANDRÉ MALRAUX

DES MOTS ET DES CHOSES

1988. Deuxième septennat du président Mitterrand. La balle au centre. « Les gens du milieu foisonnent et se tournent toujours du côté où l'on mange », notait déjà le publiciste et artilleur Paul-Louis Courier (1772-1825). Il y eut donc foule dans les couloirs. Grands travaux, desseins restreints. Cela s'appelle le couchant, femme Narsès. On se reconduit, la colère s'éteint, place au consensus. C'est ainsi qu'on perdure, vous et moi. La mise en veilleuse pour gagner du temps sur la mort, la recette vaut pour les utopies comme pour les ambitions. Une parade : la tangente.

Le meilleur moment dans la vie d'un recruté local, c'est

quand il remet son tablier. Et affûte sa lettre de démission. Bien torchée, elle permet à l'employé de signifier à l'employeur qu'il a, lui, suivez mon regard, des principes. Petite revanche qui fait plaisir, mais n'exagérons rien : elle sera toujours passible de deux lectures. Version haute : ce carriériste a finalement une morale, il était temps. Version basse, la plus courante : ce lascar veut gommer sa chasse aux places, mais c'est un peu tard. J'en tiendrais plutôt, en ce qui me concerne, pour l'entre-deux : la fin d'un porte-à-faux. Demande de congé au président de la République, suivie d'une deuxième au vice-président du Conseil d'État (qui fait office de président) après que cette honorable assemblée a adopté, le 20 octobre 1989, « l'arrêt Nicolo » stipulant, par un complet retournement de jurisprudence, que d'opaques traités, notamment européens, auraient une autorité supérieure à celle de la loi délibérée et votée en public par nos représentants élus. Le Conseil d'État abrite de grands talents, dont celui d'accompagner le mouvement avec quelques bémols. « L'État français », entre 1940 et 1944, n'a pas eu à se plaindre de ses services, en ce qui concerne le statut des Juifs et autres « mesures d'exception ». Mais ratifier ainsi l'abandon du principe de souveraineté populaire, en 1989, l'année du bicentenaire de la Révolution, c'était passer la mesure. Servir la République, oui – mais si l'État dit républicain n'y croit plus lui-même, à quoi bon ? Rivarol : « Quand les peuples n'estiment plus, ils n'obéissent plus. »

Comment garder la foi en bas quand le haut met sac à terre ? La confiance est contagieuse, le renoncement ne l'est pas moins. Maître de requêtes n'est pas une fonction sacerdotale, j'en conviens, petite main à l'Élysée, non plus, mais le « croire pour faire » vaut pour l'infime comme pour le grandissime. Il a eu sa version Croisade avec le moine-soldat, sa version Patrie avec Jeanne d'Arc, sa version surhomme avec le SS ou charia avec le djihadiste, mais il a aussi sa version *a minima* s'agissant d'un rond-de-cuir ambulant avec sa petite valise, « chargé de mission auprès du président de la République ». « L'ordre de mission » – un syntagme militaro-apostolique, majestueux comme la feuille elle-même barrée de tricolore. Une mission ne s'exécute que si on a la conviction d'obéir à plus grand que soi. Un « République oblige », comme un « noblesse oblige ».

Un dévoué serviteur de la République est un croyant qui s'ignore parce qu'il croit savoir. Il s'en voudrait d'avouer son credo au présent, comme le chrétien, qui ose dire: « Je crois, à l'heure même où je vous parle et j'en suis fier. » Au militant athée, qui ne se sait pas chrétien par hérédité – un tel aveu ferait honte. Nous ne conjuguons nos croyances qu'à l'imparfait et les vieux birbes au coin du feu qui se penchent vers leur passé, mi-émus mi-rigolards, ont coutume de conclure par un : « Eh oui ! Nous y avons cru, étions-nous bêtes, vraiment ! » Sous-entendu: « Voyez comme je suis devenu lucide, maintenant, on ne me le fera plus. » Et le fanfaron ne voit pas qu'il a tout bonnement remplacé une croyance par une autre. Le petit commis de l'État, crédule et empressé, se convainc qu'il y a des choses derrière les mots, notamment ceux de Liberté, Égalité, Fraternité inscrits en lettres d'or au fronton des ministères. Ils ne sont pas là, se dit-il, en vertu du principe d'inertie. Ce pari hasardeux ne tient pas compte de ce qu'on appelle en minéralogie la *pseudomorphose*, soit le remplacement subreptice d'un minéral originel par un autre (comme un diamant par un graphite) sous une apparence inchangée. Le citoyen a bien sous ses yeux la Garde républicaine et son orchestre, *La Marseillaise* et les trois couleurs, le défilé du 14 Juillet et des motards en grande tenue. En inférer que la France continue d'être l'avant-garde et le soldat du genre humain serait un peu léger. Certes, ces marques d'importance font un ciel de traîne et le décorum joue son rôle dans l'impression de continuité. Le forum est intact, le Panthéon, bien debout, et les aigles, toujours là. Les légions ont fondu, il y a un Augustule sur la chaise curule, mais le Romain du IVe siècle après Jésus-Christ peut s'exclamer: « Voyez, Rome tient son rang. »

Le philosophe est un vicieux: il regarde sous la jupe des majuscules. Ce n'est jamais bon pour le moral. Quand, par malheur, la Constitution de la Ve République lui tombe entre les mains, il ne peut pas ne pas comparer ce qu'il sait d'expérience à ce qu'il lit de près. Et ça ne colle pas. Préambule article premier. « *La France est une République indivisible* », etc. Faux. La France juxtapose des entre-soi ethniques, corporatifs et régionaux. Le langage préfectoral s'est adapté à ce démembrement en parlant de *zones* (Zap, Zup, Zus, Zep, Zad, etc.), d'*aires* et de *territoires*. République, version française de la démocratie, c'est, littéralement, la chose publique. Or, elle s'est privatisée, la *First lady* officialisée, et l'État, non plus éducateur mais séducteur, efface la frontière indispensable entre l'individu et la fonction, l'intime et le public, fondement de la laïcité. Quand l'armée de métier remplace l'armée de conscrits, la garderie, l'école et la *business school* les grandes écoles scientifiques, quand la poste et la SNCF deviennent des services-clients, l'hôpital, un bilan comptable, que l'Éducation nationale doit d'abord satisfaire les parents d'apprenants, il faut mettre à jour notre vocabulaire. Là où tout ce qui peut différencier a pris le pas sur tout ce qui peut unir, « République » n'est plus un sujet de plein exercice mais de simple commémoration.

Un *État* ? Quand on a perdu toute prise sur la valse des capitaux et qu'on assiste en spectateur au dépeçage de ses industries de base, quand on s'est amputé, rétréci et démantelé, peut-on encore garder le mot ? Dévoués à l'intérêt de tous plutôt qu'au leur propre, nombre de diplomates, généraux, préfets, directeurs d'administration, agents de renseignement, nos grands commis de l'ombre méritaient le respect. La haute fonction publique, garante d'une singularité historique en Occident, a été rattrapée par l'argent maître – le pantouflage est devenu osmose et fusion. Quand l'État choisit de renoncer à lui-même pour, dit-il, se moderniser, apparaît à sa place une prolifération d'instruments de défausse, Comités Théodule, Hauts Conseils, Commissions, Observatoires, Forums, Conventions et autres « autorités administratives indépendantes », incessants fournisseurs de rapports neuf fois sur dix jetés au panier. Malraux, avant de mourir, interrogé sur « la caractéristique de notre temps », répondit : « l'absence de décision », où l'on se met d'accord à la fin pour un demi-soldat dans un demi-char. Encore n'avait-il pas vu cette machinerie labyrinthique,

« l'Union européenne », vouée aux demi-mesures, un pas en avant, un pas en arrière, par le vote à la majorité qualifiée, voire à l'unanimité. Un membre de plus, une définition en moins. Mais l'essentiel, dira-t-on, est de bien tenir la caisse. Le *sapiens* platonicien était trois en un, un sage, un lion et un pourceau – une tête, un cœur et un ventre cousus dans le même sac de peau. *Homo europeus* a simplifié cet imbroglio : chez lui, le ventre seul a la parole.

Article 2. « *La langue de la République est le français.* » Faux. L'expression exacte eût été : « La langue de la Constitution de la République est le français » – ce dont on doit déjà se féliciter. La Déclaration des droits de l'homme est une chose, leur respect en est une autre ; la langue de la Constitution de la République est une chose, celle de ses constituants en est une autre. Il y a les langues régionales d'abord et, chapeautant le tout, celle de nos dirigeants, de nos écoles, de nos publicitaires et de l'Europe qui pense et parle l'« anglobal », la langue du *business* (un membre français de la Commission écrit en globish au ministre de son pays). Les manœuvres militaires sur notre territoire se déroulent en anglais, et les jeunes générations élevées au PC et au McDo, *on line* du matin au soir, parlent numérique, comme la finance, les hiérarchies universitaires et le showbiz. Dès qu'on passe aux choses sérieuses, le français passe à la trappe. *Contact tracing* (centre de prévention sanitaire), *tracking* (dépistage du virus), *cluster* (foyer d'infection), *consulting* (fondation Jean-Jaurès), *fashion week* (défilé de mode), *relay* (relais Hachette). Pour nous-mêmes, avouons-le, le *burn out* est autrement plus classe que le coup de pompe, le *running* que la course à pied, une *master class* qu'une leçon, un *coach* qu'un prof, un *hot spot* qu'un centre d'accueil, un *staff* qu'une équipe, et pour le *coworking*, nous exigeons un *flex office*, non un *open space*. Le *cure* et le *care*, cela remonte le niveau. Les colloques en sciences humaines se déroulent pour la plupart en anglais, et on ne parle plus guère notre langue au Collège de France lui-même. Les anglicismes attiraient l'attention en 1960 ; le gallicisme étonne en 2020, où mieux vaut l'éviter pour ne pas se faire remarquer. Le *e-consensus* est la norme, non parce qu'on est flemmard mais parce qu'il est impossible de faire autrement. Inutile d'épiloguer. La francophonie en France ne subsiste dans le bottin administratif que pour la montre (le décorum, toujours). Pour m'être longtemps occupé des organismes en charge de ce point d'honneur, pour avoir même organisé, en 1986, le premier « Sommet des chefs d'État et des gouvernements ayant le français en partage », je dois avouer – et je ne suis pas le seul – avoir œuvré dans une Délégation à la Résistance installée à Vichy dans l'hôtel du Parc cinquième étage fond du couloir.

Titre premier – De la souveraineté. « La souveraineté nationale appartient au peuple qui l'exerce par ses représentants », etc. Faux. Quand le souverain vote mal à un référendum, on rejoue la pièce dans son dos. « Les juges sont la bouche de la loi », disait Montesquieu. Elle sort aujourd'hui de la bouche de juges qui ne sont ni élus ni représentants d'un peuple mais entendent qu'elle fasse loi pour vingt-sept peuples. Notre Parlement est donc un salon où l'on cause, pour échanger des opinions qui n'intéressent plus que les opinants. Quant à « *souveraineté nationale* », manque l'adjectif : *limitée*. *Interdépendance* est un cache-sexe qui masque le redoublement progressif de nos dépendances. La dernière d'entre elles est cyber et numérique (asservis nous sommes aux serveurs et algorithmes des GAFA). Elle était déjà militaire, avec l'OTAN ; culturelle, avec notre imaginaire d'importation ; et morale, avec la mise aux normes des us et coutumes locaux. L'ex-« embêteuse du monde » n'a plus trop les moyens ni l'envie de mettre le bâton dans les roues des donneurs d'ordre et d'idéal. On se targue d'une rente de situation léguée par un vieux monarque modernisateur : un siège permanent au Conseil de sécurité, une recherche scientifique et une capacité spatiale (Airbus, Ariane, Kourou). Ses successeurs y trouvent si bien leur compte qu'ils s'estiment quittes des vertus qui l'ont rendue possible : refus de l'allégeance, primauté du politique et aptitude, dans des moments de crise, à faire cavalier seul. Ces folies d'antan ont longtemps permis à notre pays de voyager en première avec un billet de seconde mais, après l'épisode gaullien, parenthèse ou chant du cygne, force fut d'en revenir aux rugueuses réalités à étreindre. 1 % de la population mondiale, 3 % de son PIB, avec environ 15 000 soldats opérationnels, 45 avions de combat, un demi-porte-avions (il en faut deux pour une permanence à la mer) et un budget de défense de 40 milliards (USA : 750). Le souverain ne peut lancer une opération militaire sans le *nihil obstat* du Leader, sans ses moyens en renseignement, surveillance et transport (ni la prolonger si ce dernier lui coupe les vivres) ; il ne mène plus les guerres qu'il a choisies, mais sert d'auxiliaire dans celles qu'il ne choisit pas ; il n'est plus autorisé à commercer avec qui il veut et se laisse racketter sans broncher, de par l'extraterritorialité d'un Droit impérial. Ses dirigeants acceptent que leurs portables soient mis sur écoute. Bien que la dissuasion nucléaire du faible au fort lui permette d'assurer lui-même sa défense, sans avoir à échanger, comme ses voisins, une sécurité contre une vassalité, il a fermé une École stratégique originale (Ailleret, Beaufre, Gallois, Poirier) pour adopter la culture militaire du tout-techno et remplacer « défense » par « sécurité », sans les moyens de la maison mère. Troquer une identité de puissance moyenne contre une impuissance sans identité, une stratégie possible contre un introuvable acteur stratégique fut un pari risqué. Sans doute une volonté n'a pas à s'aligner mécaniquement sur des capacités. Il y a les chiffres et il y a les hommes. Sans quoi les Finlandais n'auraient jamais pu neutraliser les chars soviétiques en 1939, ni les Israéliens les coalitions arabes, ni les menus Vietnamiens le géant américain. La Russie a un PIB inférieur à celui de l'Italie et ne fait pas profil bas. Singapour rayonne. Une statistique n'est pas un alibi.

ÉTATS-UNIS D'OCCIDENT

Il fallait donc, de cette aliénation consentie, tirer les conséquences. Je m'y suis refusé longtemps mais l'exemple d'un proche, un mien collègue, haut fonctionnaire de la Défense, un brin casse-cou, qui, après le 11 septembre 2001, décida de se faire naturaliser états-unien et de rejoindre les conseillers sécurité d'une Maison-Blanche à la peine, me fit sérieusement réfléchir. L'expert avait ses états de service, et son expérience de la contre-insurrection était appréciée en haut lieu. Le malheureux devait plus tard trouver la mort en Afghanistan héroïquement, où il était parti en reconnaissance, dans un commando de troupes spéciales. C'était un homme de haute culture, mais un homme pressé. Grand lecteur de Valéry, il connaissait sa prophétie, « l'Europe aspire visiblement à être gouvernée par une commission américaine, tant sa politique s'y dirige », et bien que la Commission de Bruxelles, quartier général de l'OTAN, ait fait de son mieux pour ne pas décevoir cette aspiration, il a voulu prendre les devants. Appelons-le Xavier de C***.

C'est en 2002, par fidélité à sa mémoire, que j'ai publié notre correspondance, sous le titre *L'Édit de Caracalla, ou plaidoyer pour les États-Unis d'Occident*, avec une épitaphe pour dire ma reconnaissance. De quoi ? D'une idée simple comme bonjour, de celles qui, saugrenues sur le moment, s'imposent naturellement avec le temps : envisager un Édit de Caracalla *bis*, comme celui par lequel l'empereur romain, en l'an 212 de notre ère, étendit le droit de cité à tous les hommes libres de l'Empire. Et à cette fin, convaincre non nos élites locales, déjà acquises en leur for intérieur, mais le Sénat des États-Unis et la Maison-Blanche des gains de l'opération. Il allait de soi, à mes yeux, qu'il reviendrait à la France, qui n'a pas de pétrole mais toujours une longueur d'avance, d'être la première à s'en prévaloir en Europe, une fois le référendum passé.

Avec le droit de vote, nous n'aurions plus à blablater des mois durant et du matin au soir en commentateurs intarissables et navrés. Nous serions partie prenante à l'élection du seul Président occidental qui peut d'un trait de plume annuler l'urgence diplomatique, mettre le feu au monde entier et nous pourrir la vie. Puisque aucun lobby français n'a pu se constituer à Washington (alors que toutes les autres nationalités ont le leur), c'est en devenant un État fédéré et non plus « associé » (comme Porto Rico), dussions-nous garder un peu de droit romain à côté de la *common law,* que nous pourrions défendre au mieux nos intérêts. Et nos communications, car la NSA n'écoute pas les compatriotes. Il y a là une affaire *win-win* digne de la *French pride,* vu l'état de la balance commerciale. La *cross-fertilization*, durant la première moitié du siècle, a donné de l'excellence dans les sciences humaines (Lévi-Strauss) et la création artistique (Marcel Duchamp), mais elle a pris fin au tournant des *sixties*. Le côté français a cessé alors d'exporter pour importer massivement, et le côté américain s'est désintéressé. N'étant plus émetteur – sauf, une fois, du symbole « gilet jaune » – mais récepteur obligeant des *cultural* et des *gender studies*, des *fitness centers* et des *blockbusters* qui financent nos films, le Français aurait tout à gagner d'un cycle court – même si la *Gay pride,* le *revenge porno* et le *me-too* ne tardent plus trop. Que vaut-il mieux, être le numéro deux dans une Europe allemande, elle-même un dominion, sans armée ni défense propre, ou le numéro deux (peut-être après la Californie) dans la Grande Île du Dominant ? Après tout, l'Allemagne nous a saignés et exploités deux fois au XXe siècle, et les États-Unis, libérés et renfloués deux fois dans le même temps. Puisque nous avons la chance d'être en bordure d'un foyer de civilisation dont les capacités absorbantes et émissives sont sans exemple depuis la Rome antique, pourquoi ne pas en profiter, en *live* et sans délai ? La Chine, malgré sa taille et son poids, n'aura jamais la même force de gravitation (langue-muraille, pas de pop, pas d'Hollywood ni de cap Canaveral, pas de stars sublimes ni de prix Nobel). En sens inverse, nous pourrions apporter à notre épicentre un peu plus d'humanité et de Sécurité sociale, des vins et fromages détaxés, une *French touch* distinguée, des polytechniciens bien formés, une meilleure connaissance des pourtours, de quoi rééquilibrer le *Pacific Turn* par un renforcement à l'Ouest et freiner les tentations isolationnistes de l'*America first*. Cela aiderait nos amis démocrates à remettre le Ku Klux Klan à sa place. La Savoie a-t-elle eu à se plaindre de son rattachement, récent, à la France ? L'incorporation d'une vieille province fatiguée mais pleine d'expérience au donjon encore debout d'une civilisation en danger, la nôtre, nous permettrait de changer d'échelle, avec un marché de 260 millions de consommateurs. Nous retrouverions, chez nous, la fierté du drapeau. Vu la large autonomie reconnue aux États fédérés par le pouvoir fédéral, un gouverneur d'État, librement élu par nous, aurait bien plus de chances qu'un président de deuxième zone, dont l'électorat compte pour du beurre, d'influer sur l'exécutif, sans nuire à l'indispensable unité de commandement du monde occidental. Certes, notre gouverneur n'aurait pas la capacité de déclarer la guerre, mais comme nos autorités locales ne l'ont déjà plus, quelle différence ?

On peut prévoir les objections : côté yankee, rupture de charge territoriale. Et Hawaï ? L'Alaska ? Les Samoa ? Porto Rico ? Il n'y a plus de distances dans le *New Digital Age*. Côté franchouillard, les « c'était mieux avant » d'un secteur d'opinion vieillissant, dont se moquent à juste titre le *business* et la jeunesse, le souverainisme, émettront les couinements de rigueur, mais Fripounet et Marisette auront l'assurance que nous pourrons continuer de parler créole en famille (comme tous les immigrés du capital-risque, qui est tolérant). Envoûtante est la *ballroom scene*, impossible néanmoins de se fier aux seules Victoires de la musique. L'enchaînement du charleston, New Orleans, be-bop, rock, pop, soul, rap, hip-hop, *punch-rock* et *heavy metal* a rythmé nos pas et nos soirées depuis un siècle, mais l'amour du blues n'est qu'un préalable. Il faut conclure. Un esprit rigoureux, mécontent des demi-teintes, préférera toujours Elvis à Johnny, le *vintage* à la copie.

J'ai fait ainsi valoir dans une lettre recommandée à notre chef de file que le président Roosevelt, de là où il est, serait content de voir concrétiser son vœu d'une France sous administration américaine (Amgot), mais cette fois dans la bonne humeur générale, sans dépenses superflues ni matériel lourd. Je n'avais pas pris garde, bêtement, que le successeur était républicain et Roosevelt démocrate. Aussi la Maison-Blanche, jugeant l'idée intéressante mais encore prématurée, a accusé réception assez froidement. Une fois débarrassée du cinglé qui l'occupe (2020) et face à une Chine aux prétentions exorbitantes, je sais qu'on y reviendra. « L'union fait la force. »

Vingt ans après, un Empire qui branle dans le manche

et une *pax americana* foutraque justifieraient encore plus une citoyenneté partagée et augmentée, mais j'estime qu'il n'y a pas lieu d'insister. Je me suis rendu aux objections d'un double national bien informé, installé à Palo Alto et qui, passant par Paris, m'a ramené au sens des réalités. « Pourquoi cette superstition jacobine du drapeau et de l'État ? Les choses se feront d'elles-mêmes, *bottom-up*. Ne t'en mêle pas. Nos armées sont sous commandement intégré, nos services secrets, des annexes de Langley, et le néoféminisme fait autant trembler à Paris qu'à New York. La droite libérale ne rêve que de cela, la gauche américaine s'est débarrassée de l'autre, et l'extrême gauche a embrayé. Nos campus ne parlent plus que genre et race, les communautés se réveillent, le comptage ethnique est pour demain, tout déjà a son prix et tout est procédure. Nos *business angels* sont en pleine forme. Cinquante mille Français dans la Silicon Valley. » Il a raison. La symbiose est acquise. Tous milliardaires ! Les héros de la métropole sont les nôtres, les victimes de son racisme également. Nos Césars se rêvent en Oscars, et nos campagnes électorales ont *primaries* et gros chèques. Laissons faire. Le couronnement civique viendra à son heure. Aussi, toute précipitation mise à part, me suis-je sagement replié sur une étude impartiale des translations d'axe directeur dans l'histoire longue de l'Occident (*Civilisation, comment nous sommes devenus américains,* 2017).

Mon petit ballon-sonde s'était lancé trop tôt, mais je ne regrette rien. S'il n'a pas trop attiré les regards, il m'a valu quelques flatteurs clins d'œil des milieux haut placés qui savent, eux, de quoi demain sera fait – dîner du Siècle,

Cercle Interallié, *think tanks* d'avant-garde. Un brin de reconnaissance du *nec plus ultra* n'est jamais de trop dans la carrière toujours mal comprise d'un antiquaire futuriste.

PARAÎTRE ET DISPARAÎTRE

La littérature d'anticipation n'est pas une spécialité française. Nous avons une autre corde à notre arc, à défaut de longue-vue : quand la chose n'y est pas, mettre le mot (et si la chose fut grande, de grands mots). Quand l'acte n'y est pas, le beau geste s'impose. Ce qui s'est perdu *de facto* peut ainsi se regagner *de visu*, via le petit écran. C'est l'intérêt de nos ferveurs patrimoniales. L'entretien des monuments et châteaux apporte plus au tonus citoyen qu'il ne coûte au budget de l'État. Jamais Chambord, le Louvre, la Coupole, les Invalides, la Bibliothèque Richelieu, le Grand Palais n'auront été aussi bien redorés, restaurés, poncés, photographiés, reluisants qu'aujourd'hui. Ce qui n'est plus en stock passe en vitrine. L'industrie du luxe, notre marque de fabrique à l'export, a les meilleurs étalagistes. Réception officielle au château de Versailles, dîner d'apparat à la galerie des Glaces, Grandes Eaux dans le parc. Paraître excuse et console de disparaître.

« Qui se plaît aux souvenirs, dit Chateaubriand, conserve des espérances », mais à force de ne pas s'alimenter, on peut perdre le goût des bons plats nationaux. Des séries télé bien ficelées font de leur mieux pour nous en redonner la saveur, l'aspect chant du coq, stridulation des cigales en Provence, odeur du moût de raisin dans l'Hérault. Une mémoire sensorielle, dans un cadre d'époque, avec figurants en perruque, carrosses et chevaux. À notre soif de commémorations et beaux discours, la cour d'honneur des Invalides peut servir de cadre, et il n'est pas de mois où un président ne prenne la plume de Victor Hugo pour l'oraison funèbre de tel ou tel « illustre ». C'est l'extension du domaine du héros. Derrière le monumental Aznavour et après un colonel tombé héroïquement sous les balles d'un djihadiste, ont pu récemment accéder à l'exemplarité civique un patron de boîte de nuit, « Notre-Dame vivante de Montmartre », un coiffeur connu « car le coiffeur pour dames est souvent un coiffeur pour âmes », une comédienne « au regard profond comme le ciel », tel autre animateur, qui « a fait de Paris une fête ». Sonnerie aux morts, hymne, drapeau tricolore, troupe au garde-à-vous, le tout retransmis en direct. Aux *beautiful people*, les honneurs militaires.

« Nous autres, civilisations… » Oui, elles sont mortelles, nous le savons tous. Ce que Valéry n'a pas vu, c'est qu'elles ont une deuxième vie, qui leur coûte moins et leur rapporte plus. Elles renaissent en dorures, en Mont-Saint-Michel et en musée du Louvre. Quatre-vingt-dix millions de touristes chaque année ordinaire en France, première puissance touristique du monde, hors épidémie. Cuzco, Athènes, Vienne et Venise : on reçoit du monde quand on cesse de déranger. Les lieux de prière deviennent des lieux de visite et *La Joconde* paye. Un sujet politique déclassé se reclasse en cabinet d'antiquités à ciel ouvert. C'est notre dédommagement culturel. Le destin historique épuisé, apparaît une destination de rêve. On aurait donc tort de baisser les bras, un nouveau cycle s'est ouvert, il aura de nouveau, l'endémie passée, ses satisfactions d'amour-propre et ses fiertés hôtelières. Grognons s'abstenir. Un correspondant japonais m'assure que les jeunes mariés de Tokyo préféreront toujours, pour leur lune de miel et le *selfie* faisant foi, la tour Eiffel au palais des Doges.

Nous avons passé l'âge du roman national. Nous sommes trop adultes pour ces enfantillages, monsieur le Président. Trop malins pour croire encore en notre génie car « le génie est bête », dit justement Baudelaire. Trop civilisés pour défendre *mordicus* notre civilisation. Le sage, le courageux déni de décadence a plus d'un recours. Personnellement, j'attache autant de prix aux formules parachutes de nos diplomates qu'au tournant vénitien de notre pays. Au-dedans, l'euphémisme bute sur le ticket de métro et le taux de chômage, mais les lointains sont plus malléables. Ainsi un système d'inégalités et d'injustice peut-il devenir « l'ordre international fondé sur le droit et le respect d'autrui »; vassalité peut muer en « solidarité »; un regroupement de supplétifs en « coalition internationale »; un dixième de la population mondiale en « la communauté internationale »; un strapontin, en « partenariat »; et l'invasion d'un pays pétrolier en une « croisade pour la démocratie ». L'enturbanné bon client est un « partenaire stratégique », son homologue sans fonds souverain, un « nouvel Hitler ». L'Afghan taillant des croupières à l'adversaire, un « combattant de la liberté », et le même, retourné contre nous, cinq ans plus tard, un « terroriste ». Camus a vu les choses en noir: mal nommer les choses n'ajoute pas à la misère du monde mais diminue la peine de ceux qui doivent quitter les avant-scènes.

Ils peuvent regagner les coulisses sur la pointe des pieds, mais la tête haute, avec un sourire entendu, sous un noble intitulé : « après la puissance, l'influence ».

Le corps diplomatique n'est pas le seul corps soignant des orgueils endommagés. Nous avons, à l'intérieur, d'autres neuroleptiques. « Malentendant » pour sourdingue, « technicienne de surface » pour femme de ménage, « restructuration des ressources humaines » pour licenciement massif, « élites » pour classes dominantes, « milieux défavorisés » pour les exploités, « société civile » pour le monde des affaires, « réforme nécessaire » pour tout retour en arrière… Cessons de brocarder le politiquement correct. Il atténue les duretés de l'existence.

Mauvais temps, en somme, pour un compagnon de route. Plus de route. Et compagnon de qui ? N'ayant jamais eu peur, ni soif, ni faim, ni les reins rompus par trente kilos sur le dos, nos puceaux du cor au pied sont fondés à tourner la page. Pourquoi reprocher aux *start-uppers* en marche un certain manque de densité ? Leur difficulté à faire bref, clair et net ? Ce n'est pas leur faute, mais celle d'un âge de paix prolongé impropre à donner du lest et un cuir épais à des intelligences trop protégées. Comme la chasse à courre et aux palombes, la chasse au coriace a ses périodes autorisées. La guerre et l'après-guerre sont la meilleure saison. Un temps étale laisse le gros gibier se reproduire jusqu'à la saison prochaine, mais on peut, en attendant, braconner dans un autre genre, côté hôtels de ville, et tant mieux si on fait buisson creux. « Malheur aux pays qui ont besoin de héros ! » a lancé Brecht un jour, et il n'avait pas tort : Offenbach, c'est du bonheur, Berlioz, c'est moins sûr, et Wagner, catastrophe. Le Crépuscule des dieux. « Il n'y a pas d'homme d'État sans la guerre pour le consacrer », notait un jeune capitaine français, en 1927, et la couronne est d'épines. Le grand homme porte la poisse. Nocif pour le bonheur intérieur brut par habitant (le BIB). Pas de Bonaparte danois ni de De Gaulle suisse, et nos voisins n'ont pas l'air de s'en plaindre. Nous non plus d'ailleurs, qui nous contentons d'ersatz. À domicile, le grand cordon, le *command-car* sur les Champs-Élysées et la Garde républicaine à cheval s'efforcent de répondre à la demande ancestrale. La transfiguration par les urnes (et les secours du CAC 40) d'un avocat d'affaires ou d'un jeune banquier en voix de la France éternelle ne manque pas de mérite. Les monarchies héréditaires de droit divin réussissaient à faire d'un jouvenceau bien né le délégué de Dieu sur Terre, mais le suffrage universel n'a pas encore le même effet miraculeux, malgré la communion des saints. N'attendons pas pour demain matin la réouverture de la chasse au gros. Elle a mauvaise réputation.

La vertu fait problème. C'est le nôtre, non celui du héros hégélien, « l'homme d'affaires du génie de l'univers ». L'inhumanité qu'on admettait d'un Richard Cœur de Lion, Louis XIV ou Napoléon nous serait à présent intolérable. Ne parlons pas des gangsters ordinaires ni des dévoreurs de chair fraîche, les Franco, Hitler et Staline. Même en régime végétarien, chez les moins paranos et les plus décents, le lin blanc n'est pas de mise. De Gaulle nous a prévenus – sans fioriture, à sa manière. « La perfection évangélique ne conduit pas à l'Empire. L'homme d'action ne se conçoit guère sans une certaine dose d'égoïsme, d'orgueil, de dureté, de ruse. » On peut l'en croire, lui, si distant, cassant, glacial avec les siens, hautain envers les autres, et d'après maints témoins assez antipathique. N'a-t-il pas laissé massacrer une centaine de pieds-noirs dans les rues d'Oran et abandonné froidement les harkis à leur sort ? Croit-on que Guevara était un tendre, qui a commandé sans état d'âme maints pelotons d'exécution ? Et Mitterrand qui, garde des Sceaux, approuva sans sourciller la guillotine pour des résistants algériens ? Les fauves de bureau se contentent d'un coup de fil ou d'un paraphe. Le docteur Kissinger a défendu avec audace et sagesse les intérêts de son pays. Un Talleyrand à grande échelle. Le diplomate modèle. En faisant déverser sept millions de tonnes de bombes sur le Vietnam, le Cambodge et le Laos, avec l'« agent orange » en complément et en donnant son feu vert au « plan Condor » des dictatures latinos (rien qu'en Argentine, trente mille subversifs torturés et jetés vivants à la mer entre 1976 et 1983), il a mérité, avec plus de cent mille cadavres sous son fauteuil, une juste récompense : le prix Nobel de la paix. En amour comme en Norvège, on ne compte pas.

LES JOIES DE LA RETRAITE

Notre tout à l'ego a ses bons côtés. Jadis, l'adieu aux armes, au parti, à l'espoir engageait le long travail du deuil bien connu des veuves de guerre, nos arrière-grands-mères. Un an plein pour le *grand deuil*, voile et robe noire ; six mois pour la *soie noire*, crêpe et sortie en cheveux ; six mois pour le *demi-deuil*, gris et mauve autorisés. L'époque abrège. Certes, on ne redevient pas porte-parole de rien sans perdre en relations, bristols et coups de fil. Edgar Morin, dans son immortel *Autocritique*, a tout dit des souffrances du débarqué d'antan. L'*abandon* du *nous* de l'importance sociale pour un *moi-je* sans garantie (après le « nous, nous pensons », le « moi, je croirai plutôt, si je puis me permettre »), ce n'est plus abandonner une Fraternelle parce qu'il n'y a plus de fraternité dans nos galères. Chacun rame seul et dans son coin. Ne concluons pas, du fait qu'on a remis les clés, qu'on est devenu « un homme libre ». Libre de quoi ? De notre public et du désir de lui complaire ? De tout souci d'argent ou de prestige ? De nos chaînes de télévision ? De nos casseroles et des images qu'on se fait de nous ? Des postures à prendre pour s'en démarquer ? C'est le néant qui fait l'homme libre. Avant, c'est de la forfanterie.

Dans son vieux parc solitaire et glacé, le tire-au-flanc doit remettre sa lame au fourreau et s'acheter un couteau scout. Il va lui falloir plusieurs lames pour trancher ses cas de conscience. Le manichéisme inhérent à l'action est toujours reposant en ceci qu'il met les neurones en veilleuse. Le noir et blanc évitait les maux de tête et voilà que le Vrai, le Beau et le Bien, qui faisaient bloc, divorcent pour vivre chacun sa vie. Du tracassin au programme. Qui dit le bien ne dit pas le vrai – le pape ; qui dit le vrai ne fera pas que du bien – Einstein ; et qui crée du très bon se conduit très mal – Céline. Et que penser d'un tribun d'extrême droite, tel Léon Daudet imposant Marcel Proust au Goncourt ? Et son opposé d'extrême gauche qui en tient toujours pour Anatole France ? Bref, tir groupé impossible. Et à la fin, le pire des soupçons : chaque modèle de société ayant une part incompressible d'iniquité (la libérale creuse les inégalités et l'égalitaire s'attaque aux libertés), on ne combat jamais, entre chien et loup, qu'un demi-mensonge au nom d'une demi-vérité. Saumâtre découverte, après laquelle on se sent cependant moins coupable.

Une carrière tronquée de fonctionnaire a certes des inconvénients financiers (1 400 € de retraite pour le soussigné) mais en termes coût/avantage, retourner à ses chères études avec pour ambition de n'en plus avoir, c'est finalement, l'un dans l'autre, un bon plan. L'enthousiaste ne court plus le risque de la petite phrase de trop, qui ne vous quittera plus et vous envoie par le fond. Celle qui pourra voler d'un dîner en ville à l'autre, celle qui annule texte et contexte. Aragon ? « Je chante le Guépéou nécessaire de France / Je demande un Guépéou pour préparer la fin d'un monde... Feu sur les ours savants de la social-démocratie ! / Feu sur Léon Blum ! » Giraudoux ? « Nous sommes pleinement d'accord avec Hitler pour proclamer qu'une politique n'atteint sa forme supérieure que si elle est raciale. » Bernanos ? « Antisémite : ce mot, Hitler l'a déshonoré à jamais. » Camus ? « Je préfère ma mère à la justice. » Éluard ? « J'ai trop à faire avec les innocents qui clament leur innocence pour m'occuper des coupables qui clament leur culpabilité. » Affaire pliée. C'est encore Sartre qui a payé le plus cher. « Tout anticommuniste est un chien », ou encore : « Il ne faut pas désespérer Billancourt » (qui n'est pas de lui mais d'un personnage de *Nekrassov*). À la trappe, cinquante ans de travail. Pas de chant de guerre sans quelque couac, et si le poète épique pouvait hier se cacher derrière son œuvre grand ouvert devant lui, aujourd'hui, l'ouvrier cache l'ouvrage, éclipsé par ses tics, sa moustache ou sa mauvaise réputation. Donc prudence. On traverse dans les clous. Aux suivants de nous jeter par-dessus bord, inutile de leur mâcher le travail. Comment savoir, de son vivant, ce qui fera couler ou surnager, quand les poids et mesures du Beau et du Bien peuvent s'inverser du soir au matin ?

En 1960, juger les individus d'après leur race, leur sexe et leur physique, était le fait de l'extrême droite, en 2020, c'est celui de l'extrême gauche. Le réactionnaire a tourné progressiste, ou l'inverse. Le Résistant de 1940 est un terroriste, et cinq ans plus tard, un héros ; dans la novlangue du jour, un soldat de la France libre serait sans doute un souverainiste anti-européen et le Front populaire une malheureuse poussée populiste. « Le monde n'est qu'une branloire pérenne », disait Montaigne, et encore plus quand il faut chaque mois épouser la vague. Le surfeur manque d'assiette. À quoi j'ajouterais, pour ma part, un étonnement plutôt admiratif pour ce « sujet merveilleusement vain, divers et ondoyant » qui sait si bien, n'ayant pas l'être mais le devenir pour nature, se réensemencer – ou se réinventer – pour ne pas perdre la face. D'un siècle l'autre, s'opèrent ainsi des roques sur l'échiquier du Juste. Un modeste licencié classé en 1960 « philosophe pour classes terminales » a mis en un tournemain échec et mat un agrégé hors classe. Il y a aujourd'hui en France, sans compter les collèges, six lycées Camus contre un Sartre. Et un seul Proust, à Illiers-Combray (c'est bien le moins).

Les recalés à l'examen d'histoire ont droit chez nous à une deuxième chance : la musique des mots. Interdite au métallo, la reconversion dans les belles-lettres est un privilège de classe et de nationalité. Elle est de tradition. On prend la file. On travaille le profil. On remonte la mèche. On sublime. « J'ai fait de l'histoire et la pouvais écrire », se vante Chateaubriand rendu à Madame Récamier par l'ingratitude des Bourbons. Les auteurs dont la grande hache n'a pas voulu peuvent toujours fignoler l'histoire des autres (*Loués soient nos seigneurs,* 1996). Les ratés de la plume au siècle des Lumières – Saint-Just, Robespierre, Marat et d'autres – se sont rattrapés *in fine* en dressant des guillotines. Les ratés de la guillotine se revanchent dans la librairie – Malraux, Vaillant, Aragon et tant d'autres. Imagine-t-on sérieusement Rimbaud à l'Académie, puis au Panthéon ? Flaubert, sénateur-maire de Rouen ? André Breton, grand officier de la Légion d'honneur ? Pourquoi pas une réussite dans l'épicerie, à tout prendre ? Le mépris du *loser* est un américanisme connu, et la gloire du vaincu, depuis Vercingétorix, un gallicisme persistant. Chez nous, déculottée signifie promotion. Le culte importé de la *success story* et du *happy end* va bientôt nous priver de ce remontant *made in France,* qui fait baisser le taux de suicide dans notre confrérie. Cela dit, puisse le débouté ne pas crier victoire trop vite. Abandonner l'histoire des cataclysmes pour la chronique des prix littéraires, c'est comme pour un boxeur, qui se rêvait poids lourd, se retrouver poids plume. La féminine revanche vaut dégradation sur le front des troupes. Voilà le briscard devenu « brillant », et c'est un coup de poignard. « En verve ? » – Non, en berne. Si les choses devaient être ce qu'elles sont et nous, ce que nous sommes, sans valeur ajoutée, folliculaire *forever*, ne nous resterait plus qu'à tirer l'échelle.

Les politiques étant des ratés du bonheur, qui n'est plus dans le bain a le droit d'y goûter. Il peut relire *L'Éducation sentimentale*, revoir *Citizen Kane*, caresser sa bien-aimée, s'étonner des saisons et des écureuils dans les arbres. Il cesse d'emmerder le monde avec des libelles, manifestes et réquisitoires. Pouvoir se taire quand on n'a rien à dire et s'avouer qu'on n'a pas d'opinion sur les trois quarts des affaires du moment, c'est une aubaine à savourer. Lever les yeux au ciel quand on vous interroge sur le dernier scandale du jour exige du self-control car les occasions ne manquent pas, passé soixante-dix ans, de distribuer bons et mauvais points en s'écoutant parler – conférences, colloques, remises de décoration. C'est le piège du troisième âge, celui de la vanité selon Chateaubriand, qui s'y connaissait, après celui des plaisirs, la jeunesse, et celui du pouvoir, la maturité. Et si on croit encore, sur telle ou telle catastrophe, avoir son mot à dire, ce sera par acquit de conscience et le pet de lapin glissera sur la toile cirée sans qu'on en prenne ombrage.

Les peuples, disait Hegel, ne pouvant faire époque qu'une seule fois et le nôtre ayant déjà beaucoup donné, la France a quitté le Grand Jeu mais reste un pays civilisé. Et pour cause, le *mais* est un *donc*. Les patries en danger ne facilitent pas les bonnes manières. Tant qu'un pays est contraint, pour survivre, de fusiller ou d'emprisonner ses moutons noirs, les mauvais coucheurs ont intérêt à rester couchés. Quand les barricades sont *pro forma* et que les chars restent au garage, invoquer le premier des droits de l'homme selon Baudelaire, celui de s'en aller, n'entraîne plus de représailles. Un détail, mais qui fait la différence entre une autocratie et une démocratie : dans la première, qui fait défection doit être moralement disqualifié et le cas échéant, physiquement éliminé. Dans la seconde, la mauvaise tête peut garder son honneur et la vie. Fidel Castro, un ami de trente ans, qui vous met sa propagande aux trousses pour vous discréditer, ne réagit pas comme François Mitterrand, qui, après avoir reçu ma démission, magnanime, m'expédia comme maître de requêtes au Conseil d'État (que j'ai quitté peu après, selon le cycle excursion/démission) en remerciement des maigres services rendus. Les ponts n'ont pas été coupés. Il y a bien deux types de sociétés. Celles dans lesquelles un ami qui cesse d'être un camarade devient *ipso facto* un ennemi. Et celles où, camarades ou pas, des amis peuvent toujours déjeuner ensemble. Un je-ne-sais-quoi d'ordre ontologique. Il faudrait, le cas échéant, risquer sa vie pour sauvegarder ce presque rien.

Curieusement, c'est quand il est devenu un brin compétent que décampe le parasite (du prince ou d'État), pour s'éviter de chuter dans un destin politique, celui des hommes sans œuvre ni destin. L'effet crétinisant de la réussite n'étant plus à démontrer, celui qui tombe du train en sait plus que le contrôleur sur la voie à suivre. C'est très clair dans l'histoire militaire où les meilleurs stratèges sont les enfants d'une défaite et les mauvais d'une victoire. La défaite de Rossbach dans la guerre de Sept Ans (1757) produit Guibert et Lazare Carnot; celle de Sedan (1870), le maréchal Foch; Iéna (1806), à l'inverse, explique Clausewitz, et Verdun (1916), Rommel. Les échecs apprennent, les lauriers endorment. 1918, en France, explique 1940 et vice-Versailles en Allemagne. Qui peut mieux enseigner à la relève comment s'y prendre pour devenir président de la République, Prix Nobel de la paix, chroniqueur au *Monde* ou au *New York Times* – qu'un cheval de retour qui, pour avoir descendu la pente dans le mauvais sens, ne prendra plus des vessies pour des lanternes?

On ne peut, sur ce point, suivre mon mentor Auguste Comte, selon lequel « il faut laisser le pouvoir aux hommes de moindre valeur ». C'est ignorer ce qu'il leur faut de talent pour donner le change et commander au vent. Avec, de surcroît, une épée de Damoclès au-dessus des têtes, une « Haute Autorité pour la transparence » incompatible avec quelque autorité que ce soit (laquelle a par nature besoin d'ombre et de mystère). Eu égard non à la rémunération mais à la pénibilité, l'élu du peuple fera bientôt concurrence à l'ex-mineur de fond. Devoir flairer une pièce au dossier dans une addition au restaurant, un juge d'instruction derrière un smartphone et une traîtresse dans chaque maîtresse, n'a pas de quoi faire envie. Spinoza dit juste: ne pas comprendre pousse à moraliser. On peut concevoir qu'il y ait de l'agacement dans la soute à charbon face aux lazzis du pont supérieur où les moralistes font trois petits tours et puis s'en vont. Un minimum de mansuétude serait justice.

Peut-on se guérir du virus politique ? L'affirmer serait optimiste, il y a des récidives, des remontées de température et la convalescence prend du temps. La forme virulente, c'est l'envie d'en être, dans le secret des dieux, dans le coup, au parfum, vingt-quatre heures avant le badaud du coin. Un revenez-y moins aigu, mais encore assez préoccupant, c'est l'envie de garder un petit piédestal, pour faire sentir au Caïn triomphant qu'il y a toujours quelque part un Abel pour le tenir à l'œil. Je me crois, question trépied, sain et sauf. Reste qu'on ne se refait pas : quand on a la cervelle politique, en clair un sens pathologique des rapports de force entre individus, pays, cultures, œuvres d'art, idées et styles de vie, on ne peut se couper la caboche un beau matin mais on tente de limiter la dépense. Je m'en tiens à la géopolitique, en enjambant l'hexagonal. D'où certaines incartades hors-piste (au Kosovo, par exemple, où la suite des événements a confirmé mes réserves, malgré l'habituel hallali), en Afrique du Sud ou en Chine. Je m'honore à cet égard d'avoir pu animer une série de rencontres annuelles entre chercheurs français et chinois, et d'avoir eu l'idée d'un « Club des vingt », ce cercle d'ambassadeurs à la retraite et anciens ministres qui, chaque mois, s'efforcent d'y voir clair sur un sujet d'actualité confus. Ce qui, en revanche, me paraît relever du psychiatre, c'est la croyance qu'un changement de majorité peut recommencer notre histoire. Un tel espoir relève de « la politesse du désespoir » dès lors que les mots en *isme* sont au placard, remplacés par les *ique* ; que la tribune donne le change alors que les labos changent la donne ; que c'est le bidule, non le discours, qui fait du neuf – la pilule, les conteneurs, les microprocesseurs, le smartphone et j'en passe, sans oublier le four à micro-ondes et les capsules de café rechargeables – le salut des célibataires. L'ingénieur des âmes, c'est le chercheur en blouse blanche, le dur et le mou ont permuté. Quand les pages « politique » du journal se répartissent entre affaires de fric et affaires de cul, c'est à la chronique des faits divers d'en prendre soin. Les choses sérieuses se passent ailleurs. Agaçant pied de nez, à la fin, que ce jeu de cache-cache. Dans un siècle taraudé par la politique, hier, une myriade de révolutionnaires sans révolution ; dans un siècle bouleversé par la Tech, aujourd'hui, une enfilade de révolutions sans révolutionnaires.

Avoir sauvé quelques vies ici et là, renfloué tel ou tel mouvement de libération et permis que la Bolivie nous rende Barbie, l'assassin de Jean Moulin – l'actif est bien limité. J'ai vu faire des importants mais n'ai rien fait d'important : Mémoires inutiles. N'importe quel ancien élève de Science Po aurait pu prendre ma place – mouche du coche. Mais il faut rendre à César ce qui lui revient : le biodynamisme des illusions. Leur force propulsive. Schopenhauer voyait dans la passion amoureuse une ruse de l'espèce pour se perpétuer – un attrape-nigaud bénéfique. C'est un service du même genre que nous rend la passion politique. Elle fait courir, c'est bon pour la santé. La mise sous tension des jours par une quête du Graal sans cesse reconduite aide les mortels comme les sociétés à persévérer dans leur être, à continuer l'aventure en se préservant de l'exactitude. Le furet politique remplit dignement son rôle : réparer ou prévenir les dégâts psychiques que ne manquerait pas de causer en nous la vue des choses telles qu'elles sont. Quand il a donné ce qu'on doit aux aveugles espérances, un philosophe peut en revenir à ses obligations propres : comprendre ce qui arrive, ou plutôt ce qui n'arrive pas, en remontant de l'ordre facile des mots à l'ordre plus difficile des choses. Et tenter de donner tort à ceux pour qui « les intellectuels ne veulent ni comprendre ni changer le monde : ils veulent le dénoncer ». Avec *Critique de la raison politique ou l'Inconscient religieux,* du moins aurai-je essayé de comprendre pourquoi il est si difficile de le faire changer de nature, et aussi vain de le dénoncer tous les matins.

VI

UNIR : UNE RAISON DÉRAISONNABLE

Le et *la* – « L'incomplétude » –
Le démon de l'analogie – L'inconscient
religieux – Des ombres au tableau –
Comte notre contemporain –
Un rejet salutaire

Où se découvre que ce qui fait tenir à chaque reprise des hommes ensemble transcende nécessairement ce même ensemble, un agaçant mystère qui a peut-être une explication logique et dont il ne faut pas se désespérer tant cette imperfection native met notre imaginaire à la fête.

Eadem sunt semper omnia.

LUCRÈCE

LE ET *LA*

Devant les guerres mondiales, tueries de masse, atrocités, génocides, le concept reste sans voix. Interloqué, il cède la parole au droit. Justice sera faite. Mais la lumière ? Le Tribunal de la Raison n'a pas siégé à Nuremberg. N'ayant connu que des guerres en dentelle, économes en vies humaines et en discours justificatifs, le siècle des Lumières, qui « a tout éclairé et rien deviné », ne nous a légué aucun moyen d'explication ; la « pulsion de mort » freudienne ajoute de l'obscur à l'obscur. Nous savons à peu près tout sur le *comment* de l'horreur, le *pourquoi* se défile. Il est d'autres fléaux tout aussi meurtriers mais moins compromettants. La grippe espagnole ou le coronavirus, mais les pandémies ne sont que des catastrophes naturelles. Les cataclysmes de ce type témoignent de la précarité des corps, non de la noirceur des âmes. Le virus est sans haine ; ne brandit aucun drapeau ; ne fait pas la leçon et ne dit pas : *Gott mit uns*. Il s'agit d'un agent, non d'un acteur, et il n'a rien planifié. On est tous contre. Quoique démesurée dans ses effets – un ciron qui dévaste le globe – la Covid-19, si nous y sommes sensibles, est dépourvue de sens. Elle joue notre mort au loto, là est l'absurde et le tragique. Mais c'est le charnier qui force le genre humain à se regarder dans la glace. Tel quel, dans la démence qui est la sienne et dont on ne voit pas la fin.

Goya l'a montré : le sommeil de la Raison engendre des monstres, de noirs griffons voletant autour d'un homme qui dort. Reste à savoir pourquoi ce malheureux a fermé les yeux. Peut-être pour ne pas voir les choses comme elles sont et, en ce cas, comment le lui reprocher ? Elles sont odieuses, blessantes et frustrantes – notre sommeil tient de la légitime défense. Et si on délire quand on dort, on ne délire pas moins au réveil, dans la paix comme dans la guerre. La science est mondiale, à claire-voie, chaque année voit se créer de nouvelles frontières sur le globe. Les scientifiques se donnent la main, les États se tournent le dos. Là où des savants ont pu construire la bombe atomique, on tue à ciel ouvert ceux qui mangent de la viande de bœuf (Inde) ou qui vénèrent un autre prophète que Mohamed (Pakistan). Dans un même pays, certains cherchent le bon vaccin dans un labo et d'autres, dans la rue, appellent à se soigner en priant le bon Dieu. Des esprits posés dans un coin, des têtes fêlées dans un autre. Du numérique ici, du néolithique là. L'objet progresse, le sujet bégaye.

Cet hiatus obscène, qui ne souhaiterait y mettre un terme ? L'intelligence collective et nos institutions éducatives n'y parviennent apparemment pas. Comme si quelque chose d'incompréhensible s'imposait à nous, à nos différents *nous*. Comme si une force d'inertie nous tirait en arrière, ce qui vaut pour les individus ne valant plus dès qu'ils sont réunis ; comme si le rassurant Descartes – « le bon sens est la chose au monde la mieux partagée » – s'arrêtait au seuil non seulement des foules, connues pour être folles, non seulement des gangs, clans, sectes, congrégations fanatiques et sociétés initiatiques, révélées ou séculières, mais des nations les plus civilisées. Non certes de la file d'attente à l'Abribus ni de la foule à l'Intermarché, ni des « masses », magma indifférencié où tous les peuples sont gris, mais des établissements policés, identifiables et durables. *Nihil sine ratione*. Une déraison n'est jamais sans raison. Pour trouver laquelle, ou au moins la chercher, il convient de laisser *la* pour *le* politique.

Rousseau, le fondateur des sciences humaines : « Quand on veut étudier les hommes, il faut regarder près de soi ; mais pour étudier l'homme, il faut apprendre à *porter sa vue au loin* ; il faut d'abord observer les différences pour découvrir les propriétés » (*Essai sur l'origine des langues*). Faire jouer les variations pour repérer les invariants. Changer d'échelle temporelle ; regarder le proche de loin et les lointains de près ; observer nos insanités comme la lune au télescope. *La* politique relève de l'histoire en étudiant « ce qui différencie les uns des autres les divers groupes d'humanité » (Lucien Febvre). *Le* politique étudie en quoi ils se ressemblent tous. L'histoire est la science des changements sociaux, l'anthropologie, de ce qui perdure à travers et malgré ces changements. La houle ignore son pourquoi. C'est sa vertu et son drame. Sa vertu, parce que l'ignorance de ce qui la meut nous permet d'espérer des lendemains autres – participatifs, autogérés, transparents. Son drame, parce qu'à force d'être secoué, on finit par bouder les urnes et l'espoir.

Qu'est-ce que *le* politique ? La transformation d'un tas en tout. La constitution d'un organisme à partir de molécules. L'art de faire d'une population un peuple ; d'une kyrielle de footballeurs, une équipe ; ou d'un puzzle d'instrumentistes, un orchestre symphonique. Extraire du chaos un monde, un de ces individus collectifs que sont nations, Empires ou principautés, beaucoup moins biodégradables que des individus physiques. Donner un sens à la vie est appréciable, donner vie à un sens est plus secourable encore. Le difficile n'est pas de faire du monde un réseau, Internet y suffit, mais de faire de ce réseau un monde viable, avec du sensible en partage. Les sociologues, Durkheim en tête, ont eu la bonne idée de traiter les faits sociaux comme des choses, sans se demander comment se fait-il qu'il y ait quelque chose de ce genre plutôt que rien, comment peuvent advenir ces « réalités à la fois naturelles et spirituelles » qu'on appelle des sociétés. La *Critique de la raison pure* s'occupe des conditions de possibilité d'une connaissance fiable. La *Critique de la raison politique*

(1981), des conditions de possibilité d'un groupe viable. Le but : séparer, en la matière, l'opérationnel de l'inopérant, le possible, du souhaitable.

« L'INCOMPLÉTUDE »

Sur la façon dont se noue un *nous*, il en est d'éphémères – comme le « faisons clan » de Mme Verdurin, d'autres cercles ou clubs moins prestigieux – dont on garde quelques indications en tête pour en avoir animé ou côtoyé quelques-uns. Il en est de moins friables dans les Écritures saintes. Que nous révèlent les grands récits de fondation sur des cosmos *in statu nascendi* ? Deux opérations concomitantes : un geste barrière, en largeur, et une invocation (puis des bâtiments), en hauteur. Abscisse et ordonnée, la trame et la chaîne. Dans l'acte I de la Genèse, Dieu « *sépare* la lumière des ténèbres », puis « les eaux d'en dessous du firmament d'avec celles du dessus », puis « la sèche terre des eaux mers » et « Élohim vit que c'était bien ». *Templum* vient du grec *temno,* découper. Le *rex*, le roi, s'occupe d'abord de *regere fines,* tracer les limites d'un territoire. L'*Urbs* romaine, la Ville-monde, est née lorsque Romulus a tracé le sillon, délimité le *pomerium* (l'espace sacré où il n'est permis ni de bâtir ni de cultiver). À peine l'enclos défini, il faut, pour être du même monde, prier les dieux, nos premiers gardes-frontières. Zeus est *Orios*, gardien des limites. Jupiter aussi. Plus tard, c'est un haut fait légendaire qui marquera l'an 1 de la geste. Abraham en Chaldée, Résurrection, fuite à Médine,

Thanksgiving Day, prise du palais d'Hiver. Le groupe se démarque par un mythe d'origine singulier, qui peut être reculé dans le temps, baptême de Clovis ou siège de Massada, voire une effroyable défaite, Alésia ou Bar Kokhba (le massacre des derniers Judéens par les Romains). Une tripotée plus récente peut aussi faire l'affaire. La bataille du Kosovo pour les Serbes. La tuerie de Gallipoli pour les Australiens et Néo-Zélandais (1915). Étant entendu que la Catastrophe rive droite (la déroute des Grecs en Anatolie en 1922 ou la *Nakba*, l'expulsion des Palestiniens en 1947) sera le Miracle de la rive gauche (la naissance de la Turquie moderne ou la création de l'État hébreu). Il y a mille formes de cristallisation possibles, mais sous toutes les latitudes la catalyse exige un point de fuite dans l'avenir ou le passé.

Que le clos soit fâché avec l'ouvert et qu'on doive choisir entre le renfermé, le moisi, d'un côté, et l'aéré, le grand large, de l'autre – paraît aller de soi. « Il faut qu'une porte soit ouverte *ou* fermée. » Bergson, l'auteur des *Deux sources de la morale et de la religion*, qui prit pourtant au sérieux la fonction fabulatrice, a fait doctrine de cette alternative convenue entre « morale close » et « morale ouverte ». La première, impersonnelle, se fonde sur des contraintes. La seconde – charité universelle, amour de l'humanité, compassion humanitaire – brise ce cercle étroit et s'incarne dans d'exaltantes figures dont la seule existence est un appel à les suivre en sautant la barrière. Il y aurait donc l'âme et les corps, les saints et les évêques, les mystiques et les notaires. Bergson prend l'exemple du christianisme, cet élan perce-muraille qui a rendu le salut accessible au monde entier, *omnes gentes*. Sauf que cela finit par un « hors de l'Église, point de salut ». On annonce un esprit d'ouverture et advient une clôture. On exalte *l'homme vers* et on retombe sur *l'homme dans*. Et c'est moins grave qu'on ne pense. Pourquoi ? Parce que l'acte de se constituer en corps suppose l'intervention d'un élément qui n'en est pas constitutif. Parce qu'un espace clos engendre un besoin d'élévation, une référence en altitude. Pour faire d'un attroupement une troupe, il faut hisser un drapeau. Se donner une caution légitimante et protectrice, surnaturelle ou séculière, renvoyant à quelque chose ou quelqu'un qu'on ne peut ni toucher ni voir. « Que deviendrions-nous sans le secours de ce qui n'existe pas ? » demandait Valéry. Réponse : plus personne ne pourrait dire *nous*. « Le spirituel est toujours couché dans le lit du temporel », oui, cher Péguy, mais il y a toujours un ciel de lit au-dessus du grabat. « Si la réalité est inconcevable, disait Hegel, il nous faut forger des concepts inconcevables. » Un logicien l'a fait, avec un théorème démontrant – pour aller vite car il y en a deux et d'une grande complexité – qu'aucun système de postulats ne peut prouver sa propre consistance, entendant par là l'impossibilité d'en déduire des théorèmes contradictoires. C'est le fameux « théorème d'incomplétude de Gödel », le jeune logicien autrichien qui en 1931 a démontré qu'il y a toujours une rupture dans une chaîne de démonstration logique, dont la validation exige que lui soit rajoutée une proposition qui n'en est pas déductible. On le voit : « incomplétude » est dépourvu ici de pathétique.

C'est le simple rappel d'une contrainte, faisant écho au fait que tout corps politique a besoin, pour exister et perdurer, d'un *par-delà,* passé ou futur, ou d'un *au-delà,* infalsifiable. Personne n'aurait écrit l'histoire à la première personne s'il avait suivi la recommandation de l'historien viennois Ernst Gombrich : « Pour nos énoncés, nous devrions toujours être capables de les amener à la banque et de dire "donnez-moi non une pièce d'or mais un fait en échange". » Ne voit-on pas nos chefs de file invoquer sans cesse une entité supérieure, inconvertible en un fait tangible et attesté et qui leur donne autorité ? Il y a là quelque chose d'apparemment illogique, qui jure avec tous nos principes démocratiques selon lesquels les hommes ne doivent obéir qu'aux lois qu'ils se donnent à eux-mêmes, alors qu'un ordre établi ressemble toujours à un être de fuite, en porte à faux avec lui-même, sans cesse à la poursuite d'une plénitude qui lui échappe. C'est une très désagréable *hétéronomie*, comme s'appelle l'état d'une personne ou d'une collectivité obligée à recevoir de l'extérieur sa justification fondatrice.

Sans confondre un système politico-social avec un système logico-déductif, la *Critique de la raison politique ou l'Inconscient religieux* a avancé l'idée que ce théorème pouvait éclairer ce curieux phénomène : le principe instituant d'une communauté est d'une autre nature et d'un autre niveau que l'institué, et ce qui fait société, en dernière instance, n'est pas d'ordre sociologique. N'y aurait-il pas, dans la découverte du logicien, un principe d'explication, loin de tout ésotérisme ineffable et fumigène ? Cette suggestion n'a pas semblé absurde à l'expert en histoire des sciences qu'est Michel Serres, allant jusqu'à dire que sur les questions du clos et de l'ouvert, cette hypothèse « boucle et récapitule l'histoire et le travail des deux cents ans qui précèdent ». Et d'ajouter : « Depuis Bergson, les historiens les plus notables recopient les *Deux sources* qui prévoient expressément le cas de folie et celui du savoir: le grand enfermement de Michel Foucault ou le paradigme de Thomas Kuhn, pour ne citer que les œuvres à grand retentissement, procèdent des mêmes sources. Loin de transcrire ce modèle, comme elles, Régis Debray résout un problème. Là où les historiens décrivent des passages ou transgressions de limites sociales ou conceptuelles sans les comprendre, parce qu'ils ont emprunté à Bergson un schéma tout fait, que Bergson a fabriqué à partir de Carnot et de la thermodynamique, Régis Debray fabrique directement et donc comprend un schéma nouveau, à partir de Gödel et des systèmes logiques. L'apport de Gödel-Debray, décisif, nous délivre des anciens modèles et de leur répétition » (*Éléments d'histoire des sciences*, Paris, 1989). Autrement dit, contrairement à la thèse de Bergson selon laquelle une porte ne peut être à la fois fermée et ouverte, ma thèse est qu'une communauté ne peut s'instaurer qu'en se délimitant et ne peut se délimiter qu'en s'ouvrant à un élément extérieur à son plan d'immanence.

LE DÉMON DE L'ANALOGIE

L'incomplétude comme le plus petit commun du commun – solution ou problème ? Il y eut discussion et il y avait matière. Aurais-je cédé au démon de l'analogie ? Mais qu'est-ce qu'un démon ? Pour Socrate, c'était cette voix intérieure qui lui soufflait ce qu'il devait faire ou croire. Pour un chrétien, c'est une âme damnée et un mauvais conseiller. À qui se fier ?

En 1996, le physicien américain Sokal a soumis à une revue culturelle « branchée », *Social Text,* un texte parodique intitulé *Transgresser les frontières : vers une herméneutique transformative de la gravitation quantique* avec citations des auteurs français les plus renommés du moment, la Pléiade de la *French theory* (où je ne figurais pas, avantage du marginal). Le texte dénué de sens et rédigé dans un jargon pseudo-savant fut accepté par le comité de lecture et publié. Expérience réussie et canular retentissant : preuve était faite que des philosophes, psychanalystes et sociologues de grande réputation pouvaient dire n'importe quoi, en s'offrant des titres de scientificité sans fondement et garder leur crédit au sein de la confrérie. Sokal et son collègue Bricmont, un physicien belge, publièrent dans la foulée une savoureuse et redoutable mise au point, *Impostures intellectuelles* (Paris, 1997), ridiculisant le relativisme culturel des postmodernes, qui font si souvent de l'obscurité d'un discours un argument d'autorité.

La gödelite étant une maladie répandue (quoique non reconnue par la Sécurité sociale), la question fut de savoir si la mise en résonance à laquelle je procédais relevait ou non du trafic illicite de concepts, de ces pseudo-croisements entre sciences humaines et sciences exactes, de ces extrapolations indues d'un champ de validité dans un autre. Un « littérateur » est plus qu'un autre exposé au soupçon, les deux cultures, l'humaniste et la scientifique, étant séparées de corps depuis que Diderot nous a brûlé la politesse, lui qui voulait marier « l'esprit d'évocation qui s'agite et se meut de manière déréglée » avec « l'esprit de méthode qui ordonne et suppose que tout est trouvé ». Il est habituel, au demeurant, qu'un philosophe utilise un résultat scientifique – la théorie du chaos, par exemple – pour soutenir une thèse apologétique ou partisane (contre le déterminisme, en l'occurrence, alors que les fameuses « relations d'incertitude » se bornent à montrer qu'une variation minime des conditions initiales peut engendrer des devenirs très différents). La physique de Bergson et les mathématiques de Lacan ne font-elles pas sourire le physicien ou le mathématicien de métier ? Ce doute méthodique nous a amenés, le physicien et mathématicien Jean Bricmont et moi, à échanger en détail sur le sujet, puis à une discussion réglée, où j'ai beaucoup appris, intitulée *À l'ombre des Lumières, débat entre un philosophe et un scientifique* (Paris, 2003). J'admis bien volontiers qu'avoir évoqué, par un *lapsus calami,* une « généralisation du théorème de Gödel » était une erreur et qu'il s'agissait seulement d'une « homologie structurale » ; qu'il fallait se méfier du croisement des genres et des airs de famille ; bref, que Gödel n'offrait à mon propos aucune garantie de véridicité. Tout en admettant les appels à rejeter l'esprit de système et en acceptant de passer, à la rigueur, pour un poète de l'hypothèse – ce qui n'est pas à mes yeux une injure –, je reste convaincu de la fécondité de certains franchissements de frontières et que vouloir éclairer l'inconnu par du connu n'est pas répréhensible, si l'on respecte les distances qui s'imposent.

Trop simpliste, cette intuition, trop rectiligne, ce schéma, au regard de la complexité labyrinthique de notre histoire ? Chercher le moins possible d'entités pour le plus possible de phénomènes, n'est-ce pas le travail du chercheur, depuis Euclide, Thalès et Archimède ? La simplicité d'une formule ne plaide pas contre elle. « Trouver une forme simple là où le réel est complexe », disait le professeur de Gennes, Prix Nobel de physique, qui ne dédaignait pas l'art de l'image et de l'analogie. « Une mesure donne un résultat étrange qu'on ne comprend pas. Alors, on essaie un tas d'idées complètement folles. On tâtonne comme un aveugle, un peu comme à colin-maillard. Votre partenaire porte un vêtement compliqué et vous ne pouvez l'identifier que lorsque vous dégagez de ce vêtement quelques lignes principales. Alors vous gagnez votre partie. » Les scientifiques sont peut-être moins scientistes que ne le croient certains philosophes des sciences. Ce sont des poètes, à leur façon, par l'art qu'ils ont de loger le monde dans trois fois rien, comme Victor Hugo l'humaine condition en trois syllabes, *Nox Mors Lux*. N'ayons pas honte de l'élémentaire. La syntaxe d'une langue est plus pauvre qu'elle : un seul système combinatoire pour mille combinaisons possibles. Pourquoi pas une algèbre du conjonctif ?

Alors, ni vrai ni faux ? Peut-être, mais si on en fait un pur axiome et qu'on sorte le périscope à la surface de l'eau pour un tour d'horizon, un certain nombre de phénomènes très courants mais très déconcertants, deviennent intelligibles. Citons-en quelques-uns.

— Le commandant suprême n'est jamais qu'un lieutenant. Le Prophète aussi. Avec un Autre au-dessus de soi, on devient audible et crédible. Pourquoi la pythie de Delphes fut en Grèce la plus écoutée de tous les oracles ? Parce qu'elle ne parlait jamais en son nom, mais en celui d'Apollon. *Omnis potestas a Deo,* disait saint Paul – tout pouvoir procède de Dieu – l'Autre au carré. *Omnis potestas ab Alio*. C'est la République qui s'exprime par la bouche de Clemenceau, le Prolétariat mondial par celle de Lénine et la France éternelle par celle de De Gaulle. Transcendance, c'est confiance. D'où la difficulté pour des pouvoirs politiques sans une autorité symbolique en amont. En manque de références, suite à l'érosion des reliefs, elles ne savent plus à quel saint se vouer. Comme lors de la Covid-19, l'exécutif doit, pour s'accréditer, faire de la science sa verticale. Problème : la science médicale est sujette à controverses, suppositions et incertitudes, par quoi justement elle est une science. C'est l'inconvénient de n'avoir pour caution que du relatif et du tâtonnant, ce que n'étaient pas l'Être suprême, la Justice et la République. Quand le transcendant lui fait faux bond, le pouvoir perd son crédit.

— Le cénotaphe comme lieu de ralliement. Les chrétiens de toute dénomination convergent vers le saint-sépulcre. Rien ne fait mieux pèlerinage qu'une sépulture, fût-elle vide. Quand il perd l'un de ses membres, le groupe resserre les rangs – ce qui fait des cérémonies funéraires, plus que les fêtes de mariage, des moments d'euphorie dissimulée où se retend la trame distendue des familles, mouvements, partis, réseaux, paroisses, loges... Un enterrement est une fête en cravate noire mais une fête, car c'est un entre-soi retrouvé. Ceux-là sont frères qui en ont enterré un autre et font d'un cippe ou d'une stèle un rendez-vous annuel. Chaque rappel à rien (Dieu ayant reçu son congé) permet aux survivants de se compter pour quelque chose. De même qu'il faut être trois pour être deux, il faut un plus que nous pour faire un *nous*, et le décédé, que sa mort épure, fait de la peine à ses consanguins, mais du bien à sa famille d'élection.

— La transmutation en icônes et vaches sacrées des plus grands iconoclastes de l'histoire des idées. Épicure se moque des dieux, mais *post festum*, les épicuriens, comme Lucrèce, en font leur divinité. Marx conçoit un socialisme scientifique et les suiveurs fondent une religion laïque. Saint-Simon (1760-1825) promeut une société d'ingénieurs et d'industriels, où l'administration des choses remplacerait le gouvernement des hommes et les saint-simoniens constituèrent une famille d'illuminés sous l'égide d'un disciple, Enfantin, proclamé Père, qui leur dit : « Le globe, voilà notre fiancée, notre mère. » Dans chaque cas, l'initiateur se retrouve exhaussé en surhomme, ce qui permet aux administrateurs de sa mémoire de placer des séides en bordure, chargés du gardiennage et du contrôle des entrées. Un socle, une frontière. On surélève et on referme.

— Le lien consubstantiel entre la carence mythologique de l'Union européenne et une certaine difficulté d'être. Entre l'absence d'imaginaire et l'absence de projection. Faute d'une verticale, on s'en tient aux avoirs. Pas de point de fuite, pas de prise de corps. Il suffisait de comparer une coupure de dix dollars et la même en euros pour comprendre qu'il n'y aurait pas, sur notre rive, de battement de cœur. Côté USA, un dollar-épopée, le grand récit des lieux saints, des Pères fondateurs, une devise virgilienne, et l'œil suprême dans son triangle ; côté UE, un billet de Monopoly, sans un nom propre, un visage, un blason, sans date ni lieu. L'Amérique est mue par un rêve, l'Europe l'est par une banque. Le potentiel n'est pas le même.

Conclusion à toutes fins utiles : vous avez des amis, une dizaine, des correspondants, une centaine, des homologues, disons un millier. Vous cherchez des liens qui libèrent et jugez les liens du sang insuffisants pour ce faire. Vous rêvez d'une famille d'élection et de pouvoir dire : « les nôtres ». Vous devinez des affinités ici et là, mais rien de vraiment conjonctif. Bref, vous cherchez le symbole (ce qui fait tenir ensemble). Ne vous trompez pas. Ne misez pas sur une similitude. L'uniformité des conditions sociales ne suffit pas. Ne faites pas la moyenne des convictions des uns et des autres. Vous feriez un communiqué européen. Pas de fixette non plus sur un mot ou un bout de phrase. Quand c'est l'adhésion à une idée qui fait la cohésion, il suffit d'une nuance dans l'interprétation pour que le groupe éclate. Une cascade de scissions à venir. Non ! Enlevez un décédé honorablement connu à la paix des cimetières, juchez-le sur un socle et déposez à ses pieds une couronne de fleurs une fois l'an. Un beau discours à l'assistance devra s'ensuivre.

Ce qui nous rassemble ne doit jamais trop nous ressembler. Mieux vaut même que cela nous dépasse de tout son haut, ce qu'avait compris Robespierre en faisant inscrire au fronton des églises dé-consacrées : « Le peuple français reconnaît l'existence de l'Être suprême et l'immortalité de l'âme. » Sachant bien que « tout état social exige une fiction », et plus encore un changement de société, il a scandalisé maints esprits raisonnables, mais si l'Incorruptible s'est trompé dans le coup de force, parce qu'on ne promulgue pas une foi par décret, rien qu'en arrêtant un jour de fête nationale – une religion, ça pousse, ça ne se fabrique pas –, il avait vu juste sur le fond : pas de *meta,* pas d'*inter*. Un entre-soi sans rien qui dépasse, cela se disloque au premier coup de chien.

S'en déduit que le mou des croyances et des superstitions touche au plus dur d'une communauté, et ce qui se passe dans la rue dépend de ce qui se passe ou non dans les têtes. L'Union des républiques socialistes soviétiques (l'URSS), par exemple, ne pouvait survivre à la permission de soumettre le coagulant premier, Lénine, à un examen contradictoire et critique. Le grand unificateur devenait un homme comme un autre. Si la clé de voûte de l'édifice est du même bois que nous tous, a fortiori si le surhomme conjonctif est un criminel, au nom de quoi ou de qui rester uni ? Une Fédération composite privée de fédérateur devient un puzzle en sursis. Plus de sacré en amont, plus de *nous* en aval. « La France, disait de Gaulle, est *au-dessus* des Français. On meurt pour la France. Cela prouve qu'elle est autre chose et plus que les Français. » Le jour où l'Europe sera *au-dessus* des Européens – ces derniers pourront se sacrifier pour elle sur un champ d'honneur – saumâtre éventualité, il est vrai, dont les Européens s'estiment quittes (l'Union ayant l'avantage de ne plus faire penser à des aberrations de ce genre).

Si la capacité prédictive de l'axiome ne suffit pas pour convaincre, il reste au moins un argument en sa faveur : il est pour nous, qui voulons n'obéir qu'à nous-mêmes, on ne peut plus déplaisant. Comme le fut, en son temps, l'idée que la terre tourne autour du soleil, ou cette autre selon laquelle l'homme descend du singe, pour ne rien dire de celle qui fit, un peu plus tard, de nos chères têtes blondes des « pervers polymorphes », de quoi fâcher toutes les mamans. Ce genre de vexation est en général de bon augure, même s'il brime notre tendance à adapter la réalité objective à notre esprit au lieu de faire l'inverse. Pourquoi la nature des choses se sentirait-elle obligée de faire plaisir à un bipède sans plumes qui n'est pas seul au monde, même s'il s'y croit le centre ? Les idées de notre goût ont un fumet douteux et une vérité qui nous arrange a peu de chances d'en être une. Les conséquences de ce schéma d'explication sont assez saumâtres à nos yeux, les hommes et femmes de progrès, qui rêvons d'une humanité pleinement maîtresse de son destin, pour mériter de notre part un préjugé favorable.

L'INCONSCIENT RELIGIEUX

Les choses se compliquent encore plus pour les « gens de bonne volonté » – et j'aimerais bien être du nombre – si on vient à les simplifier. De quelle façon ? En recentrant son attention sur de petits riens marginaux ou folkloriques qui ne payent pas de mine – l'équivalent de ce que furent en psychologie les lapsus, actes manqués, erreurs d'écriture, rêves enfantins et autres scories : le salut au drapeau, la borne-frontière, le piédestal et les escaliers d'honneur, mais aussi l'hystérie des partisans, la relation hypnotique au leader, la traque du bouc émissaire, les affabulations et intimidations du discours officiel, toutes choses qui ne relèvent pas d'un usage sobre et raisonné des moyens disponibles de coercition et d'administration. Et pourtant, on ne voit pas de gouvernement, fût-il démocratique, qui renonce de gaieté de cœur à ces trucs usés, qui n'ont rien de glorieux mais qui « fonctionnent ». On peut là-devant s'indigner, dénoncer, déplorer (ce qui, de fait, peut s'avérer jusqu'à un certain point utile), mais pour s'expliquer leur insistance, ne doit-on pas supposer un substrat tenace, une compulsion incoercible, bref un inconscient collectif doté d'une grande énergie instinctuelle ? Ce ne serait pas un monde en soi, comme chez Jung, ni un jeu de représentations ou de fantasmes, comme chez Freud, mais un noyau d'automatismes de répétition refoulés comme indécents par la voix de la conscience et censurés par nos interdits civilisés. Et comme on ne peut tout à fait leur échapper (pas plus qu'un homme à son enfance), on trouve des compromis plus ou moins acceptables entre nos inhibitions et nos impulsions. On comprend dès lors qu'il n'y a et ne puisse y avoir de « leçons de l'histoire », chaque génération tendant à répéter les erreurs de la précédente ; mais aussi pourquoi nous avons tant de fois le sentiment, comme dit Marguerite Yourcenar, que « tout a déjà été vécu et rêvé des milliers de fois par les êtres que nous portons dans nos fibres ».

S'appelle complexe un arrangement stéréotypé de représentations renvoyant l'adulte à un stade infantile. Le principal, chez Freud, est l'Œdipe (soit le mythe d'un mythe car Œdipe roi, chez Sophocle, ne sait pas qu'il s'est marié avec sa mère et a tué son père). La structure latente des prises de corps, qui serait au travail politique ce qu'Œdipe est au travail psychique, je l'ai appelée le *complexe de Constantin*, une figure prototypique mais un empereur bien réel (272-337), fondateur d'une capitale, Constantinople, d'un Empire, le byzantin, et d'une ère, la nôtre.

C'est par convention que l'on fait débuter l'ère chrétienne en l'an 1, par une rétroprojection parfaitement arbitraire. L'ère chrétienne a réellement débuté le 28 octobre 312, lorsque l'armée de Constantin, empereur jusqu'alors païen, a emporté sur un concurrent la bataille dite du pont Milvius après avoir gravé sur son étendard la croix et le monogramme de Jésus-Christ, *in hoc signo vinces*, « sous ce signe, tu vaincras ». C'est après cette victoire qu'il se convertit officiellement à la foi chrétienne et l'instaura comme religion officielle de l'Empire, sous couvert, au début, d'un simple principe de tolérance. Mais la monnaie, dès 315, fut frappée du signe chrétien ; et les sentences du tribunal épiscopal reconnues valides par le pouvoir temporel. C'est sous son règne que l'Église catholique reçut son dogme central, le mystère de l'Incarnation – la double nature du

Christ, à la fois humaine et divine –, son statut juridique et sa hiérarchie. En trente ans de règne (306-337), ce génial organisateur à la fois stratège, politique et théologien a posé les pierres angulaires de notre civilisation. Tenir, comme nous le faisons, les yeux fixés sur Rome ou sur Jérusalem évite d'avoir à nous regarder dans le miroir de ce fondateur exemplaire – signe d'un refoulement comme tout inconscient doit en subir.

Qu'a donc fait ce capitaine heureux, à part tuer son fils aîné, puis sa femme, car il avait l'esprit de famille ? La totale. On peut ici parler de complexe, de par la combinaison de ces trois opérations connexes : tracer sur le sol, à la pointe de la lance, les limites de la Ville neuve – les murailles avant les maisons ; sanctuariser cet espace clos en le mettant sous protection divine (la *dedicatio*) ; et se proclamer lui-même, en tant que chef temporel de la romanité nouvelle, non Dieu ni demi-dieu, comme les empereurs romains qui l'ont précédé, mais simple vicaire du Christ, mandataire et non mandant. Au Fils unique d'un Dieu unique, lieutenant unique. Il a trouvé un Empire romain démembré (en quatre morceaux) et l'a réunifié ; il a trouvé une Église tirant à hue et à dia, partagée en hérésies rivales et particularismes nationaux, et a promu l'unité de la foi catholique en convoquant à Nicée le premier des sept conciles œcuméniques (325), la première assemblée générale des Nations unies. Il y a fait adopter avec le dogme de l'Incarnation ce qui fait l'originalité du monde occidental : il peut y avoir des images de l'Absolu (et qui a permis la peinture sacrée comme la naissance du cinéma). La structuration par l'exclusion (de l'hérésie d'Arius et d'autres) et le remplissage par le vide. La foi en un Dieu absent désengorgeait l'au-delà et lui apportait la garantie d'un manque unificateur, à un moment où les empereurs divinisés à tour de rôle cessaient d'être crédibles, avec, depuis la dynastie des Sévère, une rotation accélérée et, de surcroît, une multiplicité de divinités allogènes et de cultes locaux qui faisait dire au satiriste Pétrone : « Notre pays offre une telle foule de divinités qu'un dieu s'y rencontre plus facilement qu'un homme... » Le trop-plein polythéiste aurait vite débouché sur l'éclatement définitif d'un Empire en surextension de l'Afrique à la Perse. En renonçant à se diviniser lui-même, comme n'importe quel César, en rétrocédant les exercices d'adoration à l'épouse du Christ, l'Église, pour seulement réverbérer la lumière de l'au-delà, l'empereur gagnait la vraie majesté qui n'émane pas d'un individu mais de ce qui rejaillit sur lui. En reculant apparemment dans l'échelle des dignités, en se faisant le simple médiateur du sacré suprême, Constantin pouvait dormir tranquille. L'usure du temps serait conjurée – pour un temps certes, mais la religion chrétienne, mal en point en Europe, n'en garde pas moins encore son milliard de fidèles. Œdipe a détruit, Constantin a construit. L'inconscient politique nous joue de vilains tours, mais il aurait disparu depuis longtemps s'il ne servait à consolider. Le *soldus,* abrégé de *solidus,* la pièce d'or d'où vient notre sou, fut une innovation constantinienne.

Avec leur pragmatisme expéditif nos amis américains ont eu le bon réflexe, celui de Constantin. Dans l'Union menacée de morcellement par tant de forces centrifuges, ils ont su résumer en trois mots l'énigme nucléaire avec leur *e pluribus unum* (faire de l'un avec du plusieurs) – la devise héraldique des États-Unis d'Amérique. Cette nation d'ingénieurs va droit au fait et résout les problèmes sans tourner autour du pot. La solution, comme en l'an 331, ce fut Dieu, tout simplement. Aussi, en 1956, le général Eisenhower, président, lui a-t-il ajouté la formule *In God We Trust,* inscrite sur le dollar, dans les cœurs, les banques et les écoles, avec le salut au drapeau matinal des écoliers, car il faut bien un point d'accroche confédéral au-dessus de tout soupçon pour souder au mieux les tessons d'une mosaïque où la violence couve à chaque coin de rue. Le plus moderne des pays a eu donc recours au plus archaïque et par conséquent au plus fiable des Référents, l'Être suprême, pour résoudre son sempiternel problème – empêcher la réémergence d'une guerre civile, notamment entre Blancs et Noirs. Théo-synthèse plus opérationnelle que l'idéo-synthèse des pays communistes ou la mytho-synthèse des Empires grec ou romain, car plus élevée est la clé de voûte, plus résistant est l'édifice et plus durable. L'amphictyonie delphique, la Grèce morcelée en petites cités rivales, fut une *sous* Apollon et se célébrait elle-même à Delphes, son sanctuaire. L'empereur chinois était le fils du Ciel, le pharaon, fils d'Horus, et c'est une ampoule d'huile d'olive venue d'en haut et apportée par un pigeon dont l'onction fait d'un prince un roi de France. D'autres ont trouvé la réponse dans une *Magna Carta,* un trinôme inaccessible (Liberté, Égalité, Fraternité), une croix de Lorraine, ou une colline plus inspirée que d'autres. Il faut à l'être-ensemble un motif sommital, une radieuse absence pour qu'il tienne debout, comme l'a observé le méticuleux arpenteur du réel qu'était Julien Gracq, géographe-historien. « Point de "monde", quel qu'il soit, sans un principe interne d'organisation, sans une sorte de "vouloir-être-ensemble" au moins sommeillant, sans un point de fuite, même infiniment éloigné, vers lequel convergent les lignes de sa perspective. Nous le sentons d'instinct plutôt que nous ne puissions le démontrer. » Un emprunt à la logique mathématique peut conforter cette intuition au demeurant bien documentée. Victor Hugo l'a contractée avec une formule définitive gravée dans la salle à manger gothique de Hauteville House, où l'on voit une cathèdre en chêne autour de la table, laissée vide et réservée aux morts de la famille : *absentes adsunt*. Les absents sont présents.

DES OMBRES AU TABLEAU

L'inconscient ignore le temps. Il n'a pas d'avant ni d'après. Aussi est-il bien naïf d'évoquer des « drames d'un autre âge », des « événements anachroniques », des « conduites barbares » pour qualifier une épuration ethnique, un mur de sécurité, une chasse aux sorcières, un carnage pour un lopin de terre, etc. Naïf également de croire qu'il y a des « leçons de l'Histoire » susceptibles de mettre les bons élèves à l'abri. En fait, l'article défini, englobant commode, confond deux régimes de temporalité – le temps cumulatif et non programmable du progrès technique, riche de ruptures, et le temps, prévisible et récapitulable, des comportements collectifs, riche en redondances. Nous avons donc tout intérêt, pour voir du nouveau, à miser sur *Homo faber* plutôt que sur *Homo politicus*. Le collier d'attelage a plus fait pour l'abolition du servage que les lettres de saint Paul, et la pilule contraceptive pour la libération des femmes que *Le Deuxième Sexe* (l'un n'exclut pas l'autre pour sûr). Sans doute ne pouvait-on attendre de la robotique l'abolition du salariat, ni une meilleure redistribution de la plus-value de nos avancées scientifiques et techniques. La technique fait une moitié de chemin, en laissant à nos rêves le soin de faire la seconde. Souvenons-nous que le vol du feu fut un pis-aller, disons : un deuxième choix. Prométhée a voulu s'emparer de l'art suprême, « l'art politique, dont l'art de la guerre fait partie », mais les dieux ont verrouillé l'Acropole. Entrée interdite. Alors, pour compenser, il est allé au sous-sol chez le forgeron. Pas la panacée, mais mieux que rien, même s'il y avait dans ce feu-là une bombe atomique en puissance à venir, la forge était à double tranchant. Pierre Curie, recevant son Nobel à Stockholm, en 1903, se demandait déjà si la découverte de la dynamite avait été une bonne chose, comme Einstein se le demandera plus tard pour la fission de l'atome, tout en pensant, à raison, que mieux vaut pour l'humanité connaître les lois de la nature que de les ignorer.

Si les rapports de l'homme aux choses (ou aux nombres) nous ont fait la grâce d'évoluer très favorablement depuis l'âge de pierre, on ne voit pas le même progrès dans les rapports des hommes entre eux. Y a-t-il un mieux dans l'amour, la haine, la jalousie ? Un mieux dans la grandeur d'âme, ou à l'inverse, dans la soif de puissance et le diviser pour régner ? Un mieux dans le crime passionnel ou l'appât du gain ? Le cybernaute a la même charpente ostéomusculaire, le même câblage nerveux, les mêmes hormones que le chasseur de mammouths – d'où un certain surplace dans les relations sujet-sujet, alors que, pour l'objet, ça va de l'avant. Qui osera dire que les bons cours de maths rendent des hommes meilleurs ? Et que la plus instruite des nations européennes, l'Allemagne, n'en a pas été la plus barbare ? Si la notion de progrès n'a pas de sens en art, pourquoi en aurait-elle dans l'art d'intégrer, exclure ou séduire – au-delà des moyens d'action à disposition ? La science politique est incontestablement lambine et balourde, très en retard sur les sciences expérimentales et exactes, qui ne cessent d'avancer et donc de relativiser au fur et à mesure leurs acquis successifs alors que nous restons de plain-pied, dans les réflexes communautaires, avec des aïeux par ailleurs très démodés. Un médecin qui ne connaît rien des pharmacopées mésopotamiennes reste un bon médecin et un astrophysicien qui n'a cure de Ptolémée, un bon scientifique, mais un étudiant de Sciences Po qui ignorerait tout de la *Politique* d'Aristote, de la *République* de Platon et du *Prince* de Machiavel serait un cancre avéré. En clair, il n'y a jamais de point de non-retour dans l'histoire politique. La Sainte Russie peut succéder à l'URSS, la yeshiva au kibboutz, et le tao à Mao. Après le tracteur, on ne revient pas à la charrue. Ni après la pénicilline, à la décoction. Ni après la calculette, au boulier. Le technique est *le lieu de la surprise* – bonne ou mauvaise, machine à vapeur ou bombe atomique (après laquelle on ne peut plus penser la guerre comme avant). Le politique est *le lieu de la redite*. Si l'invention technique n'existait pas, il n'y aurait, en fait d'histoire, qu'une pièce de Shakespeare passant en boucle – « un conte plein de bruit et de fureur raconté par un idiot » –, un remake monotone de guerres, coups d'État, meurtres et trahisons. On finirait par s'embêter.

Ceux qui imaginent un jeu à somme nulle entre l'archaïque et le moderne devraient ouvrir leur dictionnaire. Ils verraient que *arché*, racine grecque, a deux sens qui n'en font qu'un: commencement et commandement. Ils ne s'étonneraient plus alors de voir les commencements revenir, dans les coups durs, au poste de commande. Archaïque n'est pas le désuet, mais le profond; non le périmé mais le refoulé. Les débuts font leur *coming out* dans des situations de crise, quand se fendille la petite croûte civilisée du dessus. L'ethnie comme moteur d'un regroupement a précédé l'État-nation comme le clan a précédé le parti. Et cette sous-couche ancienne affleure dès que le sophistiqué en surface s'effondre, sous le coup d'une catastrophe, marasme économique, défaite militaire ou crise générale. Les Flamands sont plus anciens que la Belgique, les chiites plus anciens que les Irakiens, les Juifs plus anciens que les Israéliens, et les adorateurs du Soleil que ceux de l'Infini. En d'autres termes, les fidèles ont précédé les citoyens, et les mausolées, les ministères. Pas de quoi étonner les neuropsychiatres et les géologues. Les premiers parce qu'ils savent que la dissolution des fonctions nerveuses d'un malade procède au rebours de leur ordre chronologique d'apparition. La crise déclenche un processus involutif de déstructuration, en sorte que, dans la mémoire, par exemple, c'est le plus récent qui « fout le camp ». Les centres supérieurs étant les premiers frappés ; le plus arriéré, l'hypothalamus, prend le relais du cortex préfrontal, plus récent. Le dessous de la pile, dans la panique, se surimpose à son dessus. Et les géographes savent que le socle en granit se dénude quand les couches sédimentaires s'effritent et disparaissent avec le manteau végétal. Réapparition, dans le cataclysme ou le glissement de terrain, des plaques de l'ère primaire. Nos grands chocs existentiels ont l'intérêt de violer les pudeurs de l'état de paix en dévoilant des dessous dont on se croyait affranchis. Que dans nos moments les plus critiques l'avant puisse succéder à l'après cadre mal avec l'idée d'une histoire comme un lent et inexorable passage du Mal au Bien ou de la nuit au jour. Si l'on ajoute, à ces retours de barbarie inopinés, le thermostat destiné à maintenir plus ou moins constante la température dans une enceinte par le réflexe consistant à rééquilibrer une déstabilisation économique ou technique par une réaffirmation culturelle ou religieuse, on découvre combien le progrès peut s'avérer rétrograde. Ainsi voit-on des nations civiques édifiées par des progressistes au XXe siècle (Atatürk, Nehru, Jinnah, Nasser ou Ben Gourion) – Turquie, Inde, Pakistan, Égypte, Israël – redevenir au XXIe des nations ethno-religieuses. Voilà qui force à regarder d'un autre œil l'*Esquisse d'un tableau historique des progrès de l'esprit humain* de l'admirable Condorcet. « Il se pourrait que les choses aillent de mieux en mieux », disait Leibniz. Certes, le pire n'est pas toujours sûr. Mais l'Empire ottoman est de retour, et Sainte-Sophie non plus un musée, mais une mosquée.

En somme, il y a des embellies, mais il nous sera toujours plus facile de penser notre histoire que d'avoir prise sur elle. Ne nous donnant pas la vie, on ne choisit pas ses conditions de vie. Comme dit Romain Gary : « J'ai été engendré, chacun son tour et depuis c'est l'appartenance. » Je n'ai pas moi-même décidé de naître en 1940 et non en 1830, près du Trocadéro et non sur la butte Montmartre (comme on eût cent fois préféré si on avait eu voix au chapitre). Tentons d'exercer de notre mieux un pouvoir réel sur l'environnement, mais n'oublions pas que nous n'en avons guère sur la ronde des saisons, la détérioration de nos tissus et neurones, ainsi que sur le besoin de s'alimenter, pisser et déféquer. La cloche de l'église, l'horloge du beffroi, le 20 heures de TF1 sont sans doute des constructions sociales, à l'instar du découpage en heures, semaines et mois du temps vécu, mais la rotation de la Terre sur elle-même reste au poste de commande. On ne déconstruit pas le système solaire, pour le reconstruire autrement. Pouvoir « bricoler dans l'incurable » est déjà, en soi, un bienfait. La loi de la gravité nous laisse en effet un volant d'options : se jeter par la fenêtre ou inventer le parachute. Ce sont nos variables d'ajustement – dont le défilé constitue l'histoire de l'Humanité, qui mérite bien, de notre part, un minimum de reconnaissance.

COMTE NOTRE CONTEMPORAIN

Il existe une preuve *a contrario* du transcendant comme cheville ouvrière d'une cohésion durable, c'est l'avortement malheureux de la plus grandiose proposition qui ait jamais été faite à notre espèce par l'un de ses spécimens soucieux de lui rendre tous les honneurs, *la religion de l'Humanité*. Le beau projet d'Auguste Comte, le Maître de mes maîtres, était censé nous débarrasser des dieux, des songes et des sortilèges, rendre à l'homme la pleine puissance de lui-même. Et il n'a pas tenu la route. Tout cependant avait été prévu, tout l'appareillage d'une religion et d'un clergé : prières, temples, Panthéon, trois sacrements (naissance, mariage, mort), calendrier (treize mois de vingt-huit jours), costumes des officiants, appointements, hiérarchie du vicaire en bas jusqu'au grand prêtre en haut, Auguste Comte lui-même, avec une liste de saints (les grands hommes du passé) et un sujet d'adoration, la belle Clotilde de Vaux, victime de la tuberculose et dont notre austère mathématicien s'était follement épris, d'un amour tout platonique. Comte se donnait trente-trois ans pour convertir les cinq nations de la « République occidentale » (France, Italie, Angleterre, Allemagne, Espagne), trente-trois de plus pour que sa religion s'étende au reste du monde. Il devra se contenter du Brésil, avec *Ordem e progresso* sur le drapeau national. C'est déjà beaucoup, mais peu au regard des prévisions. Parce qu'un détail qui n'en est pas un manquait à la panoplie : un vide plein de mystère. Le catéchisme était sans Révélation et supposait que l'humanité puisse s'adorer elle-même. La Vierge Marie a été adorée parce que personne ne l'a jamais vue, en chair et en os (sauf en fermant les yeux). La céleste Clotilde était encore trop terrestre pour pouvoir s'installer au Ciel. Elle tutoya son adorant une seule fois, sur son lit de mort, et la frustration affective, propice à la sublimation, permit à Auguste Comte, qui avait officiellement trois anges gardiens à ses côtés, sa mère, sa servante et sa muse, de lui dresser un autel dans son appartement-oratoire de la rue Monsieur-le-Prince et d'adresser à son portrait une prière trois fois par jour, exercice effectué sans failles durant les treize années qu'il lui restait à vivre. « La pierre du cercueil est ton premier autel », avait dit le pontife amoureux, au souvenir de la morte aimée, aimée parce que morte et promue demi-déesse. Mais personne n'est parfait et Clotilde manquait de ce qu'il eût fallu pour une incorporation à longue portée : l'inexistence. Dante n'en demanda pas tant à Béatrix ni Pétrarque à Laure. Ils les ont vénérées, sans les diviniser. Tel est le sort funeste des religions laïques et des cultes séculiers, fussent-ils les plus désintéressés. Comte s'estimait en droit de donner à sa philosophie « la dignité finale d'une religion réelle et complète », mais l'incomplétude a eu raison de cette noble ambition qui n'avait pas les moyens de sa fin. Il n'y a pas d'avenir pour une autotranscendance – et la religion communiste en fut une autre, avec un culte condamné à se mordre la queue, et à être jugé sur pièces. « L'ensemble des êtres humains passés, présents et futurs » qui composent le Grand Être, l'Humanité, ne peut se tirer lui-même par les cheveux pour se mettre au-dessus de ce qu'il est. Un corps ne s'exhausse pas en vénérant son nombril. L'échec non du premier, le philosophe des sciences, mais du second Auguste Comte, celui du *Catéchisme positiviste*, qui effraya tant ses très fidèles disciples comme Littré, l'auteur du dictionnaire, constitue une leçon de choses politique et métaphysique. Elle devrait nous édifier si le plus grand philosophe français après Descartes (et celui qui a eu le plus d'influence sur son temps) n'avait pas été lui-même, par une rare ingratitude, rayé de la carte par nos contemporains.

Rappelons qui fut cet Auguste Comte (1798-1857) dont l'effigie se dressait en plein milieu de la place de la Sorbonne jusqu'en 1980 où il fut mis de côté, pour être devenu un auguste inconnu, un glorieux anonyme, de ceux qu'on juche sur un socle pour mieux les oublier. La statue tue. Deux fois. Une pensée, quand on l'érige ; une mémoire, quand on la déboulonne. C'est l'un des exemples les plus remarquables et les moins remarqués de ces génies escamotés par la pierre et les fientes de pigeon. De surcroît, dans son cas, par l'étiquette qu'il s'est collée de son vivant et lui colle à la peau : *positiviste*. Synonyme : scientiste idiot. Or rien de plus idiot que de voir un positiviste, au sens banal du mal, dans le critique le plus féroce du scientisme, chez celui qui subordonne l'objectif au subjectif, le savoir au sentiment et le démonstratif au poétique.

Comte fut le plus imaginatif et le plus matinal, le plus féminin et, de ce fait, le plus actuel des grands sachems du XIXe. Il ne faut pas le juger sur sa mine, son obsession ternaire, le pompeux ou le compassé de l'expression. Platon a inventé *philosophie*, Comte *sociologie*, et un autre mot qui n'existait pas avant lui, *altruisme* (prometteur quoique optimiste). Mais ce génie spéculatif, un peu zinzin comme il convient, mégalodépressif, « dégénéré supérieur » a-t-on dit, qui s'est marié avec une prostituée par « un généreux calcul », n'en fut pas récompensé. Il s'est jeté dans la Seine (repêché assez vite) et a passé huit mois dans une maison de santé pour surmonter sa « crise nerveuse ». Il ne peut ni ne doit se réduire à la loi des trois états (théologique, métaphysique, positif) ni à une classification hiérarchique des sciences souvent commentée (mathématique, physique, mécanique céleste, chimie, physiologie et sociologie). Polytechnicien donnant des cours chez lui à trois francs l'heure, hypermnésique, d'une culture encyclopédique, ce n'est pas sans raison qu'il fascina les plus grands savants de son temps. Le philosophe des sciences a pu se tromper sur certains points (le rejet de l'algèbre et de la psychologie), mais non sur l'essentiel, à savoir que la science n'est jamais qu'un préambule au véritable savoir, qui suppose l'esprit d'ensemble et doit toujours rester le ministre du cœur. La Raison est infirme quand il s'agit de faire société. Nous sommes intellectuellement et moralement en dette avec le premier sociologue ès qualités de l'histoire ; le premier écologiste, qui a brandi le drapeau vert et imposé la notion du *milieu* en montrant que l'homme ne pouvait vivre qu'en étroite liaison avec l'ensemble du monde animé sans lequel il ne pourrait subsister ; le premier avocat de l'animalité, appelant à « renforcer nos liens avec la Terre » et à inclure dans le « Grand Vivant » les animaux domestiques, ces quasi-humains dont il a condamné la « flétrissure théologique » et les mauvais traitements qui leur sont infligés ; le premier anticolonialiste qui a demandé que l'Algérie soit rendue aux Algériens ; le premier surréaliste qui entendait lui aussi vivre dans une « maison de verre », sans rien cacher de sa vie privée ; le premier à avoir pronostiqué la féminitude des temps à venir, en déclarant que « la révolution féminine doit maintenant compléter la révolution prolétaire ». À ses yeux, s'il cantonne le beau sexe dans le « sanctuaire domestique », à l'écart des « affaires terrestres » – XIXe siècle oblige –, la Vierge Humanité, entre Marianne et Marie, est une femme qui aura des femmes pour grandes prêtresses, et c'est à elles que devront s'adresser nos votes et prières (ce que nous faisons tous). On peut voir également en lui le premier adepte du « en même temps », Ordre et Progrès, droite et gauche, monument et mouvement, favorable autant au conservateur (autorité et hiérarchie) qu'au novateur (science et audace) ; le premier laïque, en un sens, car distinguant fort bien et opposant le *pouvoir spirituel* (les savants) au *pouvoir temporel* (l'administration), ce dernier devant se placer sous l'égide du premier. Il a annoncé la faillite de l'économisme et les funèbres impasses où conduit l'absolutisme du moi-je. Nous sommes en dette envers un mort que nous avons laissé mourir, lui pour qui les morts étaient plus vivants que les vivants car des spectres voyageurs peuvent se multiplier dans les esprits dès lors qu'ils se trouvent libérés de leur corps physique, étriqué et localisé. Comte a même pronostiqué notre retour salutaire au fétichisme *après* le stade positiviste, en particulier dans notre rapport à la Terre, le Grand Fétiche, qui ranime en nous tout ce que l'artificielle opposition entre la nature et la culture a déraciné et desséché. Mais il savait aussi, notre sociologue, que le lien humain le plus profond n'est pas dans l'espace mais dans le temps, et que seule l'histoire permet le passage de la vie animale à une vie humaine, celui où « nous sommes tous membres les uns des autres ». Si les fondements biologiques de la géographie humaine sont irrécusables, ils ne peuvent faire oublier notre dette envers l'Humanité, qui est Histoire et s'interpose entre la nature et nous. D'où le rôle décisif des liturgies commémoratives, des flammes à ranimer dans le culte des grands hommes baptisé culture (lesquels donnent leur nom à chaque mois de l'ère nouvelle, successivement Moïse, Homère, Aristote, Archimède, César, saint Paul, Charlemagne, Dante, Gutenberg, Shakespeare, Descartes, Frédéric et Bichat). Et libre à chacun d'avoir son mort et son mois préféré, dès lors qu'il accepte « le noble joug du passé ». Rien ne serait pire qu'une émeute des vivants contre l'ensemble des morts car elle ferait de nous des orphelins zoologiques, toujours prêts à s'exterminer.

Mon premier maître, Muglioni, au lycée Janson-de-Sailly, m'avait alerté. « Voilà un philosophe pour aujourd'hui. » Et il ajoutait : « C'est à l'extrême de l'inactuel que se découvre ainsi l'actualité la plus brûlante. La conscience de ce paradoxe s'appelle proprement la culture. »

UN REJET SALUTAIRE

À première vue, il n'y a rien de roboratif dans ce propos. Intempestif, il n'est pas dans l'ambiance et jure avec notre atmosphère. On n'obtient pas son billet de confession en parlant *totalité* au milieu des combats antitotalitaires, *peuple* quand le populisme est l'ennemi, *nation* quand « Français » est ridicule et le projet d'un musée de l'Histoire de France récusé comme indécent ; *ensemble* quand il faut « s'éclater » et cultiver le pluriel (*les* quartiers, *les* territoires, *les* minorités), *unité* quand on prône la diversité pour faire oublier les inégalités ; *frontière* quand le mot fâche ou indigne ; *nature,* quand on n'est pas femme mais qu'on le devient. Et encore moins *hétéronomie,* quand il n'est bruit que d'autorégulation, autogestion, automédication, autopilotage, autopromotion, auto-érotisme. Le préfixe *auto,* l'autocritique mise à part, est le *must* du moment. Et l'autoentrepreneur notre idéal à tous. Ensuite, ni la *technique* (l'odieux arraisonnement du monde), ni le *groupe* (la foule barbare), ni la *croyance* (cette insulte au savoir) n'étaient choses bonnes à penser. L'incomplétude a des dehors antipathiques qui l'empêchent d'être épidémique. Seule une « bonne nouvelle » (traduction : « Évangile ») diffuse facilement, car faire de la mort, notre porte de sortie, une porte d'entrée est une proposition qui ne se refuse pas. En revanche, s'agissant de nos maisons communes, on ne risque pas de susciter l'enthousiasme en tenant pour pure illusion notre rituel et sempiternel « rien ne sera plus comme avant ». Tandis qu'un copain à la tribune déclare le temps venu d'« une société enfin libre, égalitaire, fondée sur l'entraide et la coopération », on ne peut que s'interroger sur les délais de livraison, mais il serait mal venu de monter sur l'estrade pour faire observer que cette société demain affranchie, fatalement située quelque part, restera un dedans séparé d'un dehors, avec des gardes-frontières, vu la probable hostilité des pays limitrophes. Robinson ne sera pas seul sur son île. Les possédants ne chômant pas dans ce genre de circonstances, il faudra aussi une police d'humeur peu libertaire, car il y aura des mécontents et des puissances avides d'en découdre. Certes, tout aura été fait pour contrôler l'action des gouvernants, mais les contrôlés ne le seront pas longtemps. Pas de direction collégiale ni de Comité de salut public d'où ne sorte assez vite un plus égal que les autres. Avec, tout autour de la chefferie, des permanents veillant à leurs intérêts (élite, avant-garde, nomenklatura) ; et toujours avec un motif suprême en alibi, une majuscule manipulable à souhait – le Peuple, la Science, la Révolution, le Droit, l'Europe, l'Humanité… Sans parler des difficultés économiques conduisant en moins d'un an à des mesures de contrainte malvenues entre Égaux.

Dans le commerce des idées, les vérités d'atmosphère l'emportent toujours sur des approches plus désagréables, qui pointent le doigt sur nos plafonds de verre. Sans doute le droit divin et le sens de l'Histoire se sont-ils heureusement estompés. Et l'on ne parle plus, à domicile, de l'Être suprême (sous « les auspices » duquel s'est néanmoins placée notre République, comme en témoigne le préambule de 1789 repris tel quel par notre Constitution). Il semblerait, et la rumeur en est réconfortante et donc bien accueillie, qu'un nouveau vivre-ensemble soit advenu dans nos démocraties libérées des fantômes du passé. Ayant succédé à la République encore hantée par des ombres hautaines et théâtrales, la démocratie postmoderne ferait un nouveau modèle d'autorité, sobrement horizontal. Individualiste et managériale, plus sociale que nationale, autovalidée et autoréférente. Cette démocratie en aplat, sans ambition et sans charisme, uniquement soucieuse de *care* et de *cure*, n'aurait plus besoin de héros, sinon ceux des affaires. C'est le rêve apolitique du tout-économie. Ce dernier a fait de son mieux pour instaurer l'État-entreprise en réduisant l'école, la nation, la justice, l'armée, la République elle-même à des fonctionnalités utilitaires, sans exigence et sans passé. C'est oublier un peu vite que l'exemple dont s'inspire ce libéralisme euphorique, les États-Unis d'Amérique, constitue une théo-plouto-démocratie, dont le président élu a une Bible dans la main droite, le dollar dans la main gauche et un colt à la ceinture. Cette citadelle a l'assurance-vie d'une « Destinée manifeste », une aubaine que nous ne pouvons nous offrir, faute d'un Dieu au-dessus de nos têtes amortisseur et rassembleur.

Il me semble qu'il n'y a pas lieu de prendre le deuil,

encore moins de battre sa coulpe, et qu'il y a au contraire, dans notre finitude, une excellente nouvelle, une promesse rassurante : les nécessités de l'absence font les joies de l'existence – plus vives que nos peines. Elles nous obligent d'abord à ne jamais nous contenter d'un *statu quo* ou d'un *de facto*, pour leur opposer aussitôt un *de jure* ou un devoir-être. Impossible de s'en tenir au présent, il nous faut le doubler d'un passé et d'un futur de notre invention. L'inconvénient, c'est le gobe-mouche courant après le merle blanc mais l'avantage, c'est une production rebondissante de séries, fables ou sagas, qui fait de nous des abonnés ontologiques au merveilleux, sans besoin de réabonnement. Nous pourrons toujours compter sur les « moulins à sortilèges » du clan Buendía, le gitan Melquíades, la mulâtresse aux yeux de panthère, les nouveau-nés avec une queue-de-cochon – les *cent*, les mille ans de *solitude* chers à García Márquez. Les diseurs de bonnes et mauvaises aventures ne nous feront pas faux bond, avec leur lot de romances et de sagas, de « séries » et de grands récits. Le désenchantement du monde serait son dépeuplement. La Terre sera désenchantée du jour où le dernier *sapiens sapiens* éteindra la lumière pour rejoindre la planète Mars – pas avant. Les cyborgs, parce qu'ils n'ont pas d'imaginaire, sont des créatures imaginaires, alors qu'il n'y a pas d'homme en vrai qui n'ait jamais rêvé de sa vie. Ni de nation en marche qui ne fasse un roman de son passé et de son futur, des retrouvailles. Un pays qui n'a plus ni souffrance ni joie en partage ne fait plus rêver personne, et une culture sans un mythe porteur, cela sent le sapin, le début de la fin, comme une nation où la calculette deviendrait boussole unique. Ceux qui nous invitent à ne plus divaguer auraient tort de s'imaginer que nous ne sommes plus au Moyen Âge et qu'il ne se trouve plus personne dans une société sécularisée pour « entendre des voix » comme Jeanne à Domrémy. Ce sont eux qui se bouchent les oreilles. Hier, la peste et le choléra passaient pour être des vengeances divines, destinées sciemment à nous punir de nos péchés. Aujourd'hui, le coronavirus passe auprès d'adultes instruits pour un ultimatum à nous sciemment adressé par notre Mère Nature pour nous punir de nos voitures à diesel. L'être humain est voué à la folie douce et c'est déjà une vaste tâche que de veiller à ce qu'elle ne devienne pas furieuse.

Il va de soi, est-il besoin de le préciser, que je n'ai pas la moindre sympathie pour ceux qui professent des vues semblables aux miennes et en déduisent un conservatisme hargneux ou frileux. Nos existences sont à double-fond. Au-dessous de ce qu'on sait ou croit savoir, il y a ce qu'on sent. On n'est jamais sûr de ce qu'on pense et on fait bien, alors qu'on est sûr de ce qu'on sent sans trop y penser. On peut ainsi mener une vie non pas avec deux idées contradictoires mais simplement sur deux étages, un rez-de-chaussée habité par des idées et un autre au-dessus, habité par des sentiments. Ce sont eux qui mènent la danse et ne reçoivent de directives que d'eux-mêmes. Je me réjouis donc que mes idées soient restées quasi clandestines, n'étant pas de celles qu'on a envie de clamer sur les toits. Quand les hasards de la vie nous ont donné, par chance, une invincible tendance à préférer les grévistes aux matraqueurs et les efforts de fraternité aux bas de laine avisés, on préfère laisser le mégaphone aux boute-en-train. On n'insiste pas trop. Aussi ne suis-je nullement gêné de n'avoir pas les idées de mes amis ni les amis de mes idées.

VII

TRANSMETTRE : LE MÉDIUM EN DÉTRESSE

Les anges au beau milieu – « Ceci tuera cela » – Pour une écologie de l'esprit – Trouble dans la transmission – La médiologie à rebrousse-poil

Où se découvre que l'acte de transmettre, qui fait le propre de l'être humain, animal de culture, suppose des médiations, à la fois institutionnelles et techniques, dont la médiologie se veut l'étude. Laquelle se heurte aux plis et a priori d'une société qui préfère communiquer.

L'humanité ne s'est lentement élevée que sur le tas de ce qui dure.

PAUL VALÉRY

LES ANGES AU BEAU MILIEU

1991. *Cours de médiologie générale.* Les médiologues sont gens de peu. Les soutiers du spirituel ont fait leur la devise des jésuites – celle que Victor Hugo leur a inventée – *Ad augusta per angusta*. Vers les sommets par les sentiers. Les dieux, disait Héraclite, sont dans la cuisine, et on s'efforce de les y rejoindre. Nous passons par l'escalier de service. *Nous* car cette spécialité n'est pas un sport de combat mais d'équipe (je ne suis pas, et de loin, le coéquipier le plus informé ni le plus compétent), celle qui a animé pendant vingt ans un bisannuel *Les Cahiers de médiologie* (1996-2003, en coordination avec Daniel Bougnoux), puis un trimestriel *Médium* (2002-2019, avec Paul Soriano en directeur de la rédaction). Il fallait risquer la modestie. Les disciplines ont le prestige de leur objet, et l'intendance ne saurait prétendre à un grand standing au royaume de l'Esprit.

Médiologie, « l'étude des mass media » ? Une drôlerie, un quiproquo. « Médio », c'était *médiation*, l'action du moyen terme entre deux opposés. Ce qui fait passer de l'abstrait au concret et jette des passerelles entre le ciel et la terre. Le moment du négatif quand on doit se faire autre pour devenir soi-même. Une *médiatiologie* eût été trop vilain et *angélologie*, trop pédant. Les belles présentatrices de la télévision suscitant plus d'intérêt que des évasifs au sexe incertain, j'ai opté, en bon opportuniste, pour *médiologie*. Le propos était d'étudier les anges, gardiens ou non. J'ai toujours été intrigué par ces ambassadeurs du bon Dieu, fendant l'azur pour délivrer le message, ces passeurs ambigus et subtils, à la jonction du spirituel et du charnel, dorés et musiciens, avec le même amour que je porte au facteur avec sa sacoche et au livreur avec sa pizza. Nous dépendons de la logistique. Le céleste frou-frou n'est pas là pour faire joli. Le plénipotentiaire intervient dans les moments difficiles : pour arrêter juste à temps le bras meurtrier d'Abraham, informer Joseph qu'il est l'heure de partir, prévenir la jeune Marie qu'un heureux événement est en route et le vieux Mahomet qu'il sera mis un point final, par son truchement, à cette affaire pendante depuis longtemps, la Révélation. Le Verbe divin n'a pas de réalité tangible, raison pour laquelle il a besoin de corps intermédiaires, estafettes bien équipées, pour mener ses projets à bonne fin. Le transgenre est la norme mais les *putti* potelés ont de bonnes joues, tous un plumage, d'autres une cuirasse ou une épée. La précaution divine est une leçon de choses. Les anges n'existent pas ? Je n'écarte pas cette triste hypothèse, mais « l'homme se pense dans les mythes », et ce mentir-vrai code en mystique nos embarras pratiques. L'angélologie répond à la question posée par le fondateur de l'Union pour l'action morale, Jules Lagneau : « Que peut un pur esprit s'il ne commence par se donner un corps pour agir sur les autres corps ? » La réponse nous dépasse un peu mais elle mérite réflexion.

Le chef de file, en médiologie, s'appelle le Pseudo-Denys, le théologien du VIe qui a mis de l'ordre dans l'aéropostale, avec une discipline collective et une hiérarchie (en tête, les Séraphins, Chérubins et Trônes, qui ont le contact direct, puis au milieu, les Dominations, Vertus et Puissances, en bas de gamme, les Principautés, Archanges et Anges) – officiers généraux, supérieurs et subalternes. Le Saint-Esprit connaît les compromis à passer pour ne pas se dissiper en un souffle qui soulève et s'en va. En faisant affaire avec le vieux polythéisme (l'Ancien Testament, plus rigoureusement monothéiste, ne fait pas la part belle aux « fils d'Élohim »), le catholicisme a montré qu'il était bien « un expert en humanité ». L'Être suprême des philosophes, exsangue et chlorotique, sans histoire à raconter, n'a jamais pu élire domicile ici-bas. Une idée pure privée d'encens, de psalmodies et de pigments ne sera guère plus qu'une idée. Il n'en sortira jamais un foyer de vie commune. Elle restera une cause sans effet. Un Dieu sans médiateurs, c'est un Ciel sans ascenseur.

Un homme sans instruments, c'est un animal sans postérité.

Qu'un disciple attardé du théologien grec ait pu passer pour un séide de McLuhan, le prophète canadien des mass media, m'a valu d'être convié à des symposiums type « info-com » pour disserter sur les médias dont je me contrefiche et sur lesquels mon avis est une brève de comptoir. Aucun intérêt. En fait, la médiation, qui a son paradigme dans le Christ, l'unique Médiateur du Dieu unique, me conduisait droit vers les couvents et monastères (à moins qu'elle n'en soit issue) – La Tourette chez les dominicains, En Calcat chez les bénédictins, le mont Athos chez les orthodoxes et bien sûr l'École biblique de Jérusalem. La nourriture y est moins bonne, les échanges plus nourrissants. La méprise due à un titre m'incite à recommander à mes camarades gratte-papier, le nez collé sur leur adorable bébé, de le langer à bon escient et de ne pas croire que l'affaire est dans le sac parce qu'ils ont mis un point final à leur manuscrit. Puissent-ils veiller à l'emballage. Le *packaging* joue un rôle (grandissant) sur le marché. Le bon titre, c'est la moitié du chemin. L'exception qui confirme : *À l'ombre des jeunes filles en fleurs*, difficile de faire pire (sous l'angle *marketing*).

Se rendre au salon par la cuisine, cela veut dire prêter attention à la dinanderie, au chaudron, à la gazinière et au four électrique. Surmonter le dédain des confrères pour le détail technique. Que faut-il entendre par ce mot de technique, si mal aimé ? Tout ce que Prométhée, qui a donné le feu aux hommes, a pu mettre de côté, depuis que le premier archanthropien a poli son premier galet.

Il lui fallait bien des suppléments de bagage pour entamer sa longue marche vers l'humanitude et pallier notre infériorité native, le désemparement d'une créature abandonnée à la naissance « sans chaussures, sans couverture et sans armes ». Car l'homme, le petit dernier dans la distribution des moyens de survie, avait été bien négligé par son frère Épiméthée auquel il ne restait que l'espoir à nous donner, après avoir vidé la boîte de Pandore, son épouse. Le meilleur était parti chez les autres animaux. Tout ce qui ne figure pas au programme génétique de notre espèce et qui a permis au primate omnivore à station verticale de ne pas être un mammifère comme les autres peut se ranger sous la rubrique primordiale. La technique n'est pas déshumanisante, comme le veut le spiritualisme ambiant. Elle a permis l'hominisation. Et qui en doute doit lire les travaux on ne peut plus documentés de l'archéologue et préhistorien André Leroi-Gourhan (1911-1986), l'auteur de *Milieu et Techniques*, du *Geste et la Parole*, qui me semblent, sur ce sujet, définitifs.

Si l'on regarde la liste des numéros thématiques des *Cahiers de médiologie*, on y trouvera une série d'accessoires qui font de nous des créatures civilisées. En tête « La querelle du spectacle » (pour réhabiliter la coupure symbolique matérialisée au théâtre par la rampe, fondement d'une société du spectacle ô combien précieuse). Ensuite la route, le papier, la bicyclette, l'automobile, le monument, l'ampoule électrique et dernièrement dans *Médium* le smartphone (ce séisme culturel)… Un inventaire à la Prévert, si on veut, où tous ces sujets ont en commun d'être non des choses ni des matériaux mais des objets fabriqués et ouvragés qui ne se trouvent pas sous le pied d'un cheval. Nous n'avons inventé ni notre langue ni la marche, et tout être humain dûment socialisé a une compétence innée pour apprendre à parler, non pour écrire. La rhétorique – l'art de l'éloquence – est une technique, non la parole articulée, et les idéogrammes comme l'alphabet vocalique sont des systèmes techniques au même titre qu'une catapulte ou une locomotive. On peut donc définir, en première approche, l'objet de la médiologie : les interactions entre technique et culture. Considérant les « effets bouleversants de l'action sur l'homme des moyens créés par l'homme » (Valéry), cet examen touche à ce qui distingue une colonie humaine d'une colonie de castors qui construisent toujours la même digue et ne sont en rien modifiés par leur construction. Ce que les machines font à leurs inventeurs, nos outils à notre esprit et nos anges à nos vœux, voilà, pour commencer, où allait notre curiosité.

Le néologisme a pointé le nez dans *Le Pouvoir intellectuel en France* (1979). Par rapport aux trois ordres de la société féodale – ceux qui prient, ceux qui font la guerre et ceux qui travaillent –, les intellectuels m'étaient apparus comme les descendants des prêtres en tant que médiateurs entre le spirituel et le temporel. Ces anges de deuxième choix et fort peu débonnaires font le lien entre nos sublimités et nos vicissitudes. La Bouche d'ombre dont chaque époque se réclame n'étant jamais très claire dans ses formulations, ils ont à charge d'en donner le sens exact (Ancien Testament, Déclaration des droits de l'homme, Évangiles séculiers, sourates ou hadiths du Prophète...) et d'évaluer ce qui est au nom de ce qui a été, jadis, ou de ce qui devrait être, demain. Les porte-étendards des références capitales séparent le légitime de l'illégitime, veillent à valider ou invalider telle ou telle inflexion et jusqu'où aller trop loin dans l'aggiornamento. Nous restons, par leur entremise, sur le bon chemin. Sans nos vieux sages, grandes consciences, maîtres à penser, autorités morales... – que saurions-nous du Vrai, du Juste, du Beau et de la manière de s'y prendre pour ne pas trop forfaire ? Et sans les évangélistes, les médiateurs du Médiateur unique du Salut, que saurions-nous du Fils de Dieu – dont la bureaucratie romaine n'a gardé aucune trace (une extrapolation dans un texte de Flavius Josèphe, historien juif tard venu, ne convainc pas). Denys se voulait l'héritier de Paul de Tarse, le propulseur de la foi. Ceux qui ont prêté le plus d'attention aux véhicules de l'Absolu ont été des gens à poigne, fondateurs d'Ordre ou « généraux », Loyola, Bernard ou Benoît. Même phénomène, *mutatis mutandis,* dans le mouvement ouvrier, avec Guesde, Jaurès, Kautsky, Lénine et des dizaines d'autres. Ce sont les meneurs d'hommes, non les penseurs en chambre, qui prennent au sérieux les « courroies de transmission » parce qu'ils savent ce qu'il en coûte de ne pas y prendre garde. On ne plaisante pas avec les anges. C'est du lourd. De la consigne à l'acte, il n'y a jamais très loin. Dans les archives de la commission française de l'occupation de la Ruhr en 1923, on a trouvé une fiche de police sur Hitler, Adolf, avec ces mots : « Seulement dangereux sur le plan intellectuel. » Traduction : « Passons outre. »

Hitler, en 1923, est un tribun excité, un batteur d'estrade, un songe-creux. Ces messieurs de la Sûreté n'ont pas compris qu'un publiciste est un homme qui, quand il est sérieux, se donne les moyens de faire ce qu'il dit. Ils n'avaient pas lu Balzac : « Ne cherchez pas le pouvoir aux Tuileries, il s'est transporté chez les journalistes. » Un Balzac américain de nos jours dirait sans doute : ne cherchez pas le pouvoir à la Maison-Blanche, il est dans la Silicon Valley.

L'expression *pouvoir intellectuel* n'était nullement polémique. Elle découle du *pouvoir spirituel* d'Auguste Comte, qui désigne le gouvernement de l'opinion. Sujet d'étude éculé, mais abordé en l'occurrence par les vecteurs, non les valeurs. Aussi, comme là où il y a du technique, il y a du changement, peut-on périodiser l'exercice professionnel : un premier cycle universitaire (1880-1920), puis un cycle éditorial (1930-1970) et enfin, médiatique. Avec, pour chacun d'eux, l'épreuve maîtresse : la thèse de doctorat, le chef-d'œuvre littéraire, l'émission qui fait boum. Félicitations du jury, succès critique, taux d'écoute. À l'époque, l'alliage des deux mots a fâché, mais le couplage a fait des petits par la suite et des expressions comme *Haute et Basse intelligentsia* (façon Haut et Bas clergé), *intellocrate* ou *médiocratie* sont entrées dans les mœurs. Dans la féerie libertaire du moment, le Pouvoir était l'ennemi public numéro 1, une notion buvard et mal définie absorbant toutes choses – hôpital, prison, grammaire, casernes, tribunaux... « Ne tombez pas amoureux du pouvoir », prévenait le Saul consécrateur de rebelles sublimes – sauf du vôtre et du mien, aurait-il pu ajouter, car le pouvoir de l'antipouvoir est encore le meilleur. On sait bien que le pouvoir est toujours celui de l'autre puisqu'on en est soi-même atrocement dépourvu. « La langue est fasciste », lançait Roland Barthes, sans faire rire. L'oukase pouvait surprendre, venant d'un milieu où les jeux de pouvoir ne manquent pas de vitalité – un prof du Collège de France, la Curie du laïque, étant au prof de collège comme la pourpre à la soutane. La haute intelligentsia a ses stratagèmes et un sens des hiérarchies qui méritent le respect. Poser sa candidature au Collège, à l'Académie, à l'École pratique des hautes études, à une chaire d'Université, c'est entamer une lutte pied à pied qui ne tolère pas l'improvisation. J'ai même parfois cru reconnaître, chez tel ou tel prince de l'esprit en campagne, l'attribut distinctif des rois selon la chair : la paranoïa.

Homo academicus, dont les manigances peuvent animer nos cancans d'après-dîner, met en tout cas sur la piste d'une fonction sise au cœur de toute civilisation : transmettre. Reconstituer la chaîne du temps, toujours brisée, toujours à réparer. Passer le témoin. Un savoir, un art, un métier. Actualiser du révolu pour produire de l'innovant. Le microcosme parisien, la partie pour le tout, incitait à enquêter non pas sur *l'être qui communique* (avec ses congénères, comme tous les animaux), mais sur *l'être qui transmet* (à ses successeurs de quoi relayer ce qu'il a pu inventer de son vivant). Communiquer consiste à *transporter une information dans l'espace*, et transmettre, à *transporter l'information une fois communiquée dans le temps*. Dans un cas, on met en relation un ici avec un ailleurs et on fait de la connexion (et donc de la société) ; dans l'autre, on met en relation un jadis avec un maintenant et on fait de la continuité (et donc de la civilisation), pour valider la remarque de Pascal, « toute la suite des hommes, pendant le cours de tant de siècles doit être considérée comme le même homme qui subsiste toujours et qui apprend *continuellement* ». Et comme le transport transforme, on se transforme avec lui. Papa chimpanzé enseigne à ses petits comment se conduire mais le petit devenu grand ressemblera au poil près à son pater. Le cousin chimpanzé est stationnaire, nous sommes cumulatifs parce que nous avons une mémoire qui nous pousse en avant et nous inscrit dans une histoire. On essaye d'ajouter un petit rien à l'héritage pour être moins bête à soixante-dix qu'à dix ans (ça ne marche pas à tous les coups).

Transmettre pour innover est notre devise, qui fut celle de la revue *Médium*. Elle est réversible tant il faut innover pour transmettre. Le blason exige d'abord de définir ce qui, dans un héritage, vaut d'être transmis en priorité – travail de sélection impliquant certaines exclusions : « C'est quoi, le canon ? » Il consiste ensuite à élaborer, donc modifier et parfois inventer ce qui est à transmettre, car le transport transforme au point que l'objet de la transmission ne préexiste pas toujours à sa transmission. Les philosophes et théologiens des trois premiers siècles du mouvement chrétien ont, par un formidable et rigoureux travail par étapes (dont rend compte Maurice Sachot dans *L'Invention du Christ*), construit, à partir du Jésus de l'histoire, la figure du Christ comme le Messie annoncé par les Écritures.

Tout processus de ce genre est une aventure incertaine, un beau risque à courir, où le point d'arrivée a souvent de quoi décontenancer.

« CECI TUERA CELA »

Parce qu'elles ne sont pas de simples reconductions d'un donné génétique, les transmissions de caractère acquis interdisent de se donner une définition purement biologique de la vie humaine. Citons quelques exemples de ricochets dans le temps d'une émission symbolique à intérêts. Un certain Joshua de Nazareth, mi-guérisseur mi-agitateur, sans domicile fixe, émet des paroles devant quelques disciples, sans rien écrire. Trois siècles après, l'Empire romain devient chrétien. Un moine augustin, un parmi d'autres, colle un placard imprimé sur la porte d'une église. Un petit siècle après, la moitié de l'Europe est devenue protestante. Un économiste allemand écrit des ouvrages ardus, aucun succès en librairie. Quelques décennies après, un tiers du globe s'affiche marxiste. Voilà des transsubstantiations, non pas miraculeuses, comme celle du pain en chair et du vin en sang dans le sacrement de l'eucharistie, mais qui ont eu assez d'impact sur notre destin commun pour donner l'envie d'ouvrir cette boîte noire, l'*efficacité symbolique*. Et de passer du « qu'est-ce que ça veut dire ? » au « qu'est-ce que ça peut faire ? ». Lévi-Strauss nous a entretenus du chaman sibérien facilitant l'accouchement d'une parturiente en lui récitant un conte, l'efficace consistant dans « le passage à l'expression verbale qui débloque le processus physiologique ». Les psychanalystes pratiquent la *talking cure*, la guérison par la parole. Et il y a des moments et des lieux où *dire c'est faire*, quand le président de l'Assemblée prononce : « La séance est ouverte » ou le maire déclare : « Vous êtes unis par les liens du mariage ». Une performance à saluer, mais prévisible et d'un intérêt assez limité (sauf pour les fiancés et les députés sommeillant dans l'hémicycle). L'inattendu et l'intéressant, c'est quand un émetteur lambda, se contentant d'articuler sans rien noter, Jésus, Bouddha ou Confucius, se transforme avec le temps dans l'alpha et l'oméga d'une civilisation. La médiologie procède à l'étude de tout ce qu'un dire peut faire quand celui qui le dit n'est président de rien – ni maire ni général de brigade. L'étude oblige à s'occuper de petites choses, les déchets, les à-côtés. Quand le sage montre la lune, l'idiot regarde le doigt. Le médiologue est un idiot professionnel. Il observe non le *quoi* mais le *comment*. Dans un meeting politique, par exemple, le micro, les éclairages, la distance entre la scène et la salle, la hauteur de la tribune, le rang sur l'estrade des intervenants, l'acoustique – ces détails lui en disent beaucoup plus sur le sens de l'exercice que la teneur des propos de tribune. Les discours peuvent tromper, ils sont faits pour cela, la disposition des lieux, elle, ne triche pas. C'est le mode d'énonciation qui dit le vrai de l'énoncé, comme le cadre fait le tableau et le musée, l'œuvre d'art.

Dans « l'acte de parole », le summum, c'est le Créateur qui allume la lumière sur la Terre sans toucher un interrupteur, *Fiat lux*. Chez ses créatures

– une panoplie est requise. « Les puissances de la parole » ne leur appartiennent pas en propre. « Le mot, cette force qui va » (Hugo), oui, mais qui la fait aller, puisqu'elle n'a pas de moteur incorporé ? « À quelles conditions une idée doit-elle satisfaire pour devenir une force ? » Comment se fait-il qu'un simple dessin du Prophète puisse soulever des foules ou motiver des assassins, ou dans un autre genre, les mânes de Voltaire ou de Rousseau prendre la Bastille, comme on le dit parfois ? Cette question bizarrement n'intéresse pas plus les matérialistes que les idéalistes, tous sûrs qu'il n'y a, dans ces effets-là, rien que de naturel. *Verum index sui,* le vrai serait sa propre preuve censée dissiper le faux comme le soleil levant nos songeries nocturnes. Que la « vraie religion du vrai Dieu » fût destinée à ranger l'humanité sous sa houlette ne faisait aucun doute pour un bon chrétien, comme n'en faisait pas aux yeux des apôtres marxistes le triomphe inéluctable du matérialisme dialectique. La couverture des *Cahiers marxistes-léninistes* de la rue d'Ulm (1963) avait pour épigraphe : « Le marxisme est tout-puissant parce qu'il est vrai » (Lénine). Et non parce que Stalingrad, le premier spoutnik et le milliard de Chinois. Partisans et obédients ont coutume de voir dans le succès de leur doctrine la preuve qu'il s'agissait bien de la pensée juste, sans soupçonner que les exécuteurs testamentaires, les artisans de ce succès, aient pu avoir une juste pensée du pouvoir et l'aient mise en pratique. « Les idées deviennent force matérielle en s'emparant des masses », disait Marx, sans s'inquiéter du comment ni de ce que deviennent les idées après l'opération – au mieux des articles de foi, au pire des slogans. « L'homme, dit Valéry, sait souvent ce qu'il fait mais il ne sait pas ce que fait ce qu'il fait. » Il aime se persuader que « les idées mènent le monde » sans s'aviser qu'elles n'ont ni bras ni mains pour tirer ou pousser. Les retombées n'intéressent guère les lanceurs de grands mots. Le médiologue est un *méta-philosophe* en ce qu'il s'intéresse au *suivi* des mots, non aux avant-textes mais à l'après-texte (le moment où l'intrigue commence). Il doit, pour comprendre la mise en musique, passer outre la division du travail héritée du XIXe siècle, entre le matériel et le spirituel, et en revenir à l'*Encyclopédie* : « C'est aux arts libéraux à tirer les arts mécaniques de l'avilissement où le préjugé les a tenus si longtemps. » Ce qu'il perdra en dignité spéculative, il le regagne en capacité explicative, en réarticulant petites causes et grands effets, la cervelle et la main, la Faculté et la Manufacture. Merci, Diderot.

Le trait d'union est le cousin pauvre de l'Occident académique. La spécialisation dispersive n'incite pas à fréquenter les entre-deux – où excellent en revanche écrivains et artistes, ces sans-gêne qui coupent à travers champ sans coup férir. Ainsi de Victor Hugo. La scène se passe, en 1476, au chapitre II du Livre cinquième de *Notre-Dame de Paris*. L'archidiacre Frollo se tient sur le parvis de la cathédrale en tenant dans ses mains un incunable, la Bible toute fraîche sortie des presses de Gutenberg, et murmure : « ceci tuera cela », pensée à deux faces, précise Hugo. *Le livre tuera l'édifice* et *l'imprimerie tuera l'architecture*. Peu importe le pronostic, l'essentiel est le court-circuit entre le nez de

Cléopâtre et le destin d'un empire. On peut disputer la validité du « tuera ». L'architecture a refleuri après l'invention de Gutenberg ; la photo n'a pas tué la peinture, elle l'a dispensée de l'anecdote, rendue à elle-même et à ce qu'elle seule peut faire. Renversantes sont les interactions, mais le « ceci tuera cela », un grain de sable, un mammouth, peut servir de modèle au tableau à double entrée, où *ceci* désigne un machin innovant, qui ne paye pas de mine, et *cela* une tradition ou une institution forçant le respect. Le *ceci*, en bas de l'échelle, interagit avec un *cela*, bien plus considérable, le caractère mobile en plomb avec le vicaire du Christ ici-bas.

Frollo ignore le protocole, les plans de table ou le tableau des facultés. Il trace une diagonale. « Je ne crois pas aux choses, disait le peintre Braque, je crois en leurs relations. » Ainsi Balzac, dans les *Illusions perdues*, a-t-il retracé l'oblique menant de la pâte de bois à la démocratie d'opinion (avec le papier de chiffon, rare et cher, pas de manuels scolaires ni de journaux à gros tirages). Proust a de suite compris la révolution individualiste de l'automobile (« pouvoir partir à l'heure qu'on veut et s'arrêter où cela nous plaît »). Il a pressenti, sur la digue de Cabourg, que la bicyclette inaugurait le MLF (Mouvement de libération des femmes). Claudel, sire antipathique et génial, réfléchit sur « l'Avion et la diplomatie » et sur la motocyclette, « la flèche qui nous débarrasse de tout cet encombrement collectif de la voiture, qui a cessé d'être un cheval pour devenir une embarcation ». Il voit dans l'encre « le véhicule de l'âme » et dans un stylo « le doigt aigu de l'esprit ». Après Platon, qui a saisi les bouleversements dus à l'invention de l'écriture (perte de mémoire vive et relégation des anciens), et Victor Hugo, nous avons un troisième parrain, en la personne d'un praticien magistral du court-circuit, le critique allemand Walter Benjamin. En discernant les effets d'un art, le cinéma, sur l'histoire de ce qui n'est pas de l'art, l'entrée sur la scène du monde de deux figures capitales, la star et le dictateur ; en se demandant non pas si la photo était un art mais ce que la photographie allait changer dans notre conception de l'art, il exauçait à sa manière le vœu de Michelet réclamant une histoire à la fois plus matérielle et plus spirituelle. Ce qui exige de matérialiser le spirituel et spiritualiser le matériel, tant il est vrai que les objets inanimés ont une âme.

Comment boucler, par exemple, une histoire de la littérature sans faire celle des modes de locomotion ? Pensons à ce que doit le roman de chevalerie au ferrage des quadrupèdes et ce qu'a entraîné, dans l'art du récit, le stupéfiant passage du cheval-crottin au cheval-vapeur, de l'écurie à la station-service, du cocher au chauffeur. Les cahots de la diligence, fondrière, crotte, précipice, gîte d'étape et relais de poste induisaient un certain rythme narratif, une fantaisie flâneuse avec bifurcations et indiscrétions. Le cahin-caha et les ruades, c'est du picaresque à l'arrivée. Mettez *Jacques le Fataliste* de Diderot dans un TGV, ou plus fatal encore, dans un avion gros-porteur, il devra changer de ton et fermer boutique. Autre moyen de transport, autre style, autre esprit. Comment parachever une histoire des mouvances politiques sur un siècle sans souffler mot de nos mobilités ? L'automobile a œuvré pour le libéralisme en consacrant l'individu-roi (*my car is my castle*). La voie navigable comme le vélo votent écolo – marinier innocent, écocide évité. Le rail est étatiste et tacitement social-démocrate (collectif, contrôle, centralisation). Les États totalitaires ont toujours donné la préférence aux chemins de fer (indispensable au transport des troupes comme au transfert de populations) alors que les États-Unis furent et restent l'Eldorado des Cadillac. L'avion est l'ami de cœur des élites mondialisées. Ou encore, comment esquisser une histoire du sentiment national en faisant abstraction du *delta-vitesse*, qui a modifié notre vécu géographique et nos sensations de proximité. Une France qui a huit jours de hauteur (le temps qu'il fallait, en effet, en 1840, pour aller de Calais à Marseille) ne suscite pas les mêmes attachements qu'un Hexagone qui n'en a qu'une heure trente (avec l'Airbus 320). La mobilité fut et reste une affaire politique. Le piéton a fait la Cité (grecque ou romaine) ; la chevauchée, le département ; le chemin de fer, la nation civique ; l'auto, le continent ; l'avion, la planète ; et la fusée spatiale (avec la première photographie de la Terre prise par un astronaute d'Apollo 8), le sentiment d'un habitat précaire dans l'infini du cosmos. Tel est le façonnage de l'espace-temps par nos véhicules. N'oublions jamais, cependant, que le progrès rouvre les portes du passé ! Chaque nouveau palier, loin de dévaluer le précédent, le ré-enchante. La déterritorialisation a revalorisé les terroirs ; les embouteillages, les rues piétonnes. Le gigantisme industriel a promu le *small is beautiful*. Plus il y a de monde sur les autoroutes, plus il y en a sur les GR. Dans mes BD d'enfant, vers 1950, les citadins de l'an 2000 se déplaçaient en mini-soucoupes volantes. Le fait est qu'ils vont en trottinette. Ça rassure.

Notre parti pris : primat de la relation sur l'entité. L'idée de nation devient « médiologique » lorsque est dégagée sa relation aux réseaux routiers, ferrés, postaux, télégraphiques, électriques. L'étude du socialisme également dès qu'on y discerne le chapitre final de l'histoire du Livre, sans doute, après la Réforme, la plus notoire des retombées de la presse à bras. Tous ses héros et ses hérauts sans exception sont sortis des ateliers d'imprimerie, à titre de prote, compositeur, paquetier, correcteur, éditeur, bibliothécaire, libraire, et c'est le typographe qui fut « l'ouvrier d'avant-garde », par excellence. Réforme, République et Révolution ont été les trois filles du papier imprimé, les trois peuples du Livre successifs, organiquement liées à la feuille de chou, au tract, à l'affichette, à l'opuscule (jusqu'au *Petit livre rouge*). 1864, fondation de la Première internationale à Londres. 1867, invention de la rotative à Paris (par Marinoni). Du jour où la linotype a cédé la place à la vidéocomposition, l'électromécanique à l'électronique, la page au petit écran, le sort en était scellé. « Ceci tuera cela. » Hertz a tué Marx et Jaurès dans la foulée (le fondateur et directeur du quotidien *L'Humanité*). Les socialistes survivants ont ramassé les miettes d'un artisanat en voie de disparition. Ou encore l'étude du terrorisme et de ses modes opératoires (depuis l'attentat de la rue Saint-Nicaise contre Bonaparte), dans leur relation fondamentale avec l'évolution des techniques de publicité. De même que « la santé est la vie dans le silence des organes », nous appelons « idéologie » le jeu des idées dans le silence des vecteurs. « La pensée humaine » est une formule qui sonnerait moins creux si on lui substituait le système des supports, rapports et moyens de transport qui lui assure, pour chaque époque, son existence sociale.

POUR UNE ÉCOLOGIE DE L'ESPRIT

Un mur qui saute, c'est une discipline qui naît. L'écologie a raccordé le vivant à l'inerte. La sociologie a raccordé l'individuel au collectif. La médiologie prend la suite, en raccordant l'histoire traditionnellement négligée des outillages (comme l'est la formation professionnelle et technique dans l'Éducation nationale) à celle des formes et des idées. On discerne bien vite que le dehors formate notre dedans et nos outils matériels (le virtuel en fait partie), notre outillage mental. Un écosystème technique n'est pas un champ qu'on a devant ses yeux ni un environnement qui nous entoure. L'extérieur est à l'intérieur. C'est pourquoi, H_2O n'étant pas la découverte d'un poisson, il est si difficile pour nous de l'objectiver. Le médium autoraturant exige une conversion du regard. Objet, montre-toi ! On ne voit pas ses lunettes parce qu'on voit à travers, ni la route parce qu'on roule dessus, ni la feuille de papier parce qu'on gratte ou déchiffre. La force des dessous est de ne pas apparaître, et ils subjuguent d'autant plus qu'ils se rendent invisibles. D'où vient qu'une médiation est bonne quand elle se fait oublier et s'oublie elle-même, la cause s'évanouissant dans ses effets. C'est quand on perd ses lunettes et qu'il y a des nids-de-poule qu'on découvre son écodépendance envers le technocosme, comme il faut une vague de sécheresse ou un jour de pollution aggravée pour découvrir les microparticules dans l'air qu'on respire.

Le véhicule de transmission a double nature, comme le Christ, humain et divin. Il a un volet technique et un autre sociétal. Ce sont les sociétés de pensée du XVIIIe siècle, les loges franc-maçonnes, comme l'a bien vu Augustin Cochin, l'historien réactionnaire et perspicace de la Révolution française, qui ont façonné et permis le passage des Lumières au jacobinisme. C'est la « Société positiviste » qui a converti jusqu'au Brésil à la religion de l'Humanité. C'est « l'Association psychanalytique » qui a fait d'une curiosité viennoise une multinationale, le freudisme. Un message qui ne cristallise pas en institution se noie dans le bruit de fond. Pour réussir une traversée du temps, il faut du matos parce que « méditer sans traces devient évanescent » (Mallarmé) et que la matière fait monument – papier, pierre ou marbre (*verba volant, scripta manent*). Mais une inscription physique ne saurait à elle seule faire le voyage du temps, si elle ne s'accompagnait d'un organisme de transmission. Je me permets ici de renvoyer aux divers tableaux et schémas explicatifs de mes ouvrages sur le sujet.

Ce diptyque peut être transposé à la sphère de circulation des signes et des corps, appelée *médiasphère*, ce méga-milieu technique de transmission et de transport. Il structure, à notre insu, la physionomie morale d'une époque et notre plus intime chimie mentale. On pourrait ainsi distinguer (pour faire bref) la *mnémosphère* au tout début, fondée sur la transmission orale des savoirs et les arts non écrits de la mémoire ; la *logosphère* après la mise par écrit des grands récits religieux issus de l'oralité primaire ; la *graphosphère*, avec la Renaissance, l'âge de l'imprimé caractérisé par la reproductibilité technique des images et des mots ; et la *vidéosphère*, l'empire de la visibilité, englobée dans l'hypersphère numérique. Aucune médiasphère ne chasse la précédente, elles s'encastrent l'une dans l'autre et la dernière venue reconfigure la précédente. La *une* du *Monde* en 2020, où les images dominent, ne ressemble plus du tout à la *une* en caractères serrés et non illustrée de 1960. C'est devenu un écran multifenêtre. En vidéosphère, sans un visuel, pas de chalands. L'ancestral conditionnement par le milieu physique se double désormais d'un autre par le milieu technique, qui rétroagit, mal, sur le premier. Une fatalité relaye l'autre, même si conditionnement n'est pas déterminisme, la causalité écologique n'étant pas linéaire mais circulaire, en boucle. Le « ce sans quoi » n'est pas un « parce que ». Pas d'Empire sans routes terrestres ou maritimes à travers le monde mais pour frayer des routes de la soie, il faut un puissant maître d'œuvre étatique.

Un exemple d'approche « médio » : mobilité et transcendance, théologie et transports ou la naissance de Dieu. Pas de Dieu unique dans les sociétés sans écriture, cette machine à fixer du sens permettant de le délocaliser sans perte. Un dieu païen est la métaphore d'un lieu. Athéna ne décolle pas d'Athènes. Donner un viatique à l'Absolu, en faire un dépôt ambulant et déchiffrable, c'est permettre au nomade, à l'exilé, de l'emmener avec lui, à dos d'âne. Au début, deux tablettes de pierre, puis des rouleaux de cuir dans un étui. De trois dimensions, on passe à deux, l'encrage libère de l'ancrage, naissance d'un dieu portatif, qu'on entrepose dans un tabernacle, le Saint des Saints, la « tente du rendez-vous », elle aussi pliable et portable. Miracle de la « conduite du panier ». Concentrer l'éparpillé, c'est l'alléger. L'arche sainte comme panier de Jéhovah – le Décalogue à l'intérieur. Improbable combinaison d'un alphabet et d'un quadrupède (Hugo a intitulé son poème sur Dieu *L'Âne*), d'une écriture consonantique et d'un mode de déplacement, l'itinérance grand-pastorale : la face du monde en fut changée. Et croit-on que l'expansion du mouvement chrétien des trois premiers siècles aurait été possible sans la victoire du *codex* sur le *rouleau* en papyrus, le cahier des feuilles pliées, l'ancêtre du livre, permettant de loger un maximum de signes (les quatre Évangiles) dans un minimum de place et de le mettre dans sa poche, ou sa besace ? Où se retrouve une règle à suivre, de bon rapport médiologique, le « plus par le moins » (la miniaturisation est l'avenir de l'homme). Dans les deux cas de figure, il aura fallu la conjonction d'une *matière organisée* (rouleau ou codex) et d'une *organisation matérialisée* (tribu ou église) pour produire l'étincelle qui mit le feu à la plaine des esprits, des mœurs et des puissances.

TROUBLE DANS LA TRANSMISSION

Le « malaise dans la culture » alarma Freud en son temps. Il craignait, et la Grande Guerre ne lui a pas donné tort, que Thanatos l'emporte sur Éros, la pulsion de mort sur la libido vitale. On peut ressentir aujourd'hui une autre anxiété (compatible avec la première): que nos outils de communication mettent à mal nos impératifs de transmission. *Alerte au communivirus*.

Communiquer nous est de plus en plus facile, transmettre de plus en plus difficile. Pourquoi? Parce qu'il y a des technologies de la communication de plus en plus performantes (du télégraphe optique à WhatsApp), alors qu'il n'y a pas de machine à transmettre. On comprend mieux dès lors l'injonction de nos pouvoirs publics: tout ce qui n'est plus transmis devra faire l'objet d'une communication. Sous-entendu, on a les machins qu'il faut pour cela (Claude Lévi-Strauss avait pourtant averti que pour garder quelque chose à transmettre, une culture doit veiller à ne pas trop communiquer). Une transmission se fait en « présentiel », de personne à personne (des parents aux enfants, du maître à l'élève, du compagnon à l'apprenti, du pasteur aux fidèles, etc.). C'est un corps-à-corps où les prothèses (porte-voix, micro, projection) ne jouent qu'un rôle d'accessoires, tel le PowerPoint, notre si pauvre point. Une transmission n'est ni anonyme ni immédiate: elle exige du temps, donc une certaine patience et une incarnation dans un face-à-face. Si le télétravail en est un pour de bon, on peut avoir des doutes sur le télé-enseignement. S'agit-il d'une relation pédagogique ou simplement d'un transfert d'informations? Le « distanciel » ne peut-il pas transformer un professeur en émetteur et l'élève en récepteur?

Beaucoup d'animaux excellent dans la communication par échange de signaux (abeilles, fourmis, dauphins). Nos outils numériques vont-ils nous rapprocher de la condition animale ?

Mieux nous sommes connectés dans l'espace, plus nous sommes déconnectés du temps. Et impatients de l'être. Malgré notre quête du zéro-délai (qui a fait le succès foudroyant d'Amazon), le petit d'homme pour devenir grand doit encore aller à l'école, un endroit assez ennuyeux où, en principe, on ne clique ni ne zappe. Je peux, de Paris, connaître dans la seconde un événement qui se passe à Moscou, mais il me faudra plusieurs années pour apprendre le russe et pouvoir comprendre le monde à la russe, ce que ne permettra jamais un logiciel de traduction automatique qui détache un lexique de son substrat culturel. En deux siècles, le trajet Paris-Moscou s'est réduit pour nous d'un facteur cent : trois heures au lieu de trois semaines. Mais pour lire *Guerre et Paix*, mes prothèses ne me servent à rien, pas une seule journée de gagnée. C'est toujours aussi longuet. Nous domestiquons les distances par la vitesse (300 000 km/s) mais échouons à domestiquer le temps, lequel manque cruellement d'élasticité. Avec les rituels de la transmission, en montant au mur des Fédérés ou à la table de Communion, on pouvait se trouver au même moment, dans sa tête, *aujourd'hui et hier* ; avec les appareils de communication, on peut jouir d'être *ici et ailleurs*. On localise de mieux en mieux, on périodise de moins en moins. « Où es-tu ? » : notre première question, sur le portable. « Dans quelle suite tu t'inscris ? » serait insolite et déplacé. Le numérique désosse le temps et met Clio cul par-dessus tête. Des traces de tout mais pêle-mêle. Plus de chronologie. On cueille à la diable dans le répertoire et qu'importent les continuités pourvu qu'on ait la connexion ; qu'importent les lignées pourvu qu'on soit en ligne. Qu'est-ce qui n'est pas rebaptisé « espace » aujourd'hui ? Une automobile, un théâtre, un fumoir... La Belle au Bois dormant ne s'est pas assoupie dans « un espace vert » mais ainsi s'appellent nos forêts de Brocéliande. Nous encastrons sans trop de peine notre village dans sa région, notre région dans le pays et le pays dans le monde. Nous avons peine à insérer nos instants dans un âge de la vie, notre génération dans la suite des autres, ou un parcours personnel dans une aventure collective. On oublie la date de naissance de ses parents et où sont enterrés les grands-parents (s'ils ne sont pas incinérés) ; mais on a le GPS embarqué sur son tableau de bord. Flottante notre position dans le temps, à la décennie près, précise notre position dans l'espace, au mètre près. Peut-être faut-il supposer un jeu à somme nulle entre l'ubiquité et la pérennité, entre le mouvement et le monument, entre les deux dimensions spatiale et temporelle de l'humaine condition. Milan Kundera, à propos d'un motocycliste accélérant sur l'autoroute pour chasser de sa tête une scène de ménage, remarque que « le degré de vitesse est proportionnel à l'intensité de l'oubli ». Il y a en effet un lien entre l'*explosion des mobilités* (la bougeotte au-dedans, le tourisme au-dehors) et l'*implosion des continuités* (dont les convulsions identitaires sont un effet direct). À quoi s'ajoute l'obligation de *faire événement* (le livre-, le film-, l'émission-événement) dans une économie de l'attention en crise. Une info se définit comme *l'inverse d'une probabilité d'apparition*. La société d'information fait donc la part belle à l'évêque qui mord son chien. Elle est à son meilleur dans le pire, avec un rendement optimal dans l'acte terroriste. Un musée a obligation d'extraire de sa collection permanente de quoi bricoler l'expo-événement qui fera date. Et non sans raison. Un continuum ne donne pas lieu à un communiqué de presse. Comme la marche est une succession de chutes rattrapées in extremis, une culture est une succession de ruptures transmuées en tradition – notre tradition du nouveau. « C'est le plus grand triomphe de l'homme (et de quelques autres espèces) sur les choses, signale Valéry, que d'avoir su *transporter* jusqu'au lendemain les effets et les fruits du labeur de la veille. » Nos moyens de transport se sont beaucoup améliorés avec la révolution numérique, nos capacités de stockage également, ainsi que nos facilités d'accès à ce qui dure. Malgré l'obsolescence de certains supports, nous pouvons proclamer qu'« Alexandrie, c'est fini ». Mais à quoi bon des mémoires externalisées et bien rangées, si des comptables immémorants ne voient bientôt plus dans ces réserves que « des élevages de poussière » ?

Le « zéro stock et *just on time* » a un coût. Le tout-marché veut du fluide, de l'allégé, du jetable, et fait le rêve d'une société liquide. Il squeeze les corps intermédiaires et s'insupporte des statuts. C'est la désintermédiation généralisée. *Do it yourself*. Priorité aux flux tendus. On ne stocke pas plus les morts que les masques. Améliorer la soupe en bazardant les vieux pots ? Croit-on que le bon élève Rimbaud aurait révolutionné la poésie française s'il n'avait pas eu des stocks de vers latins sous la main, pour pouvoir en composer lui-même, au kilomètre ? Les mauvais héritiers font de mauvais révolutionnaires, et si les GAFA remplacent les écoles jésuites nous n'en aurons plus de bons. La délégation aux algorithmes pose problème dans la mesure où l'institution est court-circuitée dans sa fonction médiatrice. On l'a vu récemment avec l'extension du « distanciel » communicatif et le remplacement progressif des institutions par des plates-formes numériques – le *e-learning* pour l'Éducation nationale, le *blog* pour le journal, ou la téléconsultation en médecine pour le colloque clinique.

Avant que nos institutions – Églises, partis, syndicats, armées, familles – ne se métamorphosent en entreprise, avec DRH, commissaire aux comptes et actionnaires, profitons du répit qui nous est laissé pour rappeler les signalés services qu'elles nous ont rendus : attribuer une rallonge aux passants que nous sommes en les insérant dans un corps plus durable que le nôtre, celui d'un « groupement ou établissement titulaire d'un patrimoine collectif et d'une certaine capacité juridique » ; nous aider à tempérer l'oubli et limiter l'insignifiance ; jeter une passerelle entre les âges, pour faire route sans trop se perdre. Une façon astucieuse de contrer l'entropie. Il n'est pas sûr qu'on ait joué gagnant en prônant l'association (signe plus : égalitaire, volontaire, contractuel, provisoire) contre l'institution (signe moins : autoritaire, archaïque, fossilisé, dogmatique). Ou le *happening* contre l'œuvre, ou l'ego contre le *nous*. L'allègement des charges accroît la fugacité des actes et des êtres. Cela dit, remonter la pente vers le zéro-institution ne sera pas une partie de plaisir, si l'on considère ses trois tares principales, en tant que prescriptive, exclusive et inégalitaire. *Inégalitaire*: autant il y a une symétrie entre opérateurs dans l'échange d'information, autant la *transmission* est par nature dissymétrique, comme la filiation par rapport à la conjugalité (mari et femme sont égaux, non parents et enfants). *Exclusive*: elle a ses conditions d'entrée, n'accueille pas tout le monde et laisse des gens à la porte. *Prescriptive*: elle a des principes et des règles. La prise de parole s'y effectue d'après une logique de places, qui désactive autant que possible les rapports de force. Toutes propriétés devenues intolérables, ou pour le moins anachroniques.

Les anges sont dangereux, le médium l'est aussi. Il a sa face noire et peut faire dérailler. Lucifer est un ange qui a mal tourné. L'interface est capable de manger la consigne, et cela s'est vu plus d'une fois. Un Évangile d'amour et de charité a pu déboucher sur la chasse aux sorcières. Le Grand Inquisiteur, rencontrant le Christ, l'a sommé de rentrer chez lui au plus vite – Dostoïevski a raconté la scène. Un projet de société égalitaire s'est terminé sur des balles dans la nuque. Une idéologie des droits de l'homme, sur des bombardements au napalm de populations civiles. Rien n'est immédiat ni donné, tout est devenu, le vrai est le tout mais le tout peut être un faux.

Le pape François a dénoncé à juste titre le cléricalisme. C'est une maladie proprement médiologique liée au tragique de toute transmission. Le vivifiant pour prendre effet a besoin d'un véhicule qui le fait mourir en le transportant. Le vecteur devient le message et le médiateur, sa propre fin. La Bonne Nouvelle se donne une Église, le *corpus Christi*, mais le corps ecclésial, tout mystique qu'il soit, fait souffrir le Christ. L'institution qui sauve le sens est de nature à le ruiner. Le souffle inaugural se fige en catéchisme pour le rendre plus facile à mémoriser et colporter. Pas de successeur, pas de succès, mais le successeur tourne au démolisseur s'il banalise, châtre et normalise. En politique, le cléricalisme se nomme sectarisme, et dans la culture, star-système. C'est ainsi qu'on remplace la musique par le musicien. On ne va plus au concert pour écouter Beethoven mais Karajan ou Abbado dans la Cinquième. On va au cinéma pour voir Gabin ou Belmondo et tant pis pour le scénariste et le réalisateur. Le vecteur des valeurs se prend pour la valeur suprême et le devient à nos yeux (comme la dégaine d'un auteur éclipse son travail).

Le mot célèbre d'Alfred Loisy (le prêtre français excommunié en 1908) sur la chrétienté primitive illustre la difficulté. « On attendait le Christ, c'est l'Église qui est venue. » Le déplorer ou s'en réjouir ? Les deux, mon Père. Si l'Église n'était pas venue, personne n'aurait entendu parler du Christ ni attendu son retour, car c'est elle qui a perpétué le message évangélique et elle a même fait plus : elle a assuré la transition du Jésus historique à la figure du Messie accomplissant les Écritures par un travail d'élaboration théologique qui a pris trois siècles. Mais l'Église a duré, s'est indurée et entraînée de ce fait à prendre sa propre reproduction pour sa fin. C'est l'inversion qui menace toutes les institutions en ce bas monde – partis, académies, universités, écoles de pensée – vivifiantes et réfrigérantes, qui canalisent et gèlent par la même occasion l'eau de la fontaine. Telle est l'ambivalence du Verbe qui se fait Chair. Elle a tourneboulé Péguy. Son réalisme spirituel vantait l'incarnation du Christ mais dénonçait son incarcération. Comment dire oui au message originel et non au corps qui lui fait traverser les siècles, pour empêcher qu'il ne s'évapore en chemin ? Il est permis de penser qu'une grande politique ne peut réussir qu'en devenant une mystique et une mystique pour de vrai qu'en devenant une politique. En donnant sa vie pour Notre-Dame la France, en sa double qualité de patriote et de chrétien, Péguy en a, par son sacrifice, apporté la preuve.

LA MÉDIOLOGIE À REBROUSSE-POIL

Le revêtement des routes – bitume, ciment, enrobé ; le passage, pour l'image non-faite-de-main-d'homme, de la plaque de verre au celluloïd puis de l'analogique au numérique ; le cadre du tableau, les hauteurs de l'estrade ; l'ampoule électrique ou le disque en vinyle : voilà de quoi se retrouver en banlieue, non dans la cour de la Sorbonne. Une amitié partagée avec Jacques Derrida nous permit cependant, avec mon ami et coéquipier Daniel Bougnoux, de tenir un séminaire au Collège international de philosophie, conçu pour accueillir des déclassés peu orthodoxes ou en attente de reclassement. Ne pleurons pas misère. Nous eûmes quelques alliés, dans notre marge. Pour Derrida qui, dans *La Pharmacie de Platon*, revenait sur la question de l'écriture, la première de nos télétransmissions, et dont *La Carte postale* évoquait l'errance imprévisible d'une trace, la dynamique et non la statique de l'esprit avait de l'importance (et je devais lui servir d'interlocuteur dans sa dernière intervention publique, un tête-à-tête télévisé, à l'initiative de Franz-Olivier Giesbert). Avec Michel Serres, l'auteur d'*Hermès*, nous avions les anges en commun, les philosophies du langage en suspicion et un travail conjoint sur les nouveaux outils de l'intelligence collective (avec Pierre Lévy). Et surtout, François Dagognet, à la tête de notre micro-institution baptisée *Ad Rem* (association pour le développement de la recherche en médiologie), notre ange gardien (ainsi que mon patron de thèse). Le philosophe de l'objet, du transport et de la circulation, à la veine encyclopédique, matiériste, industrialiste et technophile. La ligne Diderot, à contre-courant. Il y a dans la profession, depuis des siècles, en dehors du cube et du cercle, des objets dûment accrédités, la clepsydre, l'horloge, le miroir, la bougie. Il sortait de l'ordinaire en célébrant avec enthousiasme le bouton, le fil, l'agrafe, les colles, les verres et les gobelets, les polymères, les boîtes et les paniers. Nous avions tout pour nous entendre. Ainsi était notre « Dago », conscient que la peau est ce que nous avons de plus profond et qui abordait l'intériorité via la poêle Téflon, le tergal et le polyester, montrant et démontrant que la matière court plus vite que l'esprit; frappant d'un signe plus le contreplaqué et l'aggloméré, tout en rendant leur dû au chêne et au peuplier. « Un demi-hérétique que son originalité ne saurait condamner à la marginalité », disait de lui Canguilhem, l'autre fils spirituel de Bachelard, l'auteur du *Rationalisme appliqué* (1949).

Marginaux nous fûmes et demeurons. Aux antipodes du *logocentrisme* d'un moment intellectuel saisi par le Code comme Monsieur Le Trouhadec par la débauche, suite au *linguistic turn* des années 1960. Indépendante du support matériel, la notion de code peut voler d'un objet à l'autre, en dispensant d'aller y voir de près. Et les choses à leur signe furent ainsi réduites. Issu de la linguistique structurale, devenue science-pilote, et du vœu de Saussure, son pionnier, de voir advenir « une science qui étudie la vie des signes, dans la vie sociale », la vulgate faisait souffler un grand vent de linguisterie sur la publicité, l'inconscient, le Japon, les pâtes Lustucru et le prêt-à-porter. Plus de référent, du signifiant. Plus question des choses mais du discours sur les choses, d'où résultait un monde-langage, adouci, élagué, estompé, évaporé, où « le peuple, comme aurait dit Michelet, semble marcher en l'air comme dans les peintures chinoises où le sol manque ». On n'avait pas belle mine en s'occupant de la bagnole et du téléphone; en rappelant qu'une langue est un dialecte qui a des canons; en acceptant de *sémiotiser*, oui (avec Peirce, le sémioticien américain et sa distinction fondamentale entre indice, icône et symbole), mais à la condition de *somatiser*, parce qu'il n'y a pas de paroles sans cordes vocales, ni de sons sans ondes sonores ni de caractères écrits sans papyrus, peau de mouton, feuilles de palmier séchées ou papier ; en signalant qu'en grec ancien le *symbole* n'est pas du creux (comme dans « gestes purement symboliques »), mais du solide, une tessère coupée en deux dont deux personnes transmettaient chacune une moitié à leurs enfants pour qu'ils puissent se reconnaître comme des alliés, en joignant les deux bouts, en somme, un jeton de présence qu'on se repasse de loin en loin.

On ne pouvait être plus éloigné de Foucault, « l'homme de toutes les ruptures », « le prophète des radicalités contemporaines », « le héros des campus américains », dont une citation doit aujourd'hui illustrer tout discours qui se respecte, présidentiel, préfectoral ou patronal. C'était notre philosophe officiel. Fonction nullement désobligeante, parce qu'il en faut bien un et qu'il n'a pas volé cette apothéose, laquelle ne manque pas de sel au demeurant pour le penseur des marges et des exclus. L'amitié n'empêche pas la contradiction, et en côtoyant assez souvent cet ascète érudit et des plus attachants, gestes vifs, regard clair, métallique et joyeux, dans quelques escapades dont une héroïcomique, à Madrid, sous Franco – je ne pouvais pas ne pas sentir à quel point j'en étais éloigné par nos partis pris respectifs. Chaque époque a son chaman. Foucault fut le Bergson de la nôtre, le col dur en moins. Même grand style, même finesse d'analyse, même alliage du souple et du pointu, de la fresque et de la miniature. Il se disait « un marchand d'instruments », « tout sauf un écrivain ». J'ai des doutes sur les instruments mais ne connais pas plus juste, plus pénétrant regard sur un Vélasquez, une pièce de Boulez ou un roman de Duras.

Sans doute le souci de l'*épistémè* (l'obscur et changeant ensemble des règles du discours) a-t-il d'autres obligations, d'autres lieux électifs que le souci de la *praxis* (du *modus operandi* des agents historiques). Et on ne peut que saluer l'exploration méticuleuse de l'hôpital, de la prison, de l'asile. Je ne pouvais cependant partager sa vision de l'institution, quelle qu'elle soit, comme une maison de correction chargée de brimer et briser les libertés individuelles. C'en est, à mes yeux, un support indispensable. Je ne pouvais non plus épouser sa haine obsessionnelle de l'héritage marxiste et du mouvement ouvrier. Non plus que sa prédilection pour les ruptures et les coupures, sa défense « d'un rapport à l'histoire qui néglige les cumuls et se moque des continuités », au moment même où celles-ci se brisaient. Je ne voyais pas comment on pouvait pousser l'irréalisme jusqu'à pronostiquer que « l'humanité commence à découvrir qu'elle peut fonctionner sans mythes ». On ne sache pas que la jeunesse israélienne ait cessé d'aller en pèlerinage à Massada et de célébrer les Maccabées ni la jeunesse arabe de glorifier Saladin. Et si toutes ses analyses, comme il le disait souvent, « vont contre l'idée de nécessité universelle dans l'existence humaine », les miennes tendent plutôt à conforter cette fâcheuse hypothèse. Quant à la contre-culture hédoniste et hyperindividualiste présentée comme subversive, j'y voyais plutôt la préface d'un consensus libéral-libertaire bien conformiste. Bref, notre ami, oreille fine et concertante, au diapason de l'époque, à la fois porteur et porté par elle, donnait le *la* (voir « Si loin de Foucault », *Médium* n° 2). Peut-on contredire une atmosphère ? Oui assurément, mais à condition de savoir qu'on n'a pas l'oreille de son temps quand on émet sur une autre longueur d'onde. L'indifférence, en ce cas, n'est pas malveillante mais acoustique. C'est dommage, car la croisée d'ogives de notre nouveau monde, c'est sans doute un entrecroisement entre le technologique et le culturel, l'impersonnalité des outillages et les personnalités mentales, la convergence des artefacts et la divergence des mémoires. Suscitant à la fois un vide d'appartenance et une insécurité psychique, l'uniformisation des *façons de faire* suscite un peu partout la résurrection des *façons d'être* par l'affichage colérique d'une différence. Le quantitatif interchangeable du « tout vaut tant », loin d'abolir l'odeur, la couleur et la qualité des ancrages singuliers, leur fouette le sang. Le Divers se cabre tout au bout de l'Uniforme et le Même fabrique son Autre au fur et à mesure qu'il envahit la Terre. En bref, le médiologue travaille là où l'époque a mal.

Mais trop en dehors des clous pour se trouver un toit dans la mosaïque universitaire des disciplines. L'étude des corrélations fonctionnelles peut s'accorder avec une pensée de l'objet, non avec le sujet cartésien cherchant la liberté dans une réflexion sur lui-même, ni avec l'universel kantien d'un homme sans histoire et sans outils. N'ayant, de surcroît, aucune morale à promouvoir hormis une improbable éthique de la technique, acceptant le cynisme du connaître dans une certaine indifférence aux fins dernières, le médiologue doit continuer de fouiller les poubelles sans complexe. Il se doute bien que les sciences sociales n'en sont pas vraiment (malgré la présence accrue et bienvenue en leur sein des probabilités et des dénombrements). Chaque registre du savoir a sa façon de se rendre plausible. Celui des sciences humaines, où il est d'autant plus question de méthode que le résultat est assez pauvre, n'est pas celui des sciences exactes et expérimentales, où la vérité transcende ses conditions sociales d'apparition et la personne du chercheur. Aussi n'ai-je jamais, malgré son suffixe en « logie », évoqué une science quelconque (et je rougis quand je me vois campé au passage, que ce soit pour louer ou débiner, en « fondateur d'une science »). Cette interdiscipline propose simplement un mode original de connaissance, une boîte à outils qui peut rendre des services à la critique d'art, l'archéologie, la stratégie ou l'urbanisme. Scientifiques pour de bon et sans port illégal de décoration sont la géographie, la démographie et l'histoire (jusqu'à un certain point). Psychanalyse et sociologie n'appartiennent évidemment pas à la même classe. La dernière doit, après sa naissance en 1837, à un bon siècle d'ingénieux petits coups de force institutionnels de pouvoir arborer les insignes de la distinction, labo et blouse blanche. Il est toujours bon de mettre la science dans son camp, pour renvoyer le voisin dans les limbes de l'idéologie. Ainsi procèdent maintes chapelles. Enfermez cinq sociologues de diverses sensibilités dans une pièce pour qu'ils vous fournissent après commun accord l'explication d'un mouvement social en cours, revenez au bout d'une heure, vous verrez du sang sur les murs. Demandez à cinq mathématiciens ou chimistes de vous fournir la réponse à un problème de leur spécialité, revenez les voir et vous les entendrez dialoguer sans s'échanger des noms d'oiseaux. La sociologie offre tantôt une philosophie sociale confortée par des statistiques et, pourquoi pas, tantôt d'instructives monographies sur un sujet précis, et c'est tant mieux. Un chef de secte brandissant le panonceau « Science » et excommuniant les concurrents, c'est *business as usual* : la course à l'autorité. Je me souviens du sourire avec lequel Lévi-Strauss, peu avant sa mort, m'a confié qu'il avait cessé de tenir son paradigme de référence, la phonologie structurale de Jakobson, pour une science – en constatant que ses arguments se trouvaient contestés par d'autres tout aussi valables. Il s'est dans la foulée qualifié de « pyrrhonien », disciple du sceptique grec, studieux toujours mais définitivement tolérant. Le vieux Karl Marx avait pris pour devise avant de mourir : *de omnibus dubitandum,* il faut douter de tout. D'un siècle l'autre, un point fixe demeure : le *Que sais-je ?* – ultime devise des plus grands savants.

VIII

CROIRE : LE SACRE DU PRINTEMPS

Difficultés à l'école – Les mots pour le dire – Du sacré en général – De la France en particulier

Où se découvre que le déclin des institutions ecclésiales n'enlève rien, bien au contraire, au rôle structurant des croyances civiles ou religieuses, dont les excès font beaucoup de mal mais dont l'absence ne fait pas de bien.

Courons à l'onde en rejaillir vivant.

PAUL VALÉRY

DIFFICULTÉS À L'ÉCOLE

2001. *Rapport au ministre de l'Éducation nationale sur l'enseignement du fait religieux à l'école laïque*. Un haut-le-corps chez les collègues. On prend ses distances. Ce type est louche. Prêt à introduire le virus des croyances dans le corps sain des savoirs. De l'infalsifiable dans le démonstratif. Du clair-obscur dans les Lumières. Aucun problème avec les profs d'histoire qui se collettent professionnellement avec cet irritant sujet, une matière première des Annales, ni avec les profs de lettres qui ont à expliquer Pascal, Bossuet, Claudel mais aussi le *Mahomet* de Voltaire et *La Semaine Sainte* d'Aragon ; ni bien sûr, avec les chargés d'éducation artistique qui ne peuvent se réjouir de voir des gamins demander devant une Vierge de Botticelli, « c'est qui cette meuf ? », ou devant un saint Sébastien criblé de flèches, « le pauvre, il s'est laissé prendre par les Indiens ». Mais ceux qui ont en charge d'éduquer les ados au jugement critique, pour séparer le vrai du faux, craignent d'être pris à revers. En bons héritiers du siècle de Voltaire, ils n'aiment pas le religieux parce qu'ils croient que c'est un à-côté, une bêtise, une mômerie. Bref, une opinion. C'est écrit dans la Déclaration des droits de l'homme et du citoyen, article 10 : « Nul ne doit être inquiété pour ses *opinions*, même religieuses... » Or des goûts, des couleurs et des opinions, on ne discute pas en classe. J'en suis d'accord et aurais bien aimé que les religions fussent affaire d'opinion. Joie et délivrance. On ne blesse pas une opinion et on ne tue pas pour elle ni ne meurt. On en change ou on en sourit. Les guerres de religion n'ont pas mis aux prises des idées, mais des systèmes nerveux, car la croyance religieuse n'est pas une affaire de conscience mais d'existence. Une foi est subjective et proprement indémontrable, mais elle confère une identité, une fierté, une mémoire et un sens à la mort. Le socle est en dur et survit aux longues érosions. Plût au Ciel qu'il n'y eût, dans une certitude de ce type, qu'une « option spirituelle ». On lève une option, non une appartenance. C'est la poisse, oui, mais nous avons la poisse. Il m'arrive d'envier les sortilèges de la Raison pure qui touchent à la magie quand ils peuvent, par pudeur, annihiler le fait comme si tout ce qui est irrationnel devait être irréel. Croire qu'il existe quelque part un paradis avec d'accortes vierges pour enchanter les jeunes djihadistes, cela manque de sens commun, il faut en convenir, mais les tours de

Manhattan et la tuerie de *Charlie Hebdo*, c'est de l'empirique, et en bon élève d'Auguste Comte, je prends les faits en compte. Mieux vaut les envisager que leur tourner le dos. Une culture est régulièrement prise à revers et terrassée par ses recoins obscurs, que ses lumières lui cachent. Les élites du XVIIIe siècle n'ont pas prêté attention à la chose guerrière – et les guerres nationales du XIXe ont failli n'en faire qu'une bouchée. Les bons esprits de l'Union rationaliste qui dédaignaient les superstitions les reçoivent en pleine figure dès qu'ils mettent le nez dehors – du centre-ville ou de l'Ouest européen (cela leur arrive). On pouvait donc souhaiter substituer à une laïcité d'incompétence (cela n'est pas de notre ressort) une laïcité d'intelligence (essayons de comprendre, puisque cela persiste et signe), au lieu de laisser le monopole du sujet aux divers bureaux de recrutement.

L'accueil fut aussi frais côté ecclésial. Moins chez les calvinistes, vieux amis des œuvres de raison, que chez les catholiques, versant traditionaliste (on se montra plus ouvert à la Conférence des évêques de France, comme on le sera d'ailleurs au Grand Orient). On ne peut comprendre le fait sans avoir la foi, m'expliqua le cardinal Lustiger, en tête à tête et fort aimablement. Au mieux pourrait-on envisager, me suggéra-t-il, l'intervention en classe de ministres du culte en qualité de « témoins » – pourquoi pas une pastorale, dans la foulée ! Évidemment inacceptable. Plus glaciale encore fut la réception à la Cité du Vatican où je manquai de peu d'être mis à la porte par un cardinal polonais dont je ne me rappelle plus le nom, qui présidait la Congrégation pour l'éducation catholique et me vit comme un envoyé du Diable. Un représentant de la Gueuse, désireux de poursuivre, par d'autres moyens, la guerre bicentenaire de la République libre-penseuse contre les vérités éternelles de la foi.

Un enseignement non religieux du fait religieux, comme un phénomène de culture irrécusable et matriciel, c'est trop pour les uns et trop peu pour les autres. Entre deux chaises et deux feux, derechef. On s'habitue. Un idiot utile de la calotte pour les bouffe-curés. Un envoyé des sans-Dieu, pour la sacristie. Je n'avais pourtant pas eu d'éblouissement derrière un pilier de Notre-Dame. Je dors bien. Dans la filière Diderot, on ne brûle pas de cierges et on ne s'agenouille pas. D'éducation chrétienne mais non catho, libre-penseur mais non franc-maçon, cela suffit pour un tir croisé.

Le moment était dramatiquement favorable : après le 11 septembre 2001 à New York. C'était l'alarme, et le tocsin incitait à creuser le comment et le pourquoi de l'épouvantable. N'était-il pas sage d'évoquer dans les classes, délicatement et sans se fâcher, des sujets qui fâchent et peuvent faire couler du sang ? Jack Lang, le ministre de l'Éducation nationale, joua le jeu avec allant. C'est un homme d'action. À vrai dire, je ne pensais pas seulement aux trous de mémoire où un pays peut tomber en se cassant les os, suite à l'écroulement des institutions attitrées. Je voyais l'indifférence des irresponsables aux commandes pour les soubassements de la mémoire collective, avec les catastrophes qui s'ensuivent – barbaries impériales et retours de bâton. On connaît le mot du président américain George Bush, à la veille d'envahir l'Irak, répondant au conseiller qui l'informe qu'il existe des chiites dans ce pays : « Ah bon, moi, on m'avait dit qu'ils étaient tous musulmans ! » Les présidents américains sont ce qu'ils sont, assez rustiques, mais François Mitterrand lui-même a pu lever un sourcil étonné en m'entendant parler des Arabes chrétiens. On devine ce qu'il pouvait en être à d'autres échelons. L'absence d'un cours d'histoire des religions à l'École nationale d'administration en dit long sur cette impéritie, bien que l'histoire politique en soit un sous-chapitre tardivement ajouté. J'ai rencontré de brillants sujets dont il était clair que l'Histoire de France commençait pour eux en 1918, voire en 1945.

Et pourquoi n'avoir pas pris plus tôt ce genre d'initiative (il y en avait eu d'autres avant, mais sans succès) ? Parce qu'on se refuse à dire à voix haute que Malraux avait raison et que Marx a eu tort de voir dans la religion, comme son maître Feuerbach, une vieillerie en voie d'extinction, dont le genre humain sera débarrassé quand il aura cessé de se faire voler ses sublimes qualités par un Être transcendant, qui l'écrase en retour. On n'en prend pas le chemin. La survivance reprend du poil de la bête, pour notre consternation. « Le XXIe siècle sera religieux ou ne sera pas. » Une formule apocryphe mais un bon pronostic. Il suffisait de s'extraire de son cocon géographique pour qu'elle se mette à résonner en découvrant combien les continuités spirituelles appelées civilisations peuvent avoir le souffle long, chaque fois qu'elles ont pour épine dorsale un somptueux délire organisateur. N'y a-t-il pas toujours un système des castes dans la démocratie indienne ? Comment comprendre l'Inde hindouiste qui lance des fusées spatiales sans la transmigration des âmes, la Chine communiste sans Confucius (dont l'Assemblée du Peuple a célébré en grande pompe la naissance), la Prusse sans Luther, Israël sans Moïse ? Les deux Amériques actuelles sans le tsunami pentecôtiste et néo-évangéliste ? Bonne occasion pour se rappeler qu'à côté de la biodiversité, il y a l'ethno-diversité. Ce serait non seulement un entraînement à la laïcité mais un cours de géographie humaine. Une piqûre de rappel, il n'est jamais trop tard en Occident pour apprendre l'humilité.

Le tour du monde vaudrait aussi pour les professions de foi des têtes molles, conclues par l'inévitable : « Il n'y a pas de culture dans le refus de l'autre, il n'y a de culture qu'universelle ! » Témoignant ainsi d'une rare fermeture d'esprit. Si elles ouvraient leurs yeux au-delà du périph', elles saisiraient mieux la niaiserie du propos car s'il n'y avait pas de refus dans une culture, il n'y aurait pas de religion en amont et donc pas de culture du tout. Ce que notre « humaniste » passe sous silence, pour avoir eu un moment de distraction, c'est que le juif est né anti-cananéen (l'idolâtre), le chrétien, antipharisien (le perfide), le musulman, anti-judéo-chrétien (les renégats), le luthérien, antipapiste, et le bouddhiste, antibrahman. Toute religion nouvelle fut un acte de force contre son aînée, ou son hérésie. Le monothéisme des Hébreux fut un scandale pour les monolâtres de la région, qui admettaient fort bien qu'il y eut d'autres dieux que le leur ; le christianisme, une hérésie du judaïsme (saint

Étienne fut lapidé à Jérusalem pour avoir vu le Christ ressuscité) ; l'islam, une guerre tous azimuts déclarée aux Trinitaires – le Prophète ayant dû lutter contre les Byzantins au nord, les Sassanides zoroastriens à l'est, les tribus juives du Yémen, sans compter les Ghassanides de La Mecque convertis au christianisme monophysite. Et chacune de ces confessions se réclamant d'une même Révélation n'aurait pu s'imposer sans envoyer sa consœur au diable. Protestants et catholiques, chiites et sunnites sont séparés par le même Dieu. Ce que notre bénisseur de ministre a oublié, parce qu'il a son agenda et qu'on l'attend au 20 heures, c'est que les Upanishads hindous du VIe siècle avant notre ère ont opposé au ritualisme des anciens Vedas un Brahman unique, jusqu'à ce que Siddhartha Gautama arrive à son tour et oppose aux bûchers funéraires de ces aristocrates la notion égalitaire et tout intérieure du Nirvana. Rien à voir avec une tournée spirituelle dans la douce paix de Dieu. C'est la guerre aux Cieux comme sur la Terre, puisqu'un Esprit ne peut se poser qu'en s'opposant, selon la règle de l'ici/contre.

On ne saurait reprocher à nos gouvernements, sur ce point, de marcher sur des œufs car chaque fois que s'est brisée l'unité française, il y a eu de la calotte et du rabat dans le paysage. Nos affaires de religion ont laissé des souvenirs et pas seulement en Vendée. Terrain miné. Surtout avec la ou les communautés musulmanes dans l'Hexagone. Mieux vaudrait, pour aborder le Croissant, naissance et dissidences, parler l'arabe, chose rare chez les enseignants. Les traductions du Coran ne font pas foi puisque la langue elle-même est sacrée, à la fois intouchable et identitaire. Les enseignants formés par notre Institut (installé dans l'École pratique des hautes études et longtemps dirigé par Isabelle Saint-Martin, historienne d'art) ont bien du mérite. Un prof de collège n'a-t-il pas été sanctionné par sa hiérarchie pour avoir expliqué en classe un passage de la Bible ? Alors qu'au-dehors on rafale les terrasses de café aux cris d'Allah Akbar, il n'est pas facile de désamorcer l'arrière-fond instinctif des familiarités communautaires. Déconnecter le connaître du sentir demande un certain doigté pédagogique pour se faufiler entre Charybde et Scylla. Soit on gomme les écarts différentiels entre cultes qui font le vif du sujet et on se replie sur le plus petit dénominateur commun entre le jeune barbu, le loubavitch, l'évangélique et le catho, pour tenir des propos douceâtres et rassurants sur l'égale dignité de toutes les croyances – dans une langue de nougat mode Unesco. Ce qui n'apporte rien. Soit on met en valeur les oppositions et les incompatibilités de fond entre confessions, en rappelant la chronologie d'affrontements millénaires à prétexte théologique. Ce qui réveille de mauvais souvenirs. Le survol œcuménique de complaisance fait de la marmelade, l'inventaire des différences, du sel sur les plaies. L'IESR (l'Institut européen en sciences des religions), à présent présidé par le préfet Leschi, apprend à tenir la ligne de crête. La France d'aujourd'hui ne sera jamais la mythique Andalousie d'avant-hier, mais ce n'est pas une raison pour oublier le but à poursuivre : augmenter le nombre de joueurs dans un jeu national acceptable et accepté par tous les partenaires.

Je dois avouer, dans cette didactique hautement souhaitable si on veut couper court aux vocations criminelles, l'ombre d'une mauvaise conscience : ne pouvoir me plier aux réquisits attendus d'un bon pédagogue. Sans doute avons-nous tous appris, dans nos cours d'école laïque, à nous faire cartésien, kantien ou heideggérien au moment d'expliquer à nos élèves chacun de ces systèmes de pensée qui a autant de titres à la crédibilité que son concurrent, mais il vient un moment, à la fin de l'horaire prévu, où on ne résiste pas à l'envie de donner son avis personnel, parce qu'en classe de philo, entre adultes, nous savons prendre nos distances et que les passions d'appartenance sont mises hors-jeu, par convention tacite et réglementaire. Je pourrais à la rigueur, le temps d'un exposé, me faire tour à tour catholique, calviniste ou chiite, mais ne pourrais manquer d'avouer, en fin d'exercice, que bien que ces trois confessions soient éminemment respectables, je ne peux pas faire miens les postulats sur lesquels elles reposent. Les familles demanderaient rapidement mon renvoi au chef d'établissement et l'obtiendraient sans peine (relation client oblige).

LES MOTS POUR LE DIRE

Mon incapacité viendrait d'abord de ce que les mots dont nous usons machinalement pour désigner les faits de croyance empêchent de les comprendre. Les lunettes qui rendent aveugle (pour s'en tenir aux plus courantes) s'appellent *Dieu*, la *religion* et la *spiritualité*.

Elles ont hélas la force de l'habitude et l'homme est un animal d'habitudes.

Dieu ? Il est mort, nous a dit Nietzsche. Mauvaise ou bonne, l'information a laissé parfaitement indifférents les deux plus grands pays du monde où il n'est pas né, la Chine et l'Inde, et on ne sache pas qu'ils aient pris le deuil : la nouvelle est passée inaperçue auprès de deux ou trois milliards d'humains. Dans le petit cap de l'Asie, l'Europe, l'avis de décès ne nous a pas plongés dans le noir. On a embrayé sur des sosies, pour combler le trou. Nous avons objectivement trois raisons, sur ce point, de modérer nos plaintes ou notre joie (c'est selon).

La première est historique. La plus ancienne sépulture connue, dénichée au fond d'une grotte de la Sierra d'Atapuerca, remonterait à quelques centaines de milliers d'années. Des crânes ornés et teintés d'ocre attestent que déjà pour un chasseur-cueilleur la mort d'un congénère n'était pas la fin de sa vie. Le monde tangible en avait un autre, au-dessus ou en dessous. Le *sapiens sapiens*, en pleine possession de ses moyens, remonterait, lui, à 35 000 ans av. J.-C. Le Père Éternel, notre Créateur incréé, est vieux d'à peine 3 000 ans, si on remonte jusqu'au Aton égyptien ou au Mardouk babylonien (lequel a inspiré le Yahvé des Hébreux captifs à Babylone). On a donc pu, pendant, au bas mot, des dizaines de milliers d'années, se doter d'un arrière-monde ou d'un sur-monde où ne figurait pas Dieu le Père. Le lien indispensable et constitutif du visible et de l'invisible, entretenu, entre autres, par le culte des ancêtres, n'a pas eu besoin de cette hypothèse. Conclusion : s'il présente beaucoup d'avantages, Dieu n'est pas une obligation.

Deuxième raison, géographique : il y a aujourd'hui, à la surface du globe, plus de religions athées que de révélées (sans même prendre en compte les religions séculières ou civiles). Quand on est hindou, bouddhiste, jaïn, shintoïste, yazidi, manichéen, zoroastrien, taoïste ou bonze, on pratique un culte qui ignore la Personne avec un grand P s'adressant du haut des cieux à des personnes avec un p minuscule. Il est vrai que les religions privées d'un Dieu universel (et transportable), de nature ethnique et sédentaire, s'exportent mal, ou pas du tout. Mais l'aire judéo-chrétienne n'en est qu'une parmi d'autres, ni la plus ancienne ni la plus peuplée.

Précisons. Du caractère tardif et localisé d'une innovation géniale ne se déduit pas qu'elle est dépourvue d'intérêt pratique. Si le Dieu unique n'a pas été désactivé (l'arme atomique non plus), c'est qu'il a rempli, malgré son potentiel meurtrier (ou à cause de lui, qui sait) une fonction bénéfique, quelles qu'aient pu être son ambivalence et celle de ses fondés de pouvoir – Moïse et Josué, Jeanne d'Arc et l'évêque Cauchon, Averroès et Ben Laden ne se ressemblent pas. N'étant pas nous-mêmes blanc-bleu ni d'une seule pièce, cela n'a rien pour nous choquer. « Dieu a fait l'homme à son image, disait Voltaire, et l'homme le lui a bien rendu. » Feuerbach a retourné le miroir : c'est l'homme qui a fait Dieu à son image et Il le lui a bien rendu. Les deux peuvent se dire. Mais en tout état de cause, ce sont les hommes qui font la guerre des dieux, non l'inverse.

La religion ? Traduit du *religio* latin, le mot permet de parler de nous en parlant des autres. L'article défini suggère qu'il n'y en a qu'un modèle, alors que la « religion au sens classique » est un nombrilisme. Le mot n'existe pas en grec ancien ni dans le Nouveau Testament (pourtant écrit en grec) non plus que dans l'Ancien Testament ni dans les langues sacrées. *Religio* désignait à Rome le culte officiel et exclusif de la Cité. C'est Tertullien (155-222) qui a eu l'idée géniale d'appliquer le mot à son Mouvement pour qu'il cesse d'être considéré comme une *superstitio,* terme péjoratif, et devienne un culte licite pouvant prétendre un jour à l'officialité. D'où un malentendu et des œillères. Le *Dharma*, en sanscrit, c'est l'ordre cosmique; le *dat*, en persan, c'est le jugement; le *aldiyn* arabe, c'est la dette; le *tao* chinois, c'est la voie; le *shûkyô* japonais, une école de pensée. Aucune de ces notions ne correspond à notre *religion*. Nous étendons à d'autres formations de croyance un présupposé provincial, à savoir qu'une religion doit être une institution à part, posséder Révélation, Église, clergé, doctrine, des Écritures saintes et une profession de foi. Le sunnite n'a pas d'église, le taoïste n'a pas de doctrine, l'hindou n'a pas de Révélation ni l'animiste de catéchisme. La « religion » grecque non plus, qui ignorait l'obligation de croire et s'en tenait à l'observance des pratiques (« Les Grecs croyaient-ils en leur mythe ? » est une question dépourvue de sens). La plupart des « religions » mettent le rite avant la foi. Ce sont des arts de faire et des modes de vie. Et il n'est pas partout de règle de n'en avoir qu'une seule : un Japonais fils d'une famille shinto peut se marier chrétien et mourir en bouddhiste, de même qu'en Inde un dévot de Vishnou peut se rendre sans problème dans un temple de Çiva.

La spiritualité ? Un quiproquo. Elle concerne la vie intérieure et non l'organisation d'un espace-temps collectif. C'est un trait de psychologie, non un fait social. Il n'y a pas de religion d'un seul (ni de langue d'un seul), mais une spiritualité, comme une sagesse, peut se retirer sur l'Aventin et y a même intérêt, pour éviter la pollution. Un ecclésiastique dit *nous*, un spirituel dit *je*. Le religieux prépare les obsèques, le spirituel se prépare à la mort. Le premier instaure un calendrier, des règles et des pèlerinages, des interdits et des sacrements : il scande le temps avec des fêtes et des jours fériés, il quadrille l'espace avec des paroisses et des chemins de Compostelle. Le second dialogue à compte propre avec son âme et avec Dieu. Un spirituel peut être un irrégulier, sans ordination, membre de rien et gyrovague ; un religieux est un observant incardiné, inscrit dans un ordre ou une hiérarchie. Un expert en institution et en vie communautaire – les fraternités monastiques, par exemple. Le New Age n'est pas une religion mais du spirituel en self-service. La Méditation également. Le spirituel est au religieux ce que l'état gazeux est à l'état solide, auquel il succède quand, le *nous* et les rites s'étant évaporés, l'individu, libre de son imaginaire, peut prendre la clé des champs. C'est souvent inventif, mais c'est une fausse adresse.

On doit se tourner vers l'administration et le droit pour séparer la paille du grain et trouver le mot juste – ou le moins inapproprié. C'est *culte*. Le ministère de l'Intérieur a un Bureau des cultes et non des affaires divines, religieuses ou spirituelles. Un haut fonctionnaire n'a pas le choix : il doit aller au fait quand il doit décider laquelle des dizaines d'associations en demande de statut pourra ou non être exonérée de taxe foncière et de taxe d'habitation et recevoir des dons déductibles des impôts. Il lui faut bien ouvrir le dossier et se donner un critère d'appréciation. Ce sera la combinaison dans une même communauté de deux éléments, un subjectif et un objectif. Le subjectif : la croyance en « une puissance surnaturelle » (Léon Duguit, 1925). L'objectif : l'accomplissement de rites ou de cérémonies, attestant de cette croyance. Ces cérémonies doivent être ouvertes au public, les lieux de culte libres d'entrée, en l'absence d'activité commerciale. Ce qui exclut, en droit français (il en va autrement aux États-Unis), l'Église de scientologie où la cotisation est obligatoire (le denier du culte est facultatif) et où l'entité invoquée n'est pas proprement surnaturelle. Dans les Ordres francs-maçons, où le Grand Architecte de l'univers présidant aux tenues peut être vu comme une « puissance surnaturelle », mais où l'entrée n'est pas libre (un huissier à la porte filtre les entrées) et les cérémonies à huis clos. Ce n'est donc pas un culte. Il n'y a pas en revanche de définition juridique de la *secte*, sinon assez élastique pour laisser une marge d'appréciation. Est visée par le mot « toute croyance menaçant l'intégrité physique ou morale de la personne ». Mais alors, les Témoins de Jéhovah, culte ou secte ? Culte parce que addition d'une croyance en Dieu et de rituels réguliers. Mais secte, en raison du refus de la transfusion sanguine – qui menace, en cas de maladie ou d'accident, l'intégrité physique de la personne. Mais chacun n'a-t-il pas le droit de se suicider ? Depuis quand serait-ce un crime dans notre législation ?

Le christianisme l'interdit ? Certes, mais le chrétien peut contrevenir au dogme, c'est une affaire entre eux deux et qui ne concerne pas l'ordre public. De plus, en terre laïque, la foi religieuse ne fait pas loi. C'est ainsi que les Témoins de Jéhovah, contrairement à la secte Moon, sont devenus un culte. La République n'est pas seulement bonne fille. Elle est scrupuleuse et ne s'en laisse pas conter. Elle observe à la loupe. Les adeptes de la vie spirituelle approfondiraient leurs connaissances en faisant un stage au ministère de l'Intérieur.

Culte est un mot plus précis, plus exigeant que *religion*. Il peut au reste s'accorder avec la définition de Cicéron : « La religion est le fait de se soucier d'une certaine nature supérieure qu'on appelle divine et de lui rendre un culte. » *Culte* fait sans doute passer d'une trop grande ouverture de compas à une trop exiguë. Il existe des cultes comme chez les « Juifs de Kippour », où la croyance est facultative pourvu que les observances soient respectées. Et la notion bien floue de « puissance surnaturelle » ne saurait qualifier l'Humanité, la Nation, la Classe, la Race et aujourd'hui la Nature, dont le culte comporte à la fois des rituels comme pour les fidèles de la Nature, des prescriptions alimentaires et une entité impalpable qui n'est pas divine ni surnaturelle, néanmoins transcendante. Faudrait-il exclure les grands messianismes séculiers de notre époque ?

J'ai cru pouvoir proposer une notion plus accueillante et moins autocentrée : les *communions humaines*. Elle a *commun* en préfixe, pour dire une communauté, et l'*union* en suffixe, pour dire l'adhésion à un suprasensible (les deux dimensions exigées par l'incomplétude). Dans son étymologie latine, au *cum-union* (l'union avec), se joint le *cum-munus* (une tâche à mener ensemble). Il y avait évidemment de la communion dans l'anarcho-syndicalisme et dans le communisme mais il y en a aussi chez les Compagnons du Devoir (qui ont aussi leurs rites et leurs grades). Le sentiment d'appartenance fondé sur un devoir « faire ensemble » conjugue une horizontale et une verticale. *Communion* éviterait d'avoir à discriminer entre « religions révélées » et « religions civiles », sans établir une hiérarchie, dans un sens ou dans un autre, entre « ceux qui croyaient au Ciel et ceux qui n'y croyaient pas ».

Seul inconvénient : apparaître aux « incroyants » comme entaché de mysticisme, à cause de l'eucharistie catholique, et aux « croyants » comme outrageusement profane car mettant sur un même plan l'élection divine et les élections tout court.

On ne peut pas contenter tout le monde et son Père.

DU SACRÉ EN GÉNÉRAL

Fumer nuit à la santé. Physique, j'admets. Mentale, j'objecte. Si je ne m'étais pas mis à fumer un jour, en Union soviétique, en plein air, à cent mètres du mausolée de Lénine, et si un soldat en uniforme ne m'avait pas aussitôt sauté sur le paletot pour m'enjoindre de jeter mon cigarillo – interdit de fumer sur la place Rouge –, j'aurais sans doute tardé à saisir l'évidence : le sacré est universel. Il se passe fort bien de Dieu et des églises et se porte plutôt mieux sans. Les athées sont donc comme les autres : ils ont leurs reliques, leurs cryptes, leurs saints, leurs cordons de sécurité – interdit de fumer aux abords. « On n'est pas sorti de l'auberge », me suis-je dit, et il serait temps de se demander pourquoi. Quelque chose résiste et insiste. Une disposition sous-jacente et tenace qui n'est pas, en surface, à un dispositif près. Comme un humus caché par la forêt. Jamais les algorithmes ne nous dispenseront de faire des cérémonies, et ce n'est pas demain qu'on placera de plain-pied, sans un emmarchement ou une barrière entre eux, l'officiant et les fidèles, le leader et les militants, le président et les citoyens.

Sacré : cela qui légitime le sacrifice et interdit le sacrilège. Et à quoi nous donnons résidence, en certains lieux privilégiés : mausolée, mémorial, ossuaire, crypte, colline, bosquet, montagne… Il y a toujours du sacré dans une société et le mot, contrairement à *religion*, figure dans toutes les langues. Or ce n'est pas toujours le même. Il n'y a pas de sacré naturel mais il est naturel qu'il y ait du sacré, tout corps social ayant besoin d'un garde-corps. Et c'est à nous de choisir ce que nous sacralisons. Le Parthénon n'est plus un site sacré pour le touriste, le mur des Fédérés à Paris non plus, mais il fut un temps, pas si lointain, où toute la gauche française venait y déposer des fleurs, ce que ne font plus que quelques obstinés de la mémoire. Le sacré se fane avec le temps, chaque pays a le sien, mais il s'en reconstruit d'autres pour prendre la suite, ailleurs, autrement. « Voie sacrée » est encore inscrit sur les bornes kilométriques blanc et rouge de la route de Verdun, mais nos vivantes sacralités ont déménagé. Le substantif égare. Point besoin de commentaires mystico-herméneutiques. Inutile de fouiller les bibliothèques. Les livres du sacré sont en pierre et en clôtures. Les marqueurs en sont repérés par les archéologues dès la protohistoire, dans les mégalithes de Stonehenge et dans l'enceinte de Byblos, dans les grottes ornées de Cosquer ou Lascaux comme dans la stèle en calcaire du roi d'Akkad commémorant sa victoire sur une tribu voisine (2250 av. J.-C.). Il n'empêche : chaque siècle a son continent noir. Le XXe a eu la femme et le sexe. Le XXIe pourrait bien avoir la croyance et le sacré.

Nous sommes loin du « sentiment océanique ». Un espace sacré, religieux ou non, est retranché. Il peut être circulaire, rectangulaire ou barlong, mais il n'est jamais à claire-voie. Sacraliser, c'est délimiter, mettre en dessous et au-dessus, à part, dans un caveau ou sur une colline. Un nomade musulman se bricole une mosquée dans le désert en faisant sur le sable un rond avec des petites pierres, un carré à l'intérieur avec le doigt pour le mihrab et il a son dedans. Profane, c'est *profanum*, devant le temple mais en dehors. L'archéologue Julien Chanteau, en dégageant et fouillant les chantiers de la protohistoire au Levant, a montré comment a pu s'édifier dans l'espace le *transformateur sacral* qui a donné naissance aux premières religions polythéistes de l'Antiquité : une enceinte d'abord, puis un toit, pour donner au dieu local un abri couvert, puis un autel contre un mur, en fin de parcours, avec sur le seuil des emmarchements, une rampe, un dénivelé (*La Divine Machinerie*). Les pierres révèlent les simples secrets que les mots compliquent inutilement. Et les marqueurs sont encore sous nos yeux, dans des sites de même nature : une enceinte, des interdits, un protocole à respecter et un point de rassemblement. Et nous continuons de construire des lieux de ce type, comme à New York, le « 9-11 Memorial », vaste cavité symbolisant l'absence des trois mille victimes au nom inscrit sur les parois. Et si nous ne cessons d'établir ainsi des distances à respecter, c'est pour maintenir ou rétablir un lien social menacé de rupture. Nous avons tout intérêt à sacraliser et rendre indisponible ce qui fait de nous un *nous*, pour prévenir la débandade, le naufrage ou la dissolution. Contrainte de fonctionnement. Instinct de conservation. Pulsion de vie.

Les sites protégés sont à la vue dans notre paysage urbain, mais le lieu le plus obscur est toujours sous la lampe, et *sacré* a mauvaise presse, sauf quand il vient ronfler dans une pieuse homélie, et personne alors ne le prend au sérieux, ou renchérir dans l'adjectif (une sacrée jolie fille), et alors on sourit. On ne se prive pas en revanche de parler *valeurs*, c'est assez creux mais conseillé (« les valeurs de la démocratie, du monde libre, de la République… »), et pour cause : une valeur ne comporte ni obligation ni sanction en cas de non-respect. C'est optionnel et sans conséquence juridique. Alors qu'on sent bien qu'autour d'une chose, un lieu, un livre ou une dépouille tenus pour sacro-saints, il y a de la crainte, du contraint et de l'empêchement. Du risque, si on enfreint. Si je brûle un coran, par exemple. Si j'endommage une dalle funéraire, ou si je porte atteinte à l'intégrité d'un cadavre, j'encours un an d'emprisonnement et 15 000 € d'amende (article 225-17, livre II, section 4 du Code pénal, *Des atteintes au respect dû aux morts*). C'est la différence entre le sacré et les valeurs, le mou qui reste quand le dur est parti. Cela fait du bien au causeur et de mal à personne. On aurait tort de se priver. Malraux lui-même, pour ne pas effaroucher une société qui confond sacré et divin, parlait non de sacralité mais de « valeur suprême ».

Qu'il faille enlever sa casquette en rentrant dans une église ou ses chaussures dans une mosquée, éviter l'outrage au drapeau ou de cuire un œuf sur la flamme du soldat inconnu, nous l'acceptons bon gré mal gré. C'est la carte forcée. Mais qu'on ne puisse pique-niquer au printemps dans un cimetière ombragé et verdoyant, où il est interdit d'amener un casse-croûte et une bouteille, cela en gêne certains. Nous aimons répéter, en bombant le torse, qu'« il est interdit d'interdire », mais nous sentons bien que cela est impossible. Nous pouvons certes nous réjouir que le blasphème ait disparu de notre législation (où il est resté en Alsace jusqu'en 2017) et trouvons fort bon, dans un musée d'art contemporain, d'admirer un crucifix bariolé ou plongé dans l'urine. Mais il ne nous viendrait pas à l'esprit, sans même penser aux lois mémorielles, de prôner l'inégalité des races, l'infériorité de la femme ou le caractère anodin de la Shoah. Ce serait profanation. Ignominie. Qui ira installer un McDo devant le portail d'Auschwitz ? Mettre aux enchères, en France, l'original de la Déclaration des droits de l'homme ou aux États-Unis chez Sotheby's celui de la Constitution américaine ? On fait le bravache mais nous sommes au fond satisfaits, dans une société où tout s'achète et tout se vend, qu'il existe dans l'Armoire des Archives nationales certains documents qui devront y rester à tout prix et sont inaliénables. Ces reliques patrimoniales font partie, à ce titre, de nos sacralités profanes. Tout ce qu'on souhaite, c'est d'éviter un mot qu'on devine hors propos ou malséant. Non sans raison, car si on regarde la chose de près, on verra qu'elle porte atteinte au droit de propriété (être redevable de quelque chose qui ne nous appartient pas en propre et dont on ne peut disposer pour son propre compte), à l'esprit d'ouverture (partout où il y a du sacré, il y a de l'enclos et de l'interdit) et à la liberté d'expression elle-même (il y a de l'indicible).

DE LA FRANCE EN PARTICULIER

Sur l'aval, le clair est fait, net et sans bavures. Archipélisée. Balkanisée. Émiettée. Deux mille prénoms donnés en 1945 aux nouveau-nés, treize mille aujourd'hui, rapporte Jérôme Fourquet. Abstention grandissante, carte électorale éclatée. Le sociologue fournit la photo. Recoller les morceaux, unir un peuple désuni, condamner les séparatismes. Le politique fournit le programme. Relier ce qui se délite, il y a urgence, mais comment faire ? « Ne vous creusez pas la tête, répond Rousseau du fond de son caveau au Panthéon. Vous entendez recomposer, réinventer, recoudre ? Votre problème est simple et n'est pas nouveau. Il vous faut tout simplement "une religion civile" en amont – le christianisme n'étant plus chez vous religion nationale et personne ne dressant des autels à l'Europe, pour laquelle on ne voit pas ses ressortissants ceindre l'épée. Relier est un verbe, qui a son substantif : religion. *Numine sublato, tollitur civitas.* Les Romains l'ont dit : sans puissance supérieure, pas de Cité terrestre. » Et notre Jean-Jacques serait un peu irrité – il a mauvais caractère – qu'on ait aussi peu lu son *Contrat social* où tout cela est consigné noir sur blanc. Dans une République, où le droit ne passe pas les bornes de l'utilité publique, sans une « profession de foi purement civile, il est impossible d'être un bon citoyen », qui aime sa patrie, s'attache à ses compatriotes et à son temps, au lieu de se soucier de l'autre monde et d'on ne sait quelle éternité. « Plus facile à dire qu'à faire », rétorqueraient avec raison les participants du séminaire de la fondation Res-publica (*Quelle recomposition politique pour la France ?*). « Vous touchez le fond du problème, cher citoyen de Genève. À la bonne heure, mais cela ne suffit pas pour trouver la solution. » Si je me mêlais à la conversation, j'opinerais qu'il est toujours bon d'aller au fond des choses (pour autant qu'elles en aient un). On pense beaucoup en France. On constate un trop-plein d'intelligence et un flagrant manque de courage. Crise de la volonté ? Oui et non. Au fond, crise de la croyance. On n'y croit plus. En rien ni en personne. Résultat : dans notre rapport au temps, avenir disparu et futur interdit. Dans notre rapport aux autres, repli sur soi et chien méchant. Et face au risque, la trouille ou l'accusation. Conséquences : principe de précaution, droit de retrait, dépôt de plainte. La crise de confiance générale soulève une question prioritaire de religiosité, au sens banal du terme : ce qui nous lie à nos semblables.

Croire : une fonction vitale à thermomètre. Si la température d'un corps monte trop, c'est mauvais signe. Si elle descend trop bas, également. Le croire est inéluctable, nul n'y échappe. Le nihiliste lui-même a son petit credo. Il a le sentiment que tout se vaut mais ce n'est qu'un sentiment, il n'a pas compté, il affirme donc plus qu'il ne sait. Il y a des degrés dans le croire. Il y a le « croire que » – je vais gagner au loto, ou pouvoir aller dans le Cotentin. Je présume, je soupçonne, je suppose. C'est une conjecture. Il y a le « croire à » – ce que je lis dans le journal, ce que me dit mon médecin, ou nous annonce le ministre. Je fais confiance. J'acquiesce, ou fais comme si. Et il y a, en haut du thermomètre, le « croire en » – Jésus-Christ, Trotski, Macron ou mon éditeur. Dans une personne ou un idéal. J'ai la foi. J'espère. Je m'investis. Comptez sur moi. Si la température passe les 40 degrés, on entre dans la zone appelée fanatisme. Une surchauffe du croire peut causer des hécatombes, et un refroidissement, de sérieux dégâts. Psychosomatiques. Alanguissement. Dépérissement. Des civilisations et des individus. Dans les camps de concentration nazis, les déportés qui avaient la foi – chrétiens, communistes ou autres – ont tenu plus longtemps que la moyenne et que ceux qu'on appelait « les musulmans », dont on voyait qu'ils allaient s'abandonner à la fatalité. Une croyance forte a bien des mérites. D'abord, elle fait décoller du présent en visant un futur, tout n'est pas joué, demain sera un autre jour. Ensuite, elle pousse vers autrui parce qu'on croit toujours à plusieurs, en groupe et grâce au groupe. Enfin, un croyant ne reste pas les bras croisés : il s'exige une prise de risque. Perdre la force de croire, c'est tôt ou tard 1/ se résigner au statu quo 2/ fermer sa porte et 3/ rester sur le bord. Qui avait cru un jour aura chu le lendemain, mais qui n'a pas cru un seul jour sera déchu pour toujours. Les valeurs n'ont pas cette puissance de convocation. C'est une sacralité qui peut prévenir déglingue et décrépitude mais cela a un prix et cela ne lésine pas. L'unitif et l'adhésif, ça fait ciment, ça peut aussi faire prison si le symbolique se mêle de tout, à toute heure du jour et de la nuit, ne laissant respirer aucun quant-à-soi, pris dans un filet d'interdits, grimaces, brimades, peines de prison et menaces de mort. S'il y a trop de sacré dans un pays, la vie devient irrespirable, le commun est assuré mais les individus sont humiliés (chacun sait où sur la carte). S'il n'y en a pas assez, les ego sont rois mais n'ont plus grand-chose à faire ensemble.

Telle est la situation de la France actuelle. Elle est sans précédent dans notre histoire. Le 22 août 1914, vingt mille soldats français sont morts au front en vingt-quatre heures, le président de la République n'est pas sorti de son bureau. Sacrée était alors la République française. « Pour elle un Français doit mourir. » Il y avait de l'unitif et il en fallait, car des régiments français, patois oblige, pouvaient ne pas se comprendre entre eux. Un siècle après, un soldat mort au combat interpelle et scandalise, un hommage national lui est rendu. « Mourir pour la France » n'est plus dans la norme. C'est on ne peut plus respectable mais insolite. Nous sommes déconcertés par le nombre de victimes – involontaires – d'une pandémie. Nous rentrons la tête. On nous parle alors de guerre et d'union sacrée. Nos amnésiques ne mesurent pas leurs éléments de langage. Ils oublient ce qu'est une union sacrée pour de vrai – mille immolés par jour en moyenne de 1914 à 1918. D'un siècle l'autre, la mort en France a changé de visage, le prix de la vie s'est envolé – comment ne pas s'en réjouir ? Il y a du bon dans la désacralisation – pour les parties – et du moins bon, pour le tout. Il s'est produit, quant à l'ensemble, comme une déshérence, une dépression suite à une rupture d'approvisionnement si l'on peut dire. Le sacré s'est muséifié, ou plutôt fossilisé. Il a fait halte dans les colonnades et les dômes. À Paris, ce sera, pour les uns, les Invalides, pour les autres, le Panthéon. Des lieux filtrants, où on ne rentre pas comme dans un moulin, périmétrés comme il sied à tout espace tant soit peu sacralisé – les palais de justice y compris. Chacune des deux mouvances qui ont fait l'unité du pays a son sanctuaire, en langue d'aujourd'hui son *meeting point*. Ce sont des monuments-formes, le bâtiment survit à son message. On y commémore encore, sans savoir trop pourquoi et sans délai, *santo subito*. Jean Moulin derrière Malraux, avec le tremblement épique de sa voix, on savait et sentait. Mais à Jean Monnet « la Patrie reconnaissante », on reste sans voix. C'est une Américaine devenue française et Résistante, c'est Joséphine Baker qui aurait sa place au Panthéon, non le marchand de cognac qui a tant voulu américaniser l'Europe.

La monarchie avait sa sacralité incorporée – dans le corps du roi (un coup de canif sacrilège et Damien est supplicié). S'inscrivant dans l'ordre du divin, ses arrières étaient assurés, son dessus également, via la sainte ampoule lors du couronnement. La République une et indivisible qui prit la suite, coupée de Dieu mais non d'une histoire laïque et sainte, bénéficia d'un report de sacralité du corps du roi sur le corps de la nation. Cette dernière aura été l'invitée-surprise du siècle des Lumières qui, à l'exception de Rousseau, n'y avait pas du tout pensé. La fiancée est devenue la mariée avec la levée en masse, ce qui mit de la chaleur dans la froidure républicaine. Un *Sturm und Drang* à la française, de la tempête et de l'élan. L'État des Ponts et Chaussées a fait la moitié de la nation en construisant des routes et les Travaux publics en posant des rails reliant les villages les uns aux autres. L'État juridico-financier a édifié une administration, pour lever des impôts et rendre la justice. Mais c'est la guerre qui a fait l'autre moitié de la nation, avec une armée et des conscrits. Et les deux moitiés réunies, le Code et le Glaive, ont fait la République. L'État n'aurait pu survivre s'il ne s'était pas défendu les armes à la main, en demandant aux citoyens de se sacrifier en masse, ce qu'ils ont souvent accepté sans qu'on les force et à quoi les moins chauvins, les plus réfractaires ne pouvaient se soustraire, sous l'emprise d'une irrécusable obligation ravivée par la haine de l'agresseur. La paix revenue, la patrie a survécu, bon an mal an, mais en faisant de moins en moins image, en se démagnétisant peu à peu, en quittant la chanson de marche pour le livre illustré. Et s'est évaporé, chemin faisant, l'acte de naissance de l'an I, la canonnade de Valmy. « Citoyen » et « patriote », sous la Révolution, ne faisaient qu'un et « République » s'est formée sur le radical *pubes*, le poil, le pubère de sexe mâle apte à brandir les « saintes baïonnettes de France ». C'est difficile à dire et très regrettable en soi, mais il semble bien que l'idée de nation se soit revitalisée au contact de la mort et de la menace de mort, du côté de Verdun et du Vercors. Dans la mémoire collective où il y a encore une place pour la Révolution et la Bastille, les figures de Carnot et Danton ont été lentement effacées par l'ombre d'Emmanuel Kant. Le droit a pris le pas sur la défense, l'armée ne fait plus légende et le service militaire a disparu. Dans le même laps de temps, un autre porte-mémoire, le mouvement ouvrier et son fleuron, le parti communiste, qui avaient assez de sacralité en eux pour autoriser et commander le sacrifice aux militants, a connu le sort qu'on sait. Les hymnes qui, comme les cantiques et les psaumes, ne se sifflotent pas sous la douche mais ne réclament pas ténors ou sopranos, se sont mis en veilleuse. *L'Internationale* ouvrière a rendu l'âme et *La Marseillaise* est en petite forme, sur l'estrade des officiels main sur le cœur, qui s'arrêtent à la première strophe, ignorant les suivantes. Le résultat, crainte du ridicule ou non, est qu'on n'ose même plus poser la question de fond : pour quoi aujourd'hui accepterait-on de se faire tuer ? De quoi s'interdit-on de rire ? Qu'est-ce qui, en dehors de la famille, n'a pas de prix et ne pourrait s'échanger contre rien d'autre ? Souhaitons, pour les futurs bacheliers, qu'ils n'aient pas de pareils sujets à traiter.

Vers où se tourner, dans cet assèchement symbolique, à quel antidépresseur se fier qui puisse nous surélever et rassembler ? Malraux a choisi pour antidestin l'Art, en substituant le musée à l'église. Il a parié sur une sacralité que l'argent-roi profane toujours plus et trop *happy few*, hélas, pour former des bataillons. La puissance publique ? Un État qui ne peut plus nous entretenir que de lui-même et fait souvent douter de son efficacité n'a plus la légitimité requise pour placarder sur les murs un ordre de mobilisation. Il administre bon an mal an, point final. La laïcité, précaution capitale, ne peut non plus, à elle seule, fournir la réponse. Ce concept sans affect n'a pas le pouvoir catalyseur, la charge d'imaginaire et de mémoire qu'il faut à un principe de communion pour faire battre le cœur et galvaniser des corps. Il est arrivé assez souvent aux Français de mourir pour la France et quelquefois pour la République – comme le député Baudin sur sa barricade lors du coup d'État de Napoléon le Petit. On ne sache pas qu'on ait jamais donné sa vie pour la laïcité. Elle rassure et nous protège du pire mais ne fait rêver personne, tout en suggérant, c'est son mérite, la force tranquille d'une transcendance sans dogme et d'une conviction sans catéchisme. Il en faudrait un peu plus pour susciter un sentiment d'appartenance. On a beaucoup demandé au Code civil quand on a fait d'un qualificatif un substantif qui pourrait se suffire à lui-même, sans toucher terre. La République est laïque, obligatoirement et fort heureusement, mais un principe constitutionnel ne peut à lui seul soutenir une montée aux extrêmes, en cas de conflit, sauf à faire une religion de la non-religion. Autant dire un cercle carré.

République et nation ayant été rendues à la vie profane et l'unitif ayant horreur du vide, on peut s'interroger sur la destination du prochain transfert de sacralité. Après Dieu et après l'Histoire ? La Nature, probablement. Gaïa est sur les rangs. Elle a la dimension qu'il faut, planétaire, et le sexe qu'il faut, féminin. La religiosité ne prendra pas la forme d'une institution – devenue inusitée ; elle sera sans Église ni Écriture sainte. Les cultes syncrétiques de l'Antiquité tardive n'en avaient pas non plus : Isis, Astarté, Mithra évitaient les formalités. L'empereur Aurélien a bien tenté de faire du « Soleil invaincu », *Sol invictus,* « le plus grand parmi les dieux du Ciel à qui tous cèdent le pas comme à leur souverain » l'objet d'une religion d'État, mais la suite fut décevante : un dieu visible à l'œil nu n'est pas un dieu crédible. Il lui manque sa part d'ombre. La Terre-mère, toute marâtre qu'elle soit, a l'avantage de transcender les territoires, en étant à la fois de partout et de nulle part. La candidature aux hommages suprêmes est sérieuse et le préambule écologiste, prometteur. Les convertis se compteront par millions. Nous aimons tous le soleil et la plage, les parcs naturels, les vacances et les fleurs. Phototropisme salutaire, bon pour l'humeur et la santé. Auguste Comte l'avait pressenti : pour resserrer à la fin des fins nos liens distendus avec la Terre, les arbres devront avoir une âme, les animaux des avocats et les coccinelles nous donner des conseils. Même s'il a pour dérivé la panique, nous retrouverons, après le Christ, le Grand Pan, comme nous retrouvons après l'automobile, la bicyclette, après l'acier, le bois, après le sac en plastique, le panier d'osier et après les conteneurs, le bio en cycle court. Débarrassé de la gangue cérémonieuse des religions instituées, le sacré en reviendrait alors à sa fonction première et à sa raison d'être : protéger tout ce qui germe, croît et verdoie pour tenir en échec tout ce qui racornit, dessèche et engrisaille. Ses plus vieux emblèmes sont l'arbre, le feu, le fleuve et la lumière, car l'arbre se régénère chaque année, le feu préserve du froid cadavérique, l'eau nous rend au placenta perdu et la lumière triomphe de la peur. Là sont les conditions de toute vie sur la planète. Éros s'érode et Thanatos persiste. Raison de plus pour célébrer à point nommé l'éternel printemps face à l'éternel hiver. Si la vie est bien l'ensemble des forces qui résistent à la mort, c'est à bon escient, pour ne pas laisser béton, que nous sacralisons la chlorophylle, la synthèse des glucides à partir du gaz carbonique. « Laissez verdure » : ce furent les derniers mots de George Sand avant de trépasser. Après un XXe siècle carnassier, celui qui vient à nous, en se rêvant végétalisé et végétarien, devrait en faire sa consigne. Votez jardin.

Reste à savoir si l'idolâtrie de la Vie en général peut assurer un havre aux divers peuples du monde dont chacun tient à sa singularité comme à la prunelle de ses yeux. Et si le sein maternel de la Terre n'est pas un peu trop vaste et anonyme pour abriter ce qu'ils ont tous d'irremplaçable : leurs saints de village, leurs légendes nourricières et leurs morts tutélaires. L'avenir le dira – à nos arrière-petits-enfants.

Soixante années de survol. La chouette est fatiguée. Elle se pose et regarde alentour. Quoi de neuf? On se le demande. Le Sud a perdu face au Nord, les riches ont gagné partout la lutte de classes, l'Occident a toujours aux yeux du monde le visage de l'Empire où les Noirs se font tabasser comme par-devant, la démocratie des individus, à domicile, a eu raison de la République, l'Europe est un relevé de comptes et les comptables ont renvoyé les conteurs à la maison. Les chrétiens d'Orient sont chassés d'Orient, Haïti demeure à l'abandon, et il n'y a pas eu de Québec libre. Défrisant. Une consolation: être resté du seul côté qui vaille et qu'on raille à l'envi, celui des perdants.

*Odette n'était pas pour Swann une femme de son genre. La philosophie ne l'est pas plus du mien. Elle ne chante pas. Elle ne vibre pas. Elle ignore le frisson, le songe et le murmure. Les élucubrations des écrivants ne m'ont jamais remué comme le font les images et les gens d'images. La crucifixion du Tintoret, l'inventeur du cinéma (*Le sentiment panique de la vie *reste ma* *contribution préférée), le générique de* Touch of Evil *d'Orson Welles et la dernière séquence des* Parapluies de Cherbourg. *Impossible, là-devant, de ne pas avoir les larmes aux yeux. Je n'aurais pas aligné tant de vaines pages si j'avais choisi au départ la bonne, la seule école en prise sur notre temps, celle où s'apprend le cinéma. Vouloir agir sur les esprits par des mots n'est pas un projet sensé. Aucun discours ne tient devant une belle toile ou un grand film, qui font plus et mieux qu'élucider : ils émeuvent. Ce sont eux qui passent intacts d'un siècle à l'autre, pour la simple raison qu'ils peuvent nous prendre à la gorge.*

Il m'en aura fallu des zigzags pour trouver finalement le pot aux roses : ce sont le corps et le cœur qui décident de nos actes, en sorte qu'il est totalement inutile d'expliquer quoi que ce soit à qui que ce soit. Se l'expliquer à soi-même, fût-ce un peu tard, permet seulement de se nettoyer la tête. On n'a rien changé à rien, mais on s'est mis au propre.

J'ai fait mon temps, mais n'ai rien fait du temps qui m'a fait ? J'ai dû me tromper de thème astral, la clé n'était pas la bonne. Promis, on fera mieux la prochaine fois.

BIBLIOGRAPHIE

Bibliographie personnelle, pour mémoire, en cas de besoin

I. À l'école

La Frontière suivi d'*Un jeune homme à la page*, Le Seuil, 1967. Repris dans *Carnet de route. Écrits littéraires*, Gallimard, 2016 (« Quarto »).

II. En prison

Révolution dans la révolution ?, Maspero, 1967.

Déclaration devant le conseil de guerre. Camiri, Maspero, 1968.

Entretiens avec Allende sur la situation au Chili, Maspero, 1971.

La Guérilla du Che, Le Seuil, 1974.

La Critique des armes, I, Le Seuil, 1974.

Les Épreuves du feu. La Critique des armes, II, Le Seuil, 1974.

III. Au forum

Modeste contribution aux discours et cérémonies officielles du dixième anniversaire, Maspero, 1978.

Lettre aux communistes français et à quelques autres, Le Seuil, 1978.

Le Pouvoir intellectuel en France, Ramsay, 1979.

L'Espérance au purgatoire, Alain Moreau, 1980.

Le Scribe. Genèse du politique, Grasset, 1980.

L'Emprise, Gallimard, 2000 (« Le Débat »).

I.f. Suite et fin, Gallimard, 2000.

IV. Dans l'État

La Puissance et les rêves, Gallimard, 1984.

Les Empires contre l'Europe, Gallimard, 1985.

Tous Azimuts, Odile Jacob, 1989 (rapport à la Fondation pour les Études de Défense Nationale).

À demain de Gaulle, Gallimard, 1990.

*L'Édit de Caracalla ou Plaidoyer pour des États-Unis d'Occident, par Xavier de C***,* Fayard, 2002.

V. En congé

Contretemps, Éloges des idéaux perdus, Gallimard, 1992.

L'État séducteur. Les Révolutions médiologiques du pouvoir, Gallimard, 1993.

Un mot encore, cher Béré..., Arléa, 1993.

La République entre le glaive et le code, Fondation Marc Bloch, 1998.

VI. Unir

Critique de la raison politique ou l'Inconscient religieux, Gallimard, 1981.

Ce que nous voile le voile. La République et le sacré, Gallimard, 2004.

VII. Transmettre

Cours de Médiologie générale, Gallimard, 1991.

Manifestes médiologiques, Gallimard, 1994.

Transmettre, Odile Jacob, 1997.

Introduction à la médiologie, Premier Cycle, PUF, 1999.

Croire, Voir, Faire, Odile Jacob, 1999.

Des machines et des âmes, Descartes & Cie, 2002.

Bilan de faillite, Gallimard, 2018 (repris sous le titre *Conseils d'un père à son fils*, Gallimard, 2019 (« Folio Actuel »).

Les Cahiers de Médiologie (1996-2004) et *Médium* (2004-2019). Ces revues n'ont pu exister que grâce à leur comité de rédaction, à savoir Catherine Bertho-Lavenir, Pierre-Marc de Biasi, Jacques Billard, Daniel Bougnoux, Pierre Chédeville, Jean-Yves Chevalier, Robert Damien (†), Karine Douplitzky, Robert Dumas, Pierre D'Huy, Michel Erman, Françoise Gaillard, Thierry Grillet, Philippe Guibert, Marc Guillaume, François-Bernard Huyghe, Jacques Lecarme, Hélène Maurel-Indart, Michel Melot, Louise Merzeau (†), Benoît Peeters, Antoine Perraud, Alain Pinault, France Renucci, Clara Schmelck, Monique Sicard, Paul Soriano, Bernard Stiegler (†), Serge Tisseron, Odon Vallet.

VIII. Croire

Dieu, un itinéraire. Matériaux pour l'histoire de l'Éternel en Occident, Odile Jacob, 2002.

L'Enseignement du fait religieux dans l'école laïque. Rapport au ministre de l'Éducation nationale, Odile Jacob, 2002.

Le Feu sacré. Fonctions du religieux, Fayard, 2003.

Les Communions humaines. Pour en finir avec « la religion », Fayard, 2005.

Le Siècle vert, Gallimard, 2020 (« Tracts »).

Vie et mort de l'image. Une histoire du regard en Occident, Gallimard, 1992.

Ouvrages d'autres auteurs,
particulièrement éclairants

Louis Althusser, *Pour Marx,* Maspero, 1965.

André Leroi-Gourhan, tome I, *Le Geste et la parole. Technique et langage*, et tome II, *La Mémoire et les rythmes,* Albin Michel, 1964.

Clément Rosset, *Le Philosophe et les sortilèges,* Les Éditions de Minuit, 1985.

François Dagognet, *Rematérialiser,* Vrin, 1989.

Ludwig Feuerbach, *L'Essence du christianisme,* 1841 ; Gallimard, 1992 (« Tel »).

Edgar Morin, *Autocritique,* Seuil, 1959.

Marc Bloch, *Réflexions d'un historien sur les fausses nouvelles de la guerre,* Éditions Allia, 1999.

Maurice Sachot, *L'Invention du Christ,* Odile Jacob, 1998.

Julien Chanteau, *La Divine Machinerie. L'Invention du temple au Moyen-Orient ancien,* Geuthner, 2017.

REMERCIEMENTS

Je rends grâce à Antoine Gallimard, Didier Leschi, Pierre Nora, Edgar Morin, Alain Dejammet, Jacques Lecarme, Jean-Louis Tissier, Paul Soriano, qui ont bien voulu connaître tout ou partie de ce texte, ainsi qu'à Alban Cerisier, mon très sagace éditeur.

Plus largement, je remercie tous les condisciples, médiologues susnommés et camarades qui m'ont, durant deux tiers de siècle, éveillé, secouru et augmenté.

Composition : PCA/CMB Graphic
Achevé d'imprimer
par CPI Firmin-Didot
à Mesnil-sur-l'Estrée, en octobre 2020
Dépôt légal : octobre 2020
Numéro d'imprimeur : 160428

ISBN : 978-2-07-292421-7/Imprimé en France

373919